读懂中国式现代化

科学内涵与发展路径

林毅夫 等/著　王贤青 主编

中信出版集团 | 北京

图书在版编目（CIP）数据

读懂中国式现代化：科学内涵与发展路径 / 林毅夫
等著；王贤青主编 . -- 北京：中信出版社，2023.1（2024.1重印）
ISBN 978-7-5217-5178-9

Ⅰ.①读… Ⅱ.①林… ②王… Ⅲ.①现代化建设－
研究－中国 Ⅳ.① D61

中国国家版本馆 CIP 数据核字（2023）第 007328 号

读懂中国式现代化——科学内涵与发展路径
著者： 林毅夫 等
主编： 王贤青
出版发行：中信出版集团股份有限公司
（北京市朝阳区东三环北路 27 号嘉铭中心 邮编 100020）
承印者： 北京盛通印刷股份有限公司

开本：787mm×1092mm 1/16 印张：20 字数：258 千字
版次：2023 年 1 月第 1 版 印次：2024 年 1 月第 11 次印刷
书号：ISBN 978-7-5217-5178-9
定价：78.00 元

版权所有·侵权必究
如有印刷、装订问题，本公司负责调换。
服务热线：400-600-8099
投稿邮箱：author@citicpub.com

目　录

第一章
如何理解中国式现代化

中国式现代化：蓝图、内涵与首要任务 / 林毅夫　付才辉　... 003

中国式现代化与中国经济新征程 / 姚洋　... 029

解读中国式现代化 / 刘守英　... 040

第二章
中国式现代化与高质量发展

保持经济增速，实现高质量发展是应对挑战、
　驾驭大局的关键 / 林毅夫　... 059

中国经济的新发展阶段与新发展理念 / 余淼杰　... 063

中国经济的三个循环 / 徐高　... 080

第三章
中国式现代化与共同富裕

共同富裕的本质与着力点 / 姚洋 ... 089

发展民营经济是共同富裕的基础 / 张维迎 ... 098

以更公平的收入分配体系，推动中国经济增长 / 蔡昉 ... 107

第四章
中国式现代化与高水平市场经济体制

中国式现代化的产业体系和市场体制 / 黄奇帆 ... 117

"全国统一大市场"有什么用？/ 赵波　周安吉 ... 132

中国产业技术创新模式的认知和挑战 / 陈小洪 ... 139

第五章
中国式现代化与金融改革

中国金融改革的目标模式 / 黄益平 ... 149

加强常态性监管，引导资本健康发展 / 汪浩 ... 161

金融支持实体经济不是简单让利 / 刘晓春 ... 166

第六章
中国式现代化与企业治理

全球新变局下的企业战略 / 宁高宁 ... 177

建设高质量上市公司，为中国式现代化做贡献 / 宋志平 ... 184

浮躁时代，我们为何更需要长期主义？ / 宫玉振 ... 194

第七章
中国式现代化与人口趋势

如何应对即将到来的人口负增长时代？ / 蔡昉 ... 213
老龄化带给经济增长的压力与动力 / 赵波 ... 220
我国老龄化的突出特征与人口政策建议 / 雷晓燕 ... 224
个人养老金制度的意义和挑战 / 赵耀辉 ... 230

第八章
中国式现代化与城乡发展

城市化 2.0 与乡村振兴的内在逻辑 / 姚洋 ... 253
乡村振兴的政策抓手 / 蔡昉 ... 258
全面落实乡村振兴战略，需扎实稳妥推进乡村建设 / 黄季焜 ... 268

第九章
中国式现代化与生态文明

理解"碳达峰、碳中和"目标的三个维度 / 徐晋涛 ... 279
碳中和与转型金融 / 马骏 ... 285
我国双碳目标的背景、产业逻辑与政策原则 / 王敏 ... 296

第一章

如何理解
中国式现代化

中国式现代化：蓝图、内涵与首要任务[①]

林毅夫[1] 付才辉[2]

（1. 北京大学新结构经济学研究院院长、
南南合作与发展学院院长、国家发展研究院名誉院长
2. 北京大学新结构经济学研究院研究员、
课程教材与案例报告研发中心主任）

在全党全国各族人民迈上全面建设社会主义现代化国家新征程、向第二个百年奋斗目标进军的关键时刻，中国共产党第二十次全国代表大会胜利召开。党的二十大报告是伟大复兴的行动纲领，其主旨可以概括为：以马克思主义中国化时代化的理论创新指导以中国式现代化全面推进中华民族伟大复兴的中心任务和以高质量发展全面建设社会主义现代化国家的首要任务。我们将基于新结构经济学视角和世界现代化历史经验教训，批判西方式现代化及其理论，从中国式现代化蓝图、中国式现代化内涵、中国式现代化首要任务三个方面阐释党的二十大报告。

[①] 本文刊发于《经济评论》2022 年第 6 期，原题为《中国式现代化：蓝图、内涵与首要任务——新结构经济学视角的阐释》。

西方式现代化批判

在人类发展长河中,现代化还是非常短暂的局部现象。过去两百多年以来仅少数国家实现了现代化。从新结构经济学基于禀赋结构的社会形态理论来看,人类文明的多样性根源于世界各地禀赋结构的差异性,而现代化的本质是改变自身支配社会变迁的禀赋结构决定的生产结构,从而引发与之相适应的上层建筑安排,而不是本末倒置地照搬照抄西方现代化之后的与之相适应的西方上层建筑安排。西方发达国家虽然率先完成工业革命,走出了马尔萨斯陷阱,建立了一套与之相适应的上层建筑,引领了世界的现代化,但最初采取的主要手段却是对外发动战争、殖民掠夺,对内采取资本主义剥削制度,是非文明型现代化道路。我国历经百余年浴血奋战取得了民族独立,在中国共产党的领导下仅仅用了 70 余年,通过对内采取社会主义制度和对外采取和平公平经贸交往,就在将近世界 1/5 人口的国家开创了人类文明新形态。

世界走出西方中心主义现代化的时代已经来临

毋庸讳言,流行的现代化理论甚至更大众化的现代化观念其实都是西方中心主义主导的,即便是那些声称竭力避免西方中心主义的全球史家也把世界的现代化等同于欧洲三大革命(科学革命、工业革命和政治革命)向全球的传播,并把西方实现现代化之后的上层建筑作为现代化的标志和实现现代化的手段。西方中心主义现代化世界观的产生和全球性的流行主要有三方面的原因:工业革命之后西方长期拥有支配全世界的经济与军事实力,西方有意打造极具欺骗性和安抚性的讲述"西方故事"的流行史观,发展中国家(非西方世界)知识分子和社会大众抱着"西天取经"的心态亦步亦趋。例如，欧美在世界制造业总产量中所占的份额从1750年的不足1/4飙升到1900年的超过4/5，但是西方世界在历史叙事和理论构建中却有意掩盖了自身崛起的真实历史，并傲慢地认为自己高人一等。在许多场合下，这种信念进一步强化了他们早就怀有的基督教优越性的观点。而非西方世界对西方崛起的叙事信以为真，并且亦步亦趋，但效果甚微，堪比邯郸学步。

尽管20世纪以汤因比和斯塔夫里阿诺斯等为代表的全球史家为打破西方中心主义史观及梳理人类历史上的文明多样性做出了努力，但由于缺乏非西方文明的重新崛起，方家和大众都难逃西方文明优越性的陋见，也无力客观地审视人类文明多样性的根源，当然也就无法跳出以西方发达国家作为参照系的现代化框架。具有中华文明根基的中国式现代化道路所创造的人类文明新形态将彻底打破西方中心主义世界观，这正是习近平总书记在2018年提出"百年未有之大变局"论断的理论意义所在。例如，20世纪初，八国联军攻打北京。这八国是当时世界上的列强，是先进的工业化国家，它们的GDP（国内生产总值）按照购买力平价来计算可占到全世界的50.4%。到2000年，对应地也有一个八国集团，也是当时世界上最先进的工业化国家，它们的GDP占到全世界的47%。但是到2018年时，这八国集团的经济总量按照购买力平价计算降到只占全世界的34.7%。按照市场汇率计算，中国的经济总量在2000年的时候只占全世界的3.6%，占美国的11.8%，中国的经济总量在2021年占到全世界的18.5%，相当于美国经济总量的70%还多。如果按照购买力平价计算，中国在2014年已经超过美国，成为世界第一大经济体。这使得自从新文化运动以来，国人有自信心重新审视现代化的参照系首次成为可能。

现代化的本质并非西方化而是自身的结构转型

事实上,在人类历史长河中,西方国家的崛起也只不过是过去200年间发生的短暂现象。现代化的概念不应该以西方化范畴来定义。这种反思虽然日益深入人心,但是究竟该如何定义现代化却众说纷纭。传统的发展经济学与转型经济学、发展社会学与转型社会学、发展政治学与转型政治学等不同学科背景的学者都从不同侧面与层面予以了探讨。基于马克思历史唯物主义的新结构经济学理论范式,我们主张不以发达国家作为参照系,而是从一个国家自身的经济基础(禀赋结构与生产结构,即产业与技术)以及与之相适应的上层建筑(金融、教育、政治、文化等)的结构转型来界定自身的现代化,并以相对于前现代社会的性质来识别现代社会的性质,即从人类发展史来看,其本质是走出前现代化社会的马尔萨斯陷阱。

人类作为一个物种起源于旧石器时代中期,即大约25万年前到5万年前之间的某个时间。那时人类的生产生活方式主要是为了生存,从环境中收集食物和其他生活必需品,即采集活动。其后,人类在不同时期、不同地区发明了农业,这种由食物采集者到食物生产者的转变,是人类历史上划时代的巨变。由于各个大陆自然环境的不同,也就是禀赋结构不同、物种的起源不同、对动植物的驯化难易程度不同,因此世界各地的农业产业结构变迁不同,从而塑造了多样的古典文明。然而,由于支配农业的禀赋结构主要是存在上限的自然资源,前现代社会人们所有的努力,如寻找新的土地资源、开发新的农耕技术、掌握自然世界的新规律等,虽然能够养活更多的人口,却无法同时改善生活水平,这一支配前现代社会变迁的机制便是著名的"马尔萨斯循环"。英国在工业革命之后率先走出了马尔萨斯陷阱,开了人类现代化之先河。

西方非文明型（侵略式）现代化及其理论批判

西方老牌资本主义现代化国家通过血腥的殖民运动和残酷的战争资本主义，积累原始资本并催化科学革命和工业革命，实现持续不断的产业升级与技术进步，生产力水平不断提高，上层建筑各种"现代化"——社会、政治、文化也随之不断演进，不仅摆脱了马尔萨斯陷阱，而且国家实力不断增强，拉开了和亚非拉国家的差距，并将其置于殖民地、半殖民地的控制、掠夺之下。例如，欧洲人在1800年就占领和控制了世界35%的陆地面积。到1878年，这一数字上升到67%，1914年更超过84%。1800年早期，美国人就通过在土耳其种植鸦片，参与鸦片贸易为其东海岸的著名大学和贝尔研制电话提供资金。虽然大量经济史研究也表明，西方在工业革命之前并不领先于东方，甚至落后于东方，例如在1750年时，世界上的大多数制造业产品还是由中国（占全世界总量的33%）和印度次大陆（占全世界总量的25%）制造。然而，正如文一教授在其著作中所揭露的，西方经过上百年打造形成了一套极具欺骗性的讲述"西方故事"的流行历史观："正是古希腊独有的民主制度与理性思维传统，以及古罗马和日耳曼部落遗留的独特法律制度，一同奠定了近代西方科学与工业文明赖以产生的制度基础，从而在文艺复兴以后演变成一种不同于'东方专制主义'的民主议会制度和法治社会。这种包容性议会政治制度和法治社会，决定了包容性资本主义经济制度的产生，比如契约精神、人性解放、对私有产权的保护和对专制王权的限制，因而有效降低了各种市场交易成本（包括思想市场和商品市场的交易成本），激励了国民财富的积累和科学技术的创新发明，促使了'科学革命'和'工业革命'这两场革命的爆发。"

中国在极具特色的社会主义制度下实现的超常经济增长使全世界吃惊和迷惑不解，以至于很多人至今仍然认为如果不尽快移植西方政治制度，这一增长奇迹将不可持续。事实上，正如张夏准所考证的，当今发达国家的"先进制度"，比如民主制度、官僚和司法制度、知识产权制度、公司治理制度、金融制度、福利与劳工制度等等，其实都是工业革命的直接产物，或者说是现代化的表面产物而非根本原因。然而，讲述"西方故事"的西方理论（比如新制度经济学）虽然在颠倒因果，但并不妨碍其日益成为主流理论叙事。与之相反，符合人类历史发展事实的"经济基础决定上层建筑，上层建筑反作用于经济基础"的马克思主义叙事反而在各种理论特别是经济学主流理论中日渐式微。因此，迫切需要从中国式现代化实践中加强社会科学特别是经济学的马克思主义化，来实现社会科学特别是经济学的中国化，从而更有效地指导中国社会主义现代化建设，并供其他发展中国家现代化借鉴。

西方现代化理论殖民下鲜有其他现代化成功者

1826年1月23日，西班牙国旗在秘鲁的卡亚俄港黯然降下，宣告了西班牙对秘鲁300多年殖民统治的终结，拉丁美洲整体上取得独立。1922年12月30日，苏维埃社会主义共和国联盟成立，成为当时世界上面积最大的国家。1944年至1985年，共有96个国家独立，人口数约占世界总人口的1/3。然而，到目前为止，在原来的近200个发展中经济体里，只有中国台湾地区和韩国从低收入经济体进入中等收入经济体，再进一步发展成为高收入经济体，中国大陆很快将成为第三个，而且中国是唯一实现这一进程的大国。即便在1960年的101个中等收入经济体中，87%的经济体在其后将近半个世纪里无法成功跨越"中等收入陷阱"进入高收入阶段。跨越过中等收入的13个经济体中的8个是原本差距就不大的西欧周边国家或石油生产国，另外5个是日本和"亚洲四小龙"。苏联在苏共"二十四大"宣称建成发达社会主义之后于1991年解体。根据世界银行的数据，到 2017 年仍有占世界总人口 9.3 % 的 6.99 亿人生活在每日生活费 1.9 美元的国际贫困线之下，其中撒哈拉沙漠以南非洲国家生活在贫困线下的人口高达 4.33 亿。后发国家充满挫折的现代化历程表明，不论是发达国家还是发展中国家，过去涌现的各种现代化理论大都无功而返。这说明迄今为止，非洲及南亚贫困陷阱、拉美中等收入陷阱和东欧转型陷阱中的国家还没有成功找到实现现代化的道路。

我国在全面建设社会主义现代化国家过程中需要坚持四个自信，需要总结出适合自身的现代化理论。正如党的二十大报告中所指出的，十八大以来，我们党勇于进行理论探索和创新，以全新的视野深化对共产党执政规律、社会主义建设规律、人类社会发展规律的认识，取得重大理论创新成果，集中体现为新时代中国特色社会主义思想。实践没有止境，理论创新也没有止境。继续推进实践基础上的理论创新，首先要把握好新时代中国特色社会主义思想的世界观和方法论，坚持好、运用好贯穿其中的立场观点方法。必须坚持人民至上，坚持自信自立，坚持守正创新，坚持问题导向，坚持系统观念，坚持胸怀天下，站稳人民立场、把握人民愿望、尊重人民创造、集中人民智慧，坚持对马克思主义的坚定信仰、对中国特色社会主义的坚定信念，坚定道路自信、理论自信、制度自信、文化自信，不断提出真正解决问题的新理念新思路新办法，为前瞻性思考、全局性谋划、整体性推进党和国家各项事业提供科学思想方法。

中国式现代化蓝图

中国式现代化求索

从鸦片战争到甲午战争，从抗日战争到抗美援朝，中国人民历经百余年浴血奋战取得了民族独立，建立并巩固了新中国，在中国共产党的领导下仅仅用了 70 余年就让将近世界 1/5 的人口全部摆脱贫困，特别是改革开放后仅用了几十年时间就走出了马尔萨斯陷阱，坚持和完善了中国特色社会主义制度，实现了中华文明五千年历史长河中的现代化转型。走出马尔萨斯陷阱是中国与西方现代化的共性，也是现代化的共性，但与西方采取的主要手段是对外发动战争、殖民掠夺和对内采取资本主义剥削制度不同，中国通过对内采取社会主义制度和对外采取和平公平经贸交往实现了文明型现代化转型。例如，中国在海外从未有过一寸殖民地和一个具有殖民地性质的军事基地，是 120 多个国家和地区的第一大贸易伙伴，是 70 多个国家和地区的第二大贸易伙伴。对全世界 90%以上的国家和地区而言，中国不是第一大贸易伙伴就是第二大贸易伙伴。因此，中西方现代化道路最根本的区别就是文明型现代化与非文明型现代化之分，中国创造了人类文明新形态。

中国能实现文明型现代化转型，除了中华民族爱好和平的文化基因，在吸取经验教训之后，实事求是地采取符合国情的中国式现代化是根本原因。"中国式的现代化"是改革开放总设计师邓小平同志首先提出的概念，其初衷是反对急躁冒进，确立适合中国国情的发展目标；反对照搬西方经验，要走中国自己的发展道路。因此，"中国式现代化"成为中国特色社会主义理论的核心内容。中国从 1978 年开始的经济转型并没有遵循"华盛顿共识"，而是在中国共产党的领导下以解放思想、实事求是的方式推行渐进式改革。最初，很多经济学家认为这种转型方式是比计划经济更不理想的制度选择，会导致贪污腐败现象更为普遍，并影响经济效率。实际上，通过推行这种转型方式，对原有缺乏自生能力的企业提供保护补贴，维持了经济稳定。同时，放开符合比较优势、能够形成竞争优势的产业的准入，推动经济快速发展，资本迅速积累。原来不符合比较优势的资本密集型产业也逐渐符合比较优势，为后续改革创造了条件。而那些根据"华盛顿共识"来推进经济转型的经济体，绝大多数都出现了经济崩溃、停滞、危机，而且腐败、贫富差距等问题非常严重。现在看来，世界上转型比较成功的国家，推行的都是这种被主流经济学界认为是最不科学的转型方式，即双轨渐进式的改革。

新时代的伟大变革

党的二十大报告指出，改革开放和社会主义现代化建设取得巨大成就，党的建设新的伟大工程取得显著成效，为我们继续前进奠定了坚实基础、创造了良好条件、提供了重要保障，同时一系列长期积累及新出现的突出矛盾和问题亟待解决。党中央审时度势、果敢抉择，锐意进取、攻坚克难，采取一系列战略性举措，推进一系列变革性实践，实现一系列突破性进展，取得一系列标志性成果，经受住了来自政治、经济、意识形态、自然界等方面的风险挑战考验，党和国家事业取得历史性成就、发生历史性变革，推动我国迈上全面建设社会主义现代化国家新征程。特别是我们经历了对党和人民事业具有重大现实意义和深远历史意义的三件大事：一是迎来中国共产党成立一百周年，二是中国特色社会主义进入新时代，三是完成脱贫攻坚、全面建成小康社会的历史任务，实现第一个百年奋斗目标。

新时代的伟大变革为以中国式现代化全面推进中华民族伟大复兴积累了坚实的禀赋条件。10年来，我国经济实力实现历史性跃升，人均国内生产总值从3.98万元增加到8.1万元，国内生产总值从54万亿元增长到114万亿元，我国经济总量占世界经济的比重达18.5%，提高7.2个百分点，稳居世界第二位；制造业增加值占全球比重超过28%，稳居世界首位；2021年我国国际专利申请量达6.95万项，连续3年居全球首位；货物贸易总额居世界第一，吸引外资和对外投资居世界前列，2021年进出口总额达到6.1万亿美元，实际利用外资规模达1735亿美元。我国建成了世界上规模最大的教育体系、社会保障体系、医疗卫生体系，为现代化建设积累了丰裕的人力资本。2020年我国普通高校毕业生达870万人，其中STEM专业（科学、技术、工程和数学教育相关专业）毕业生占比达62%。此外，我国的生态禀赋与制度安排以及安全条件也得到巨大提升。正如党的二十大报告所指出的，我们坚持绿水青山就是金山银山的理念，坚持山水林田湖草沙一体化保护和系统治理，生态文明制度体系更加健全，生态环境保护发生历史性、转折性、全局性变化；我国以巨大的政治勇气全面深化改革，许多领域实现历史性变革、系统性重塑、整体性重构，中国特色社会主义制度更加成熟更加定型，国家治理体系和治理能力现代化水平明显提高；我们贯彻总体国家安全观，以坚定的意志品质维护国家主权、安全、发展利益，国家安全得到全面加强。

新时代的使命任务

党的二十大报告庄严宣布："从现在起，中国共产党的中心任务就是团结带领全国各族人民全面建成社会主义现代化强国、实现第二个百年奋斗目标，以中国式现代化全面推进中华民族伟大复兴。"习近平总书记在党的十九大报告中就指出："中国共产党人的初心和使命，就是为中国人民谋幸福，为中华民族谋复兴。这个初心和使命是激励中国共产党人不断前进的根本动力。"[1]1921年党的一大通过的纲领规定，党的

---

[1]《决胜全面建成小康社会 夺取新时代中国特色社会主义伟大胜利——在中国共产党第十九次全国代表大会上的报告》，参见：http://www.gov.cn/zhuanti/2017-10/27/content_5234876.htm。——编者注

奋斗目标是最终实现中国人民和全人类的彻底解放,提出了共产主义的远大理想。党的二大通过了党的最高纲领和最低纲领,最高纲领是实现共产主义,最低纲领是进行民主革命。1925年,毛泽东同志在《政治周报》发刊词中写道:"为什么要革命?为了使中华民族得到解放,为了实现人民的统治,为了使人民得到经济的幸福。"[①]党的七大把"全心全意为人民服务"的宗旨写入党章,明确提出中国共产党要为中华民族与中国人民的利益而努力奋斗。中国共产党带领中国人民经过28年艰苦卓绝的奋斗,彻底实现了民族独立和人民解放,建立了新中国。新中国成立后,党的八大修改的党章规定,党的一切工作的根本目的是最大限度地满足人民的物质生活和文化生活的需要。

改革开放后召开的十二大明确提出建设有中国特色的社会主义的重大命题和"小康"战略目标。1978—2021年,我国国内生产总值年均增长9.2%,高速增长期持续的时间和增长速度都超过了经济起飞时期的所谓的"东亚奇迹",创造了人类历史上不曾有过的奇迹。为了完成脱贫攻坚、全面建成小康社会的历史任务,党的十八大、十九大均以全面建成小康社会和决胜全面建成小康社会为主题。2021年7月1日,习近平总书记在庆祝中国共产党成立100周年大会上庄严宣告,我们在中华大地上全面建成了小康社会。[②]新时代十年的伟大变革,在党史、新中国史、改革开放史、社会主义发展史、中华民族发展史上具有里程碑意义。中国共产党和中国人民正信心百倍推进中华民族从站起来、富起来到强起来的伟大飞跃。改革开放和社会主义现代化建设深入推进,实现中华民族伟大复兴进入了不可逆转的历史进程。党的二十大报告已

[①] 参见:http://dangshi.people.cn/n1/2021/0715/c436975-32158396.html。——编者注
[②] 《庆祝中国共产党成立100周年大会隆重举行 习近平发表重要讲话》,参见:http://www.gov.cn/xinwen/2021-07/01/content_5621846.htm。——编者注

将以中国式现代化全面推进中华民族伟大复兴的使命任务绘制成了具体的建设蓝图。

现代化的建设蓝图

实现中华民族伟大复兴是近代以来中华民族最伟大的梦想，党的第二个百年奋斗目标是在新中国成立百年时建成富强民主文明和谐美丽的社会主义现代化强国。到2035年我国将基本实现社会主义现代化，发展的总体目标是：经济实力、科技实力、综合国力大幅跃升，人均国内生产总值迈上新的大台阶，达到中等发达国家水平；实现高水平科技自立自强，进入创新型国家前列；建成现代化经济体系，形成新发展格局，基本实现新型工业化、信息化、城镇化、农业现代化；基本实现国家治理体系和治理能力现代化，全过程人民民主制度更加健全，基本建成法治国家、法治政府、法治社会；建成教育强国、科技强国、人才强国、文化强国、体育强国、健康中国，国家文化软实力显著增强；人民生活更加幸福美好，居民人均可支配收入再上新台阶，中等收入群体比重明显提高，基本公共服务实现均等化，农村基本具备现代生活条件，社会保持长期稳定，人的全面发展、全体人民共同富裕取得更为明显的实质性进展；广泛形成绿色生产生活方式，碳排放达峰后稳中有降，生态环境根本好转，美丽中国目标基本实现；国家安全体系和能力全面加强，基本实现国防和军队现代化。

习近平总书记在报告中指出，在新中国成立特别是改革开放以来长期探索和实践基础上，经过十八大以来在理论和实践上的创新突破，我们党成功推进和拓展了中国式现代化。党的二十大报告的主旨可以概括为：以理论创新，即全面贯彻习近平新时代中国特色社会主义思想，指导完成两大任务，即"党的中心任务是以中国式现代化全面推进中华民族伟大复兴"和"高质量发展是全面建设社会主义现代化国家的首要任务"。党的二十大报告围绕党的中心任务，从十二个方面做了具体部署，包括：加快构建新发展格局，着力推动高质量发展；实施科教兴国战略，强化现代化建设人才支撑；发展全过程人民民主，保障人民当家作主；坚持全面依法治国，推进法治中国建设；推进文化自信自强，铸就社会主义文化新辉煌；增进民生福祉，提高人民生活品质；推动绿色发展，促进人与自然和谐共生；推进国家安全体系和能力现代化，坚决维护国家安全和社会稳定；实现建军一百年奋斗目标，开创国防和军队现代化新局面；坚持和完善"一国两制"，推进祖国统一；促进世界和平与发展，推动构建人类命运共同体；坚定不移全面从严治党，深入推进新时代党的建设新的伟大工程。

中国式现代化内涵

中国式现代化的鲜明特点

中国式现代化，是中国共产党领导的社会主义现代化，既有各国现代化的共同特征，更有基于自己国情的中国特色。党的二十大报告主要概括了中国式现代化的五大鲜明特点：中国式现代化是人口规模巨大的现代化，是全体人民共同富裕的现代化，是物质文明和精神文明相协调的现代化，是人与自然和谐共生的现代化，是走和平发展道路的现代化。中国式现代化的这些特点实际上反映了中国现代化的历史根基禀赋与目标价值取向及其对人类文明的伟大意义。我国历史悠久、幅员辽阔、人口众多，想要振兴发展，最重要的就是秉持唯物辩证主义，实事求是、立足国情、走自己的路。现代化不能仅仅是少数人、少数地区、少数领域的现代化，必须坚持和发展中国特色社会主义，推动全体人民共同富裕，推动全国各地区协同现代化，推动物质文明、政治文明、精神文明、社会文明、生态文明一体发展。过去的老牌资本主义国家虽然实现了现代化，但走的是暴力掠夺殖民地、以帝国主义控制他国、掠夺自然的道路，是以其他国家落后为代价的现代化，是以破坏环境为代价的现代化，是一种非文明形态的现代化。与极力掩盖其殖民掠夺一样，西方也不遗余力地渲染极端环保主义来掩盖其对自然的掠夺，无端指责发展中国家由于所处发展阶段不可避免地存在的污染问题。以碳排放为例，从1900年算起的人均累计排放来看，全球平均水平是209吨/人，中国仅157吨/人，而美国高达1218吨/人，其他主要发达国家也都比中国多得多。相反，中国式现代化是走和平发展道路的现代化，是人与自然和谐共生的现代化，是一种文明形态的现代化。《中共中央关于党的百年奋斗重大成就和历史经验的决议》指出，党领导人民成功走出中国式现代化道路，创造了人类文明新形态，拓展了发展中国家走向现代化的途径，给世界上那些既希望加快发展又希望保持自身独立性的国家和民族提供了全新选择。

以中国式现代化推进中华民族伟大复兴将创造具有世界历史意义的人类文明新形态亦是中国式现代化在世界现代化进程中不容忽视的鲜明特点和伟大意义。习近平总书记在十九届五中全会第二次全体会议上的讲话就指出，我国14亿人口要整体迈入现代化社会，其规模超过现有发达国家的总和，将彻底改写现代化的世界版图，在人类历史上是一件有深远影响的大事。[1]按照党的二十大报告描绘的2035年基本实现现代化的前景，届时我国人均国民总收入水平将明显超过高收入门槛，巩固地处于高收入国家行列。中国迈入高收入国家行列，意味着全球生活

---

[1] 《新发展阶段贯彻新发展理念必然要求构建新发展格局》，参见：https://www.ccps.gov.cn/xtt/202208/t20220831_154802.shtml。——编者注

在高收入经济体中的人口比重将由现在的 16% 倍增到 35% 左右。届时，不仅 14 亿中国人的生活水平将极大改善，而且将为其他 50 多亿中低收入国家人民的发展提供更大的市场空间和更丰富的技术来源，也将提供更多的中国经验用于帮助这些国家管理自己的发展进程，将极大地推动全世界的现代化。

中国式现代化的本质要求

党的二十大报告也明确了中国式现代化的本质要求：坚持中国共产党领导，坚持中国特色社会主义，实现高质量发展，发展全过程人民民主，丰富人民精神世界，实现全体人民共同富裕，促进人与自然和谐共生，推动构建人类命运共同体，创造人类文明新形态。中国式现代化的本质要求实际上是根据中国式现代化的鲜明特点所确定的中国式现代化道路。坚持和发展中国特色社会主义是中国式现代化道路的核心，而中国特色社会主义最本质的特征是坚持中国共产党领导。《中共中央关于党的百年奋斗重大成就和历史经验的决议》在总结我们党百年奋斗的历史经验时，第一条就是"坚持党的领导"，明确指出："中国共产党是领导我们事业的核心力量。中国人民和中华民族之所以能够扭转近代以后的历史命运、取得今天的伟大成就，最根本的是有中国共产党的坚强领导。"习近平总书记在报告中明确指出，全面建设社会主义现代化国家、全面推进中华民族伟大复兴，关键在党；并强调，我们党作为世界上最大的马克思主义执政党，要始终赢得人民拥护、巩固长期执政地位，必须时刻保持解决大党独有难题的清醒和坚定；并号召，全党必须牢记，全面从严治党永远在路上，党的自我革命永远在路上，决不能有松劲歇脚、疲劳厌战的情绪，必须持之以恒推进全面从严治党，深入推进新时代党的建设新的伟大工程，以党的自我革命引领社会革命。

实现高质量发展，发展全过程人民民主，丰富人民精神世界，实现全体人民共同富裕，促进人与自然和谐共生，推动构建人类命运共同体，创造人类文明新形态，是中国式现代化道路的具体路径。这是结合中国国情以马克思历史唯物主义和辩证唯物主义指导中国式现代化的伟大实践。经济基础决定上层建筑，上层建筑反作用于经济基础。党的二十大报告明确将高质量发展作为全面建设社会主义现代化国家的首要任务，并强调推动经济实现质的有效提升和量的合理增长。我国在 1996 年以前属于低收入国家，1999 年巩固地进入下中等收入国家行列，2010 年进入上中等收入国家行列。1990 年、1995 年、2000 年、2005 年、2010 年和 2016 年，我国人均国民总收入分别相当于对应年份高收入门槛值的 4.3%、5.8%、10.1%、16.4%、35.4% 和 67.5%，这表明我国人均国民总收入向高收入门槛值的收敛速度几乎是指数式的。要扎实推进第十四个五年规划和 2035 年远景目标纲要，到 2035 年实现我国人均收入水平和经济总量在 2020 年的基础上翻一番的第一步发展目标。

中国式现代化的战略步骤

全面建成社会主义现代化强国，总的战略安排是分两步走：从 2020 年到 2035 年基本实现社会主义现代化；从 2035 年到本世纪中叶把我国建成富强民主文明和谐美丽的社会主义现代化强国。新时代"两步走"的中国式现代化强国战略步骤是综合历史经验教训与发展基础形势做出的既符合客观发展规律又积极有为的战略部署，将规定具体的方针政策。1981 年党的十一届六中全会通过《关于建国以来党的若干历史问题的决议》就指出经济建设必须从我国国情出发，量力而行，积极奋斗，有步骤分阶段地实现现代化的目标。40 多年来，党始终不渝坚持《关于建国以来党的若干历史问题的决议》确立的路线方针政策。十三大首次将"三步走"战略目标明确为经济建设目标：第一步是实现国民生产总值比 1980 年翻一番，解决人民的温饱问题；第二步是到 20 世纪末，使国民生产总值再增长一倍，人民生活达到小康水平；第三步是到 21 世纪中叶，人均国民生产总值达到中等发达国家水平，人民生活比较富裕，基本实现现代化。2000 年我国国民生产总值是 1980 年的 21.86 倍，翻了四番多。十五大将第三步战略目标进一步细分为三步，并提出了具体的时间表，尤其是"两个一百年"奋斗目标。十九大将第二个百年奋斗目标细分为两个阶段来实现。党的二十大报告再一次具体明确了 2035 年我国发展的总体目标，以及在基本实现现代化基础上的社会主义现代化强国奋斗目标。

我国国民经济和社会发展第十四个五年规划更是开创性地对接了 2035 年远景目标。未来 5 年是全面建设社会主义现代化国家开局起步的关键时期，主要目标任务是：经济高质量发展取得新突破，科技自立自强能力显著提升，构建新发展格局和建设现代化经济体系取得重大进展；改革开放迈出新步伐，国家治理体系和治理能力现代化深入推进，社会主义市场经济体制更加完善，更高水平开放型经济新体制基本形成；全过程人民民主制度化、规范化、程序化水平进一步提高，中国特色社会主义法治体系更加完善；人民精神文化生活更加丰富，中华民族凝聚力和中华文化影响力不断增强；居民收入增长和经济增长基本同步，劳动报酬提高与劳动生产率提高基本同步，基本公共服务均等化水平明显提升，多层次社会保障体系更加健全；城乡人居环境明显改善，美丽中国建设成效显著；国家安全更为巩固，建军一百年奋斗目标如期实现，平安中国建设扎实推进；中国国际地位和影响进一步提高，在全球治理中发挥更大作用。

中国式现代化的理论内涵

马克思主义是我们立党立国、兴党兴国的根本指导思想。党的二十大报告将理论创新提高到了前所未有的地位,习近平总书记在报告的第二部分系统阐释了开辟马克思主义中国化时代化新境界,并强调推进马克思主义中国化时代化是一个追求真理、揭示真理、笃行真理的过程,实践没有止境,理论创新也没有止境。中国共产党人深刻认识到,只有把马克思主义基本原理同中国具体实际相结合、同中华优秀传统文化相结合,坚持运用辩证唯物主义和历史唯物主义,才能正确回答时代和实践提出的重大问题,才能始终保持马克思主义的蓬勃生机和旺盛活力。中国共产党通过不断的理论创新、实践创新、制度创新,成功推进和拓展了中国式现代化,不断丰富和发展习近平新时代中国特色社会主义思想。

中国式现代化也具有一般性的学理内涵,从新结构经济学视角可以概括为"一个中心,三个基本点":"一个中心"是结合反映一个国家的具体国情和马克思辩证唯物主义物质第一性原理的禀赋结构作为推进国家现代化的依据,即中国式现代化把马克思主义基本原理同中国具体实际相结合、同中华优秀传统文化相结合;"三个基本点"则是一个国家由其禀赋结构所客观决定的国家发展、转型与运行,其结合反映了"经济基础决定上层建筑,上层建筑反作用于经济基础"的历史唯物主义基本原理和一个国家的具体社会形态,即十九大、十九届六中全会就提出的"十个明确""十四个坚持""十三个方面成就"。反观主流的现代化理论,来自西方发达国家,其理论总结于发达国家的经验,把发达国家的经济基础与上层建筑等作为理想的现代化目标。在其理论中,发达国家和发展中国家只有量的差异而没有质的区别,把发展中国家和发达国家的差异都当作应该消除的扭曲。然而,发展中国家和发达国家既有量的差异也有质的区别，发达国家和发展中国家的不同，反映的既有马克思历史唯物主义所揭示的"经济基础"的不同，也有和不同经济基础所导致的与其相适应的"上层建筑"的不同，不能简单地把发展中国家和发达国家的差异都当作扭曲来对待。由于发展中国家和发达国家有由其禀赋结构所内生的产业、技术、硬的基础设施、软的制度安排的结构差异性，如何从一个较低的结构升级到一个较高的结构属于"发展"的问题，如何从一个有扭曲的结构向没有扭曲的结构转变则属于"转型"或改革的问题。同时，不同发展程度的国家在不同的结构状态下，经济社会运行方式也会有所不同。

中国式现代化的首要任务

高质量发展是中国式现代化的首要任务

团结带领全国各族人民全面建成社会主义现代化强国、实现第二个百年奋斗目标，以中国式现代化全面推进中华民族伟大复兴是中国共产党的中心任务。高质量发展则是全面建设社会主义现代化国家的首要任务。我们党历来都强调发展是党执政兴国的第一要务，也清醒地认识到没有坚实的物质技术基础就不可能全面建成社会主义现代化强国。党的二十大报告站在中国式现代化历史进程中详细地阐述了高质量发展的主要内容、关键环节与薄弱环节。高质量发展概括起来讲就是在新发展阶段完整、准确、全面贯彻新发展理念，坚持社会主义市场经济改革方向，坚持高水平对外开放，加快构建以国内大循环为主体、国内国际双循环相互促进的新发展格局。高质量发展成效如何直接关系现代化伟业能否如期实现。

党的二十大报告也从五个方面侧重阐述了高质量发展的重点内容。

第一，公有制经济和非公有制经济共同发展，有效市场与有为政府有机结合，是构建高水平社会主义市场经济体制的关键。我们要构建高水平社会主义市场经济体制，坚持和完善社会主义基本经济制度，毫不动摇巩固和发展公有制经济，毫不动摇鼓励、支持、引导非公有制经济发展，充分发挥市场在资源配置中的决定性作用，更好发挥政府作用。第二，持续发展生产力是社会主义现代化强国建设的根本。我们要建设现代化产业体系，坚持把发展经济的着力点放在实体经济上，推进新型工业化，加快建设制造强国、质量强国、航天强国、交通强国、网络强国、数字中国。第三，农村现代化是全面建设社会主义现代化国家最艰巨最繁重的任务。我们要全面推进乡村振兴，坚持农业农村优先发展，巩固拓展脱贫攻坚成果，加快建设农业强国，扎实推动乡村产业、人才、文化、生态、组织振兴，全方位夯实粮食安全根基，牢牢守住十八亿亩耕地红线，确保中国人的饭碗牢牢端在自己手中。第四，协调发展是同步实现社会主义现代化的保障。我们要促进区域协调发展，深入实施区域协调发展战略、区域重大战略、主体功能区战略、新型城镇化战略，优化重大生产力布局，构建优势互补、高质量发展的区域经济布局和国土空间体系。第五，对外开放依然是社会主义现代化建设的不竭动力。我们要推进高水平对外开放，稳步扩大规则、规制、管理、标准等制度型开放，加快建设贸易强国，推动共建"一带一路"高质量发展，维护多元稳定的国际经济格局和经贸关系。

高质量发展内涵的新结构经济学阐释

党的十九大已明确提出经济高质量发展，但过往各界对高质量发展内涵的认识普遍存在两个误区：其一是把高质量发展与经济合理增速对立起来，其二是把高质量发展狭隘化，没有置于现代化进程之中。作为全面建设社会主义现代化国家的首要任务，高质量发展包含了新发展阶段、新发展理念、新发展格局的内涵，并要求推动经济实现质的有效提升和量的合理增长。为了如期从2020年到2035年基本实现社会主义现代化，合理增速意义重大。习近平总书记就《中共中央关于制定国民经济和社会发展第十四个五年规划和二〇三五年远景目标的建议》起草情况做说明时就明确提出，"文件起草组经过认真研究和测算，认为从经济发展能力和条件看，我国经济有希望、有潜力保持长期平稳发展，到'十四五'末达到现行的高收入国家标准、到2035年实现经济总量或人均收入翻一番，是完全有可能的"[1]。这要求2021年至2035年期间经济增长速度要保持在4.7%左右，未来15年也具备这样的增长潜力。

改革开放以来所积累的禀赋条件已经大幅度改变了我国的比较优势，使得我国发展阶段发生了显著的提升。2013年习近平主席在亚太经合组织工商领导人峰会上发表演讲时就强调，中国经济已经进入新的发展阶段，正在进行深刻的方式转变和结构调整。[2] 2015年，习近平总书记在党的十八届五中全会上首次提出了新发展理念，并成为国家"十三五"规划的基本框架。[3] 因此，随着发展阶段的变化，社会主要矛盾的变化，必须要有新发展理念与之适应。在我国完成全面建成小康社会的历史任务之后，主要矛盾已经转变为党的十九大提出的"人民日益增长的美好生活需要和不平衡不充分的发展之间的矛盾"，以新发展理念引领发展方式转变是必然的战略抉择。同时，我国在世界发展格

---

[1] 《关于〈中共中央关于制定国民经济和社会发展第十四个五年规划和二〇三五年远景目标的建议〉的说明》，参见：https://www.qinfeng.gov.cn/info/1022/135345.htm。——编者注

[2] 2013年习近平主席在亚太经合组织工商领导人峰会上的演讲，参见：http://www.xinhuanet.com/world/2013-10/08/c_125490697.htm。——编者注

[3] 参见：http://theory.people.com.cn/n1/2022/1010/c40531-32542078.html。——编者注

局中的主要矛盾也随之改变，随着经济体量增大（如我国经济总量占世界经济的比重已达 18.5%）和经济结构升级（如可贸易性低的服务业比重上升，2015 年就超过了 50%），市场和资源两头在外的国际大循环动能明显减弱，经济发展取决于国内经济循环的特征将日益明显，把实施扩大内需战略同深化供给侧结构性改革有机结合起来，构建新发展格局是经济发展规律在当前阶段的体现，也是必然的战略抉择。因此，2020 年习近平总书记在中央财经委第七次会议上首次提出了构建新发展格局。①

发挥优势，强化高质量发展的关键环节

随着我国发展阶段的提升、比较优势的变化、产业结构的升级，教育、科技、人才将是全面建设社会主义现代化国家的基础性、战略性支撑。党的二十大报告提出，必须坚持科技是第一生产力、人才是第一资源、创新是第一动力，深入实施科教兴国战略、人才强国战略、创新驱动发展战略，开辟发展新领域新赛道，不断塑造发展新动能新优势。在 14 亿多人口迈向共同富裕的新征程上，我国高质量发展的前景广阔，潜力巨大，要充分发挥三大优势（后来者优势、换道超车优势、新型举国体制优势）强化高质量发展的三个关键环节（缩小差距、领先突破、自立自强），要在社会主义现代化强国建设首要任务上率先取得突破。

在新发展阶段要充分发挥后来者优势，缩小与发达国家的差距。我国的收入水平已经非常接近高收入国家的门槛，但与欧美高收入国家还有相当大的差距，差距就代表着潜力，就有很多引进、消化、吸收、再创新的机会，即使存在引进障碍但追赶路线也是明确的，这种类型的创

---

① 参见：http://theory.people.com.cn/n1/2022/1027/c40531-32553053.html。——编者注

新成本相对低，风险相对小。这意味着我们在发展过程中可以利用后来者优势实现迅速追赶，而且我国进入新发展阶段的禀赋条件已经具备了高质量追赶的比较优势。发挥后来者优势的关键在于推进高水平对外开放。党的二十大报告强调要依托我国超大规模市场优势，以国内大循环吸引全球资源要素，增强国内国际两个市场两种资源联动效应，提升贸易投资合作质量和水平，合理缩减外资准入负面清单，依法保护外商投资权益，营造市场化、法治化、国际化一流营商环境。在新发展阶段要加快发挥换道超车优势实现领先突破。在以人力资本投入为主和数据资源开发的新经济方面，我国和发达国家站在同一条起跑线上，并且拥有人力资本多、国内市场大、全世界配套最齐全的产业、应用场景广，具有其他国家没有的优势，我国独角兽企业大量涌现与数字经济异军突起就是例证。按《中国数字经济发展白皮书（2020年）》的测算，截至2020年，我国数字经济占GDP比重已经达到了38.6%。换道超车优势的关键在于人才强国战略。党的二十大报告强调要加快建设教育强国、科技强国、人才强国，坚持为党育人、为国育才，全面提高人才自主培养质量，着力造就拔尖创新人才，聚天下英才而用之。在新发展阶段要加快发挥新型举国体制优势实现自立自强，解决重点领域的"卡脖子"问题，保障国家发展安全。党的二十大报告强调要坚持面向世界科技前沿、面向经济主战场、面向国家重大需求、面向人民生命健康，加快实现高水平科技自立自强；以国家战略需求为导向，集聚力量进行原创性引领性科技攻关，坚决打赢关键核心技术攻坚战；要完善党中央对科技工作统一领导的体制，健全新型举国体制，强化国家战略科技力量，优化配置创新资源。

优先解决高质量发展的薄弱环节

百年未有之大变局所引发的中美摩擦会持续很长时间，但面对美国"卡脖子"和战略抑制的问题也不用太悲观，关键还是要保持我们自身持续发展的战略定力。我国在2020年至2035年还有年均约8%的增长潜力，如能实现年均5%~6%的增长，那么到2035年就能基本实现社会主义现代化；在2035年至2050年，我国还有约6%的增长潜力，如果能够实现4%的增长，那么到2049年，我国人均GDP可以达到美国的一半，GDP总规模为美国的两倍，其中东部经济发达地区"三市五省"的人均GDP、经济规模、产业、技术水平都与美国水平相当，美国不再有"卡中国脖子"的技术优势，中美关系也会因此达到新的平衡。事实上，2020年以长三角、大湾区和京津冀这三极引领的7个现代化水平最高的沿海省份合计的经济体量已超过全国的40%，以上海-北京-深圳广州-重庆成都这四个高质量增长极引领的35座现代化水平最高的省会与副省级城市合计的经济体量也超过了全国的40%，目前的整体水平在事实上已经达到了中等发达国家的水平。

在我国全面建设社会主义现代化新征程上，真正的挑战还在于自身的薄弱环节。现阶段收入最低的40%家庭的月人均可支配收入尚不及1000元，这一群体大约有6亿人。我国的低收入人群主要集中在中西部地区的农村、农民工群体和少部分城市里的低收入家庭。现阶段我国还有超过5亿农村人口，农民工总量近3亿人。就业人员中，小学及以下、初中受教育程度人员所占比重合计超过60%。河北、贵州、广西、黑龙江、甘肃的人均地区生产总值尚不及北京的30%。宁夏、新疆、河南、云南、西藏、青海、吉林的人均地区生产总值尚不及北京的35%。在19个城市群（含40个都市圈）之外的偏远地区还有超过3.5亿人口。乡村振兴、民生就业、区域协调发展是高质量发展的三个薄弱环节，也是全面现代化的潜力所在。要全面建设社会主义现代化国家，最艰巨最繁重的任务依然在农村。党的二十大报告提出要全面推进乡村振兴，坚持农业农村优先发展，坚持城乡融合发展；要实施就业优先战略，促进高质量充分就业；要深入实施区域协调发展战略、区域重大战略、主体功能区战略、新型城镇化战略，优化重大生产力布局，构建优势互补、高质量发展的区域经济布局和国土空间体系；要以城市群、都市圈为依托构建大中小城市协调发展格局，推进以县城为重要载体的城镇化建设。现阶段也要充分发挥中央和地方的积极性，以高质量增长极率先实现现代化为牵引，协调推动各个地区的现代化，确保全国各地到2035年基本同步实现社会主义现代化。

以理论创新贡献民族复兴

习近平总书记《发展经济学与发展中国家的经济发展——兼论发展社会主义市场经济对发展经济学的理论借鉴》一文20多年前就提出要探索中国式现代化理论："我们向以西方经济学为基础的发展经济学寻求理论借鉴，并不仅仅是为了在指导社会主义市场经济发展上得到一定启示，受到某些帮助，更为重要的是通过这种学习、借鉴，能够在我们已经具有的经济、政治、文化、历史、哲学等传统的基础上，创立一门社会主义的发展经济学，这是历史的呼唤、时代的期盼，我们期望着社会主义发展经济学能够'花开枝头'、'红杏出墙'！"[1]新结构经济学就旨在以马克思主义为指导、应用现代经济学的方法，总结中国式现代化经验，通过自主理论创新建立一门关于国家发展、转型与运行的一般化

---

[1] 习近平.发展经济学与发展中国家的经济发展——兼论发展社会主义市场经济对发展经济学的理论借鉴[J].学术评论.2001（9）：4-6.——编者注

的现代化理论体系，是一个初步努力，已经得到其他一些发展中、转型中国家的借鉴并取得成效，实现了"红杏出墙"。我们要加快学习贯彻党的二十大精神，以习近平新时代中国特色社会主义思想为指导，加快经济学的自主理论创新，服务于中国式现代化和高质量发展两大任务，贡献于中华民族伟大复兴。

中国式现代化与中国经济新征程[1]

姚洋

（北京大学国家发展研究院院长、BiMBA商学院院长、
南南合作与发展学院执行院长）

为什么叫中国式现代化

要理解中国式现代化，首先要理解为什么是中国式现代化，而不是中国特色现代化。

可以对比的是20世纪80年代初，我们提出了中国特色社会主义。这一提法的背景是当时存在一个苏联式的社会主义。我们要搞农村改革、城市改革，与苏联模式不同，所以称之为中国特色社会主义。到1987年，我们定位于社会主义初级阶段，以便推进改革。

但这次不太一样，我们没有称之为中国特色现代化，而是称之为中国式现代化。这意味着现代化没有可以清晰对比的模式，中国的现代化道路本身就是一个模式，说明我们的道路自信和理论自信又往前走一步。

中国式现代化不仅仅是一条历史道路，而且是一种新理论，当然，

---

[1] 本文根据作者于2022年11月17日在北京大学国家发展研究院第73期EMBA论坛上的演讲整理。

这个理论是不是完备还可以再讨论，也许还有不少值得完善之处，但这个提法本身已经是一个很好的引子，值得我们进一步讨论和研究。

中国现代化的源起与早期进程

既然称之为中国式现代化，我们就要回溯中国现代化的发展历程。

第一阶段我定义为1860—1978年。这100多年在历史上称为"西风东渐"，甚至还可以再往前推一点。有不少人把1840年当作中国现代化的起点，也就是第一次鸦片战争。尽管第一次鸦片战争割让了香港岛，但国民并没有警醒。直到第二次鸦片战争火烧圆明园，精英阶层才猛醒，开启了100多年的西风东渐历程。

第二阶段是1978年到2017年，是思想解放、改革开放的40年。

从2017年开始，我们又进入新时代。

回顾历史是有好处的，我们会追问一个问题：为什么叫西风东渐？这背后是文明的冲突与融合。

关于文明的冲突与融合，我们可以把时间再往前拉到过去的2000年，基本上以北宋为节点。北宋于公元960年建立，刚好在中间。北宋之前的1000年，中国国力不断上升，在全世界领跑。北宋以来的这1000年，中国出现停滞甚至倒退。

外来文化冲击在北宋之前就已经存在，主要是佛教的引入。中华文明花了将近1000年的时间，直到南宋朱熹时，才把佛教相对和谐地吸纳进来。最后能留在中国本土的佛教主要是禅宗，禅宗与中华文明中的老庄哲学很像，这很有意思。到了今天，我们几乎已经忘记了佛教是外来之物，它与我们的传统文化已经融为一体。

我们今天还处在西方文化冲击的过程之中，中国文化还未能把西方文化完全吸收掉。

第二次鸦片战争之后，知识精英才真正觉醒。但他们的认知是中国文化没有太大问题，制度也没有太大问题，只不过是技术不如人家。因为第一次鸦片战争时，英国只派了一艘军舰就把我们打得落花流水。到第二次鸦片战争，英法联军竟然打进北京，而且火烧圆明园。

当时，精英和朝廷共同的选择是师夷长技以制夷，从此开始了长达30年的洋务运动。到甲午海战之前，洋务运动的成就很大，清朝建立起了亚洲最大规模的海军。但在日本人面前这支海军不堪一击。事实上，清朝海军舰队比日本舰队强大，清廷在朝鲜的驻军比日本侵略军要强大很多。但1895年，北洋海军在山东威海刘公岛全军覆没，宣告了清廷洋务运动师夷长技以自强愿望的破产。

精英们开始研究日本为什么能突然强大起来，原因是明治维新——制度的革新。于是精英们也想改变制度，就有了1898年的戊戌变法。但戊戌变法只有100天就宣告失败，诸多变法之中唯一保留的就是京师大学堂，也就是今天北京大学的前身。

旧的制度反对变法，我们就要推翻这种制度。于是仁人志士们不断成立政党，联合军事力量闹革命。最终在1911年，孙中山领导的辛亥革命成功，推翻了清政府，建立了亚洲第一个共和国。

从理论上说，中国应该由此进入稳定、繁荣的时代，但事实上并没有。中国接下来不仅出现了袁世凯的复辟，还有接连不断的军阀混战。这让大家意识到中国仅仅改变制度还不够，还需要改变底层的文化和思想，同时还要探索一条更稳定的新发展道路。

在这个时间段发生了第一次世界大战，整个欧洲的意志非常消沉，欧洲的知识分子认为西方文明已经走到尽头；中国一些人也感觉自己的文化走到尽头，要深挖文化的根子，于是掀起了新文化运动和五四运动。

新文化运动的核心就是否定封建旧文化，甚至还提出了"打倒孔家店"的口号。

在探索新出路的过程中，俄国在西方资本主义文明的边缘地带爆发了一场革命，好像一下子就把一个落后的国家变得欣欣向荣。俄国十月革命让西方知识分子和中国的知识分子都看到了希望，好像西方文化有救了，东方的中国也看到了一条新路。

中国比较活跃的学者代表李大钊、陈独秀等都认为十月革命和马克思主义为中国带来了一条新路，中国可以借助这一思想彻底改造中国。

1921年中国共产党诞生。中国共产党的诞生是中国革命发展的客观需要，是马克思主义同中国工人运动相结合的产物。中国共产党最后之所以大获成功，我认为一个非常重要的原因是它不仅适应了当时中国的状况，也就是百年未有之大变局，而且不断地自我革新。

中国共产党从创立之日起就自觉地成为推动中国进步的政党，带领中国一步步继续向现代化的方向前进。

因为距离充满革命的20世纪太近，所以很多人不容易以历史的时空观来评估此事。但欧洲社会几乎没有一个国家没有发生过大革命，英国革命、法国革命、俄国革命、西班牙革命，都是长时间的革命。英国革命持续至少半个世纪，法国和俄国大革命前后动荡时间更长。

因为要从古代社会跨入现代社会的难度很大，中国古代社会历史很长，而且相对稳定，古代社会同现代社会之间的生活方式反差又太大，所以要打破旧的结构和思维方式很难，旧势力不会乖乖举手投降，一定会抵抗，最后只能借助一场接一场的运动甚至革命。

1949年，中国共产党全面执掌政权之后要践行自己的革命思想。因此，我们理解社会主义革命也一定要把它放在中国现代化的历程里。

新中国第一阶段的现代化进程

革命不是请客吃饭,而是要把旧势力请出历史舞台,书写新的历史。

新中国成立以后,中国出现了很多革命性变化,我个人的观察是主要表现为如下几点。

第一,打破旧有的等级社会结构。历史学家黄仁宇原来当过国民党的军官,后来才成为历史学家。他知道国民党想干什么。他的描述是国民党总想着"自上而下",但中国共产党的想法和做法都是"自下而上",从底层把整个社会翻个底朝天,推动土改,拉平整个社会,不再存在资本家、官员,变成人人平等。比如女性的解放就很典型。国发院的张丹丹老师做过很有意思的研究,她把1958年在北京出生的妇女和在台北出生的妇女做比较,再比较1976年出生的北京女性和同年出生的台北女性,同时也找同一时期的男性进行对比。结果她发现1958年出生的北京女性竞争意识最强,超过男性。这是那个时代提倡妇女解放造成的,妇女能顶半边天的理念人尽皆知。

第二,推进国民认同。我们很多人喜欢说中华文化是一个集体主义的文化。有一个来自日本的留学生在北大学习社会学,他觉得中国人不那么集体主义,反而特别个人主义。我们对他的观点很吃惊。他说日本人踢足球,大家都互相传球,中国人踢足球都喜欢带球,直到射门,不怎么传球。一百多年前孙中山就曾说过,中国人有点像一盘散沙。怎么建立国家认同?中国共产党从政治层面入手,以一种强力来推进,深入社会的每一个角落,把我们拉入了一个基于普遍国家认同的现代社会。

第三,举全国之力推进工业化。这一点非常重要,我自己深有体会。我在西安工作过两年,单位是我父母和岳父母工作一辈子的工厂,建于1956年,是苏联援助的156个项目之一。这个工厂就是一个小而全的社会,生老病死都管,接生我的医生后来还接生了我的儿子。今天这家公司仍在,只是总部搬到了上海,已经成为输变电设备领域非常重要的战略性国企。中国今天的工业化成就离不开我们在改革开放之前奠定的基础,包括技术人员、工人队伍等,非常重要。

第四,提高人类发展水平。阿马蒂亚·森是印度裔的著名经济学家,如今在哈佛大学教书,曾获得诺贝尔经济学奖。他提倡的人类发展指数由三个指标构成:人均收入、预期寿命、教育水平。中国的医疗和教育在新中国成立以后的初期做得比很多发展中国家都好。阿马蒂亚·森说,中国改革开放以后比印度发展好得多,其中一个原因就是中国准备得好。比如,在1978年,中国人均GDP比印度还要低,中国人均GDP超过印度是在1992年。如今,中国的人均GDP已经是印度的5倍。1978年,中国虽然比印度穷,但中国的成人识字率是65%左右,印度只有40%左右。中国的预期寿命当时也已经达到67岁,印度不到60岁。婴儿死亡率中国降到54‰,印度这一数字是中国的两倍。印度也曾优先发展重工业,但没有成功。直到现在,印度工业产值在GDP中的占比仅20%多,中国曾经超过40%,现在下降是因为已经进入后工业化阶段,是发展阶段升级造成的自然下降。

新中国第一阶段的30年也曾引进西方的东西。1977—1979年,中国搞过一段"洋跃进",引进发达国家的机器设备。现在我们知道的燕山石化、齐鲁石化、宝钢都是这一阶段引进的。

有人说中国在1979年之后才改革开放,这没有错,但这是全面的、根本性的生产力解放。在1978年之前,中国已经推进了思想解放,这是生产力解放的前提和铺垫。

新中国第二阶段的现代化进程

1978年的十一届三中全会是中国改革开放的标志性事件,也是新一阶段现代化的起点。在我个人看来,1978—2017年这一段时间可以总结为邓小平"带领中国共产党回归中国"。

邓小平曾经表示,他是中国人民的儿子。[1] 这话颇有深意。邓小平喜欢用常识思考,这一点非常重要。常识告诉他,贫穷不是社会主义。

我觉得未来的历史学家如果写邓小平,其中一个丰功伟绩就是让中国共产党在更高的层次上回归了中国。

在我看来,邓小平带领中国共产党和整个中国做了下面这些重要转变。

第一,放弃激进主义路线,放弃阶级斗争。因为党的目标已经不再是通过革命再建立一个新中国,而是带领全国人民实现中华民族的伟大复兴。中华民族伟大复兴这一提法始于20世纪80年代初。这一提法告诉所有人,中国的重点不再是阶级斗争,而是全国人民团结一致走向现代化的繁荣富强。

第二,回归中国的务实主义。中国人特别务实,活在当下,具体有几个表现。首先是中国人不喜欢讲永恒的真理,而是认为实践出真知,这已经是中国人的谚语。实践是检验真理的唯一标准,意味着你得不断去实践,不断去发现真理,然后证伪真理,再发现新的真理。其次是结果导向。中国人注重结果,比如在硅谷,中国人比较高的职务是总工程师,印度人更多的是经理人。工程就是看得见摸得着的工作,是务实主义的体现。在务实主义的原则下,我们很多改革才能推进,一点点突破

---

[1] 出自邓小平于1981年2月为英国培格曼出版公司的《邓小平文集》英文版所写序言。——编者注

和变化，否则面对形而上的制度，很难突破看不见的各种约束。

第三，回归贤能主义。中国人在骨子里特别相信贤与能，评价一个人是好是坏，能不能干非常重要。比如共同富裕就是要提高老百姓获得收入的能力，而不是直接发钱。中国政府非常排斥给老百姓发钱，觉得这样容易养懒人。贤能主义最突出的体现是党的干部选拔制度。我和一起做研究的同事搜集了1994—2017年所有官员的数据，谁跟随谁工作过，后来怎么调动、升迁。我们研究梳理后发现，某位官员任期内所在城市的经济表现好，升迁的概率就大。

第四，回归市场经济。中国人习惯于认为市场经济是西方独有的东西。但邓小平早就提出，市场经济不是资本主义的特权，社会主义也可以搞市场经济。我还想加上一句，市场经济根本就不是西方创造的，而是中国人创造的。读一下北宋的历史就会发现，现在我们没有一家饭店能赶上北宋的水准。我们在宋朝时还发明了纸币，是世界上第一个发明纸币的国家，而且运转得很好。我们还发明了有价证券，可以买卖，就是金融创造。

新时代的现代化要点

在进入新时代的现代化分析之前，我先介绍一本书，是两位美国学者威廉·斯特劳斯（William Strauss）和尼尔·豪（Neil Howe）在20世纪90年代中期写的。这是一本奇书，名字是《第四次转折——世纪末的美国预言》。这本书上说美国有一个80年的大周期，从18世纪70年代的独立战争到19世纪60年代的南北战争，再到20世纪30—40年代的第二次世界大战，再到如今。美国基本上80年一个轮回。在这80年里，每20年又是一个小周期。

从二战到肯尼迪遇刺，是美国最近80年大周期的第一个小周期。美国欣欣向荣，每个人信奉的理念都差不多。美国从20世纪60年代开始进入思想解放的20年。里根之后20年是展开时代，也就是威廉和尼尔这本书的写作年代。他们预期到2005年，美国要进入最后一个20年，即危机时代，几乎预言了2008年金融危机。书中还推测说，美国从2005年到2025年的这个小周期将以什么方式结束？要么是内战，要么是跟外敌打一仗，然后再创造一个新历史。

这本书把我关于历史线性进步，尤其是直线式进步的观念彻底打破。历史会循环，包括大循环和小循环。后来我想，这一理论用到中国也适合。

中国共产党的四代领导人也可以分为开创、生长、展开（繁荣）、再生的一代。毛泽东代表开创的一代，邓小平代表快速生长的一代，江泽民和胡锦涛代表展开的一代，中国经济在全球上升到第二位，而且遥遥领先。从2017年开始，中国进入大周期的最后一个小周期：再生的一代，即新时代。

新时代要干什么？如果按照美国这两位学者的理论，新时代对应的是两件大事。

第一，纠偏。中国在上一个发展阶段中思想解放、改革开放的成就很大，不可否认。但也产生很多问题，比如腐败问题。腐败在某些地方几乎成为一种文化。十八大以来的反腐十分深入，但十九大之后仍然有人敢腐，这很奇怪，所以要以一种政治斗争的形式来反腐，让他们不敢腐，建立一种新文化。

第二，强化党组织的生命力。党组织的生命力一旦衰退甚至涣散，容易导致政治和经济结成不该有的联盟，对经济的长期可持续发展尤其是高质量发展不利。因为政商合流容易导致公权力的商业化，甚至导致利益集团绑架政府，形成不该有的市场壁垒，影响公平竞争和市场活力，最终使中国的国际竞争力下降。我在研究发展经济学的过程中实地调研过很多发展中国家，也读了很多发展中国家的历史。我发现那些不发达的发展中国家最大的问题就在于知识精英、商业精英和政治之间形成了牢不可破的利益联盟，无法让整个社会形成良性的竞争。

还有一个要解决的问题是不平等。我们国发院有一个调研团队每两年做一次全国性调查，发现中国的基尼系数最高峰是 0.52，什么概念？这是撒哈拉以南的非洲国家和南美国家的水平。众所周知，那些地方贫富差距巨大。我们最穷的 10% 的人口只拥有全国总收入的 0.5%，资产为负，靠借钱生活，最富的 10% 的人口拥有全国总资产的 70%、总收入的 40%，这就是巨大的贫富差距。所以要纠偏。

经过多年的纠偏，反腐已经接近尾声，党组织的生命力也得到了提升。不平等问题还没有完全解决，需要进一步努力。

面向未来，要实现中国式现代化，还有几个重要的内容需要进一步建构。

第一，要重建党的权威，包括党的组织权威、党的理论权威、党在群众心中的权威。这需要很长一段时间。

第二，重建理论。我们不能再搞阶级斗争，但正统的政治经济学仍然基于劳动价值论，认为只有劳动创造价值。劳动创造价值意味着只有工人创造价值，资本不创造价值。在现实中，工人往往只拿一部分收入，工人工资之外的收入都被归为剩余价值，也就是剥削。有剥削就有阶级对立和阶级斗争。基于此理论，中国共产党仍然是一个工人阶级政党，只能是工人阶级的先锋队，就不容易代表全国人民。如果工人阶级先锋队这一点不更新，下一步的问题就是中国共产党领导的国家还是不是存在阶级属性？因此，这一关键理论需要重建。为此，我们要认真重读《资本论》。我们以前把《资本论》当作一本实证的著作来读，但它开篇和定调的劳动价值论本质上是一种假设，不是事实观察。所以《资本论》是一部典型的哲学著作，而不是典型的政治经济学著作。有了这个认识，我们就可以在观察的基础上建设新理论。马克思主义和《资本论》的底层就是从劳动价值论出发，认为存在阶级和剥削，从而很好地论证了无产阶级革命的正当性和必要性。但如果劳动价值论只是一个假设，尤其是如果这个假设不牢靠甚至有错，怎么办？所以我们一定要重建理论。对于今天有很多讨论的共同富裕，关键点一定是投资老百姓的收入能力，而不是既有财富的重新分配，否则共同富裕的内涵就与老百姓内在的价值观不同，就意味着有些人可以不劳而获。因此，二十大报告里有一句话："把马克思主义思想精髓同中华优秀传统文化精华贯通起来、同人民群众日用而不觉的共同价值观念融通起来，不断赋予科学理论鲜明的中国特色。"把富人的钱直接分给穷人和老百姓日用而不觉的价值观当然不符。

第三，最后要建构中国自己的创新体系，也就是新型举国体制。为什么要这么做？首先是外部环境变化所致，这是非常重要的方面。其次是面向未来，世界格局充满了不确定性，台海局势也存在变数。万一出现极端情况，中国被全面封锁，没有自己的创新体系，产业链不能实现自我循环就容易陷入被动。

中国式现代化已经走过了从"站起来"到"强起来"的路程。如今，我们要向第二个百年目标发起冲击，过程中难免遇到新的变数和挑战，因此全面理解中国现代化的历程，尤其是正确理解中国式现代化的内涵十分重要。

解读中国式现代化[1]

刘守英

（中国人民大学经济学院院长）

二十大报告中的关键词

二十大报告里有几个关键点，大家要高度重视。

第一个关键点是关于党的中心任务。党的中心任务里非常明确地提出了第二个百年奋斗目标，要建成社会主义现代化强国。

在第一个百年，党已经实现了全面建成小康社会的目标。目前所有国家的现代化进程可以分为两个阶段。第一个阶段是摆脱贫困陷阱。任何一个国家想要进入现代社会，最难的就是摆脱乡土社会，而摆脱乡土社会最重要的就是摆脱所谓的贫困陷阱，即核心是怎样从农业社会进入工业社会，进入现代增长。

中国共产党的第一个百年做了人类最伟大的一件事，就是带领一个人口规模巨大、区域差异极大且乡土黏度极强的国家从农业社会进到现

---

[1] 本文根据作者在《经济观察报》社年度培训项目"经观讲堂"第23期上的发言稿整理。

代社会。

我认为第二个百年奋斗目标是现代化建设的第二个阶段，就是要建成现代化的强国。而人类史上迄今为止真正建成现代化的国家只有十几个。现代化国家包含什么呢？经济的发展水平要达到强国的水平、富裕国家的水平，其他指标还包括法治、文明、政治制度、社会现代化、经济现代化等。

第二个百年奋斗目标是要成为一个现代化的强国。

我们难在哪儿呢？难在用社会主义制度来建现代化的强国。二战以后，人类在谋求现代化的路径上产生了重大的分野。一种是后发国家和地区模仿先发国家和地区实现现代化，即用资本主义制度来实现现代化，这些国家和地区现在很少有取得成功的，能够数得上的就是东亚几个经济体，包括日本、韩国及中国台湾。另外一种是以苏联为代表，用社会主义制度来跨过所谓的"卡夫丁峡谷"，在一个完全没有资本主义制度基础的国家，通过社会主义制度来实现现代化，但这条路最后的结果是什么呢？20世纪八九十年代，东欧转轨，苏联解体，现在我们就是最大的希望。所以建成社会主义现代化强国是一个征程，因为建设现代化强国本身就很难。用社会主义制度来建现代化强国，这是我们的第二个百年奋斗目标。

第二个关键词是被全球热议的"中国式现代化"。"中国式现代化"本身不是一个新词，因为小平同志在20世纪80年代就已经提出"中国式的现代化"了[1]。

第一，二十大报告提出的"中国式现代化"其实是我们未来一百年要建成现代化强国的道路。也就是说，全面建成社会主义现代化强国是

---

[1] 《邓小平与"中国式的现代化"》，参见：http://cpc.people.com.cn/n1/2019/0228/c69113-30906462.html。——编者注

第二个百年奋斗目标,而中国式现代化就是方式。

第二,现代化国家建设分为两个阶段,第一阶段是到2035年基本实现社会主义现代化,第二阶段是到2050年建成社会主义现代化强国。这个表述跟中央以往的文件相比,把基本实现社会主义现代化的时间从原来的2050年提前到了2035年。

第三,中国式现代化非常明确地强调两点。第一点就是中国共产党领导。走向现代化是民族国家的开始,民族国家最重要的特征就是政党体制。政党在领导民族国家现代化的过程中扮演非常重要的角色。虽然任何一个国家在现代化的过程中都有政党体制,但我们的差别是政党体制本身的独特性,我们的现代化是社会主义的现代化。它有各国现代化的共同特征,更有基于自己国情的中国特色。所以很多人在解读时只讲特色不讲共同特征,是有问题的。

理解现代化

讲中国式现代化,首先要理解现代化,才能理解中央文件讲的我们具有各国现代化的共同特征。我把现代化归结为五个基本面。

一是现代化是人类历史上最剧烈、最深远、最彻底的一场社会变革。在现代之前,人类长期处于稳态的农业社会,面临的主要是人和自然之间的关系,社会变化的基本力量相对稳定。但从现代开始,社会变革的基本力量发生变化,技术的进步、制度的变革,这两种力量和这两种关系的矛盾变动,带来社会的剧烈变革。

二是现代化是一场人类全方位的革命性转型。和现代之前的社会变化相比,现代化不是某一方面的变化。它有政治上的转型,也有经济的、社会的和心理的转型。这种转型不是渐进的变化,而是革命性的变化，是从一种形态转型到另一种形态。

三是现代化是人类文明的一场转换，是从农业文明向工业文明的转换。

四是现代化是一个世界性的现象。它从西欧开始，蔓延到北美，再往拉美，再往非洲，再往亚洲，世界都离不开现代化。

五是现代化在各国、各地区显示出巨大的差异性。人类现代化走到现在，没有归一的模式和道路。

现代化的共同特征

世界的现代化有哪些共同特征呢？

第一个共同特征是发展的变革。现代化是因为有了科学和技术推动，从而有了结构的变革和发展的转型。人类社会的现代化进程，就是技术进步不断推动产业革命的过程。

同一时期，中国的江南甚至比英国更早处于工业化状态，那为什么江南没有发生工业革命？因为技术变革是以动力为核心的。英国有煤，而江南的产品生产基本靠在乡村社会的要素更密集的使用完成，难以产生巨大的、以动力为核心的技术变革。虽然工业化可以发生在没有动力的地方，但是这些地方没法产生由技术变革推动的产业革命。进入工业化社会后，英国的市场难以承受突然产生的大量供给，就出现了外溢，英国的专家、工业技术和资本潮水般涌向西欧和美国，把西欧和美国一起带到了现代化的浪潮中。

第二次工业革命也是由技术进步推动的，将世界从蒸汽时代带入电气时代。20世纪下半叶开启的第三次工业革命又将人类文明推进到信息时代、数字时代。

所以，一个社会只要技术进步停滞，这个社会的产业革命就会停滞，这个国家的现代化就会停滞。若干次的产业革命推动了经济结构、技术结构、产业结构不断升级，带来社会经济的复杂化和高度化。

经济的复杂化是非常重要的。一个国家的产业升级、经济升级和技术升级，最主要的表现就是经济复杂化。传统社会没有分工，经济极其简单。而现代社会最重要的标志是经济的复杂化。麻省理工学院和哈佛大学两组经济学家组成了经济复杂度实验室，他们把全球出口的产品放到一个筐子里，发现全球的产品就像一座森林。富国的产品都在这个森林的中间，而穷国的产品都在边上。越往中间聚集的产品复杂度越高，生产这些产品的国家也越富；而产品简单的国家在两边，复杂度也越低。其实，产品复杂和简单的差异在于知识的差异。知识越密集，产品复杂度越高，比较优势产品就越多，国家的经济竞争力就越强。

中国改革开放以来最重大的进步就是产品复杂度提高。我们最初出口的产品是农产品，接下来是家具、布匹，20世纪90年代以后就是电器、日用品，到现在是机械等更高级的电子产品。经济复杂度提高的背后是知识含量的提高、比较优势产品的增加。中国参与全球化，在全球化过程中提高了经济的复杂度，这是产业革命带来的第一个结果。

而高度化，即产业、产品和企业处于国际竞争力的更高端，从低级状态进入高级状态。产业革命带来的经济复杂化和高度化促进了比较优势能力的提高，最后带来经济发展水平的提高。

第二个共同特征是制度创新。现代化的过程就是一个制度创新和制度变革的过程。没有技术进步，人类进不到现代。同样，没有制度创新与不断变革，人类也进不到现代。这背后就是马克思所说的生产力和生产关系的矛盾，当生产力不断进步，对原有的生产关系产生冲击，必然带来生产关系的变革，也就是制度变革。

我们先看第一场制度变革。中世纪的西欧庄园制度将农奴束缚在土地上，对其人身自由施加限制，结果是阻碍了社会的结构变革，劳动力没法从农业向非农部门转移。直到后来出现了黑死病。重大的疫情往往会带来巨大的制度变革，从而重写社会的历史。黑死病导致大量人口死亡，人地关系发生变化，原来的庄园制度无法延续，使得封建土地制度这种不明晰的产权制度向现代土地产权制度变化，私有产权制度产生，农奴制度自然就瓦解了。而当土地制度、劳动力市场制度变化以后，农村市场不断地兴起和扩大、开始发展，资本主义也得到发展，现代化开始起步。

第二场制度变革是民族国家的形成。民族国家的形成改变了原来分崩离析的制度间的冲突，是人类统一的形态。从原来分散的、封建的政治形态转向民族国家以后，开始出现专制王权。由专制王权制度建立的民族国家是一个限制性的权力秩序。

专制王权制度有既定一致的目标，比如统一国家。为了一致的目标，它们会形成政治和经济的结盟，如为了避免暴力而进行结盟，这也能够促进经济发展。所以西欧的许多国家在这个时期建立起来的专制体制有利于在权力限制下发展经济，这些国家也开始站上现代化的起跑线。

但专制王权制度本身会导致"诺斯悖论"。诺斯悖论的核心是什么呢？即一个国家的现代经济增长必须有国家制度，由国家来界定产权、保持秩序和维持公平。但在专制王权制度下建立起来的秩序是限制性的权力秩序，会使国家在保护产权、维护秩序和维护公平的过程中，只朝向对王权国家利益最大化的产权安排和秩序安排进行，如果这种限制性的权力秩序不向开放性权力秩序转型，这些国家就没法真正地实现现代化。

第三场制度变革就是从专制王权的限制性的权力秩序朝向开放性的

权力秩序转变。开放性就是开放组织的准入，开放政治权力和经济权力。

英国率先克服了专制王权，开启了政治现代化的过程，也成为世界上最自由、最宽松的国家，这为英国人追求思想的自由、技术的进步、财富的积累提供了条件。英国的光荣革命和后来的大西洋革命，促成了英国和西欧国家资本主义生产方式的确立。

第四场制度变革就是美国人的制度变革。英国人在建立起开放性权力秩序以后，还面临着政治和经济制度上的缺陷，最大的问题就是腐败，没有达成真正实现现代化国家的制度条件。当时英国的一批移民到美国，这批人在美国建立起来的制度抛弃了英国制度的缺陷，同时保留了英国制度好的地方，最后促进了资本主义制度的进一步变革，带来美国经济的繁荣，将美国的现代化推到世界头号地位。

第三个共同特征是价值引领。人类现代化从起步开始就是对传统认识世界的一场反叛。比如文艺复兴、宗教革命，是对现代世界的一种新的认识，形成了一种新的发展观。这种发展观来源于人们在价值理念上的理性化和世俗化，是人类走向现代化非常重要的一个价值变化。

文艺复兴反对禁欲主义，主张个性解放，倡导科学文化精神，摒弃一切权威和传统教条，主张理性主义；宗教改革主张摆脱天主教会的束缚，马克斯·韦伯讲的新教伦理就倡导进取性，追求物质富裕，助推企业家精神，为资本主义的现代化带来精神动力；新航路的开辟引发了一场商业革命，商业功能发生变化，市场交易成为主要的形式，商业结构、组织方式改变，这一切使得商业精神在西欧最早确立，这些国家走上工业化道路。

第四个共同特征是人和自然物质交换的自觉性。人类进入现代经济增长之前，一直受到马尔萨斯陷阱的束缚。

记得上学时老师讲起马尔萨斯就说这个资产阶级经济学家太坏了，

人口增长以后资源满足不了，他就采取战争、瘟疫这些方式把人口减少。但我去剑桥大学发现，那里最受尊重的两位经济学家一位是马歇尔，另一位就是马尔萨斯，后者对人类进到现代经济增长之前的人类传统增长时期的苦难进行了理论总结。

进入现代之前，生产和生活方式由资源决定。当人口不断增长以后，人和自然之间形成一种紧张关系。由于没有技术推动，这种关系最后陷入所谓的"马尔萨斯陷阱"，人口在不断增长，但自然是有限的。

而工业革命带来了一种新的生产和生活方式。进入现代后，人类从以资源为依托的发展方式转向以人力资本、知识、技术进步为主的发展方式，开始以创新引领发展，从低水平的前现代增长进入高水平的现代经济增长，生产力的进步超越了人口增长的速度。

第五个共同特征是全球的开放性。没有一个国家是可以关起门来搞现代化的。

中世纪的西欧跟同时期的各大文明相比，大部分时间是落后的。但1500年前后，西欧的一连串事件推动了区域的文明转化，为新文明诞生开辟了道路。地理大发现让世界成为一个整体，各国间开始互动。在这种互动中，西欧走向人类历史舞台的前台。

再看工业化，它作为现代化的核心，经过三次浪潮席卷全球。第一次就是英国的工业革命向西欧扩散，这是早期工业化过程；第二次是工业化向欧洲和北美扩散，同时向非西欧世界产生强大的冲浪；第三次是发达工业世界向高度工业化升级，另外欠发达国家开始卷入工业化，所以工业化是一个向全球卷入的过程。

现代化成为一个世界性的现象，先在西欧，后来到中东欧、北美，再冲进西亚、北非，再到南亚、东亚和南美。20世纪的时候，现代化已经成为一股不可阻挡的潮流。

中国的现代化寻路历程

再来谈中国的现代化进程。中国为什么走了一条自己的路？这条路既不同于西方现代化的路，也不同于苏联所走的社会主义现代化的路。在 19 世纪下半叶到 20 世纪初的半个世纪，中国就是在寻路的过程中。

当内忧外患出现时，中国几千年的传统结构开始发生变化。最初寻求的变革中，朝廷希望通过改革来维持它旧有的体制，地方实权精英则希望在改革的体制下寻求他们的发展。朝廷和精英通过结盟的方式建立了官办的军工企业，兴办了官办、官督商办和民办的资本主义企业。这和任何一个国家在现代化早期的路径是一样的。但它缺少了推动现代化的领导力量，即缺少了体制改革的力量。中国的第一轮自强运动是"中学为体，西学为用"，不想触及原有的政治体制，所以现代化的启动遭遇不幸。

甲午战争的失败使中国人开始猛醒，维新变法开始思考制度上的变革。在军事上效仿日本模式建立新军，在政治上学习德国和日本搞立宪运动，但没有学德国和日本走资本主义现代化的道路，因为当时还缺少走资本主义道路的基本因素。结果就是清王朝在第一轮和第二轮的变革中没有实现从专制王权向现代君主立宪制的转变，没有建立起现代制度来推动国家的现代化，没有实现从专制的、限制性的权力秩序向现代开放性权力秩序的转变。

辛亥革命推翻了 2000 年的王朝循环的模式，基本上也宣告了王朝体制内自上而下现代化运动方式的结束。但辛亥革命中的中国资产阶级没有能力建立起现代政治制度，导致在传统体制下，中央的权威没有了，最后形成地方割据的加剧，社会陷入失序状态。

辛亥革命以后 40 年的时间里，中国一直在寻求现代体制下的体制秩序，即如何建立起一个现代的体制、一个统一的国家和一个政治结构来支撑中国现代化的过程。这个时期世界体系产生分野，其中一个就是世界经济危机导致法西斯主义的兴起，德、日、意转向法西斯资本主义道路，另一个就是俄国创造的社会主义体制下的现代化模式。

从这时起一直到1949年之前，是中国内部两条发展道路的抉择。国民党走向了德式，即德国的统制经济和军事集权的道路。它建立起新的军事政权，但没有形成支撑现代国家建构的国家能力，导致中央军事政权跟地方之间难以形成政治和经济的结盟，所以国民党政权失败。

中国共产党最初走的是简单模仿苏联，以俄为师的道路，也就是通过城市工人的革命，依托城市的力量来走现代化的体制建设，但很快发现这条路走不通。所以中国共产党开始两个结合：一个是马克思主义基本原理跟中国具体实际的结合；另外一个是跟传统结合，走向农村，以农村为根据地来建立社会主义的体制秩序，而后探索中国现代化秩序建构的道路。

解放战争，是中国两条道路的一场大决战。它结束了资本主义发展道路在中国的尝试，开始建立起一种新的模式，使国家高度地政治统一，中国现代化运动进入一个新的历史时期，我们开始谋求实现国家独立自主发展的一条非资本主义的现代化道路。

中国式现代化的内涵

中国共产党的现代化可以从两个维度来观察。第一，它一以贯之地以制度的变革来推动国家的现代化；第二，它一以贯之地推动国家从农业国向工业国转变，这是中国式现代化非常重要的内涵，而且在不断扩展。

在1945年中共七大和1949年的七届二中全会上，中国共产党所确立的现代化目标就是使中国稳步地由农业国转变为工业国。这个目标的确定是跟历朝历代的王朝体制彻底的告别。中国传统体制靠的是中央集权依托于小农的稳定性来实现一个国家的长期稳定，没有将一个国家从农业国变成工业国的动力和机制。

中国共产党确立了工业化作为现代化的目标，哪怕在最挫折、最困难的时期，都没有忘掉现代化。1954年，中国还是非常困难的，那时就非常明确地提出要建设工业化的、具有高度现代文化程度的伟大国家。后来周恩来也明确提出，要"争取在不太长的历史时期内，把我国建成一个具有现代农业、现代工业、现代国防和现代科学技术的社会主义强国"[①]。"文革"期间，体制已经陷入一种困难状态的时候，中国也没有忘掉实现四个现代化的目标。它是一以贯之的，不管是谁，只要在领导国家时期都要把现代化作为目标。

改革开放以后，小平同志提出中国式的现代化，具有三个重要的特征。第一，中国式的现代化必须是社会主义的现代化。第二，中国式的现代化是全面的现代化。那时他已经意识到现代化不能是只有物质的现代化，而是要有经济、政治、文化的全面现代化。所以十三大报告里就提出了要建设富强、民主、文明的社会主义现代化国家。第三，就是小康，现代化一定要使经济的水平、人民的富裕程度提高。

另外，现代化的内涵随着经济发展水平的变化不断在改变。中国改革开放40多年得以不断持续，最重要的是社会主义初级阶段基本路线确立。而其确立依托于两点：第一就是我们物质文化的需要和落后的社会生产之间的矛盾，贯穿在社会主义初级阶段的始终，要去解决社会的

[①]《周恩来总理作政府工作报告》，参见：http://www.gov.cn/test/2008-03/10/content_915173.htm。——编者注

读懂中国式现代化　　050

主要矛盾；第二就是提出发展生产力，发展是硬道理。在这个基本路线下，随着经济发展水平的不断提高，现代化的内涵也在不断发生变化。

到十六大时，中国提出全面协调和科学发展的现代化，我们将现代化的目标提得更加全面。为什么这里要提全面协调？因为这时诸如城乡、区域和阶层等的不协调已经开始出现。同时，也提出了更高水平的全面小康和"三步走"的战略。到十七大时，就明确提出"以人为本，全面、协调、可持续的发展观"，也就是科学发展观。那时主要矛盾就是统筹协调问题，所以提出"五个统筹"。另外，还提出了实现全面建设小康社会奋斗目标的新要求。到十八大以后就开始提全面建设社会主义现代化强国，而且明确两步走的战略：2020年到2035年要基本实现社会主义现代化，2035年到本世纪中叶建成社会主义现代化强国。

中国式现代化的进程是一个动态的过程。所谓的中国式，就是指从现代化起步到现代化进程中，制度选择和变迁是同中国国情和发展阶段相结合的，不是拍脑袋想出来的。

中国式现代化与全球现代化的共性

再谈一下中国式现代化与全球现代化的共同特征和其独特性。

首先看中国式现代化跟全球现代化的共同特征。

第一，它体现了发展性的共性。中国的现代化过程是一个不断发展的过程，没有发展就没有现代化。几千年间，中国一直没有摆脱乡土是因为没有发展；改革开放以来恰恰是得益于发展，以经济建设为中心；未来一百年，二十大非常明确地讲，以高质量发展作为建设现代化强国的中心任务。中国的现代化过程就是一个从站起来、富起来到强起来的伟大飞跃，根本就在于发展。另外，中国实现从落后的农业国向现代化工业国的转变，也是得益于发展，得益于中国的结构转变。

第二，它体现了制度变革推进的共性。中国式现代化的基本推动力是制度变革。和西方现代化相比，中国制度变革推动现代化的动力更强，而且更加一以贯之。原因在于，中国作为一个落后国家，要实现赶超，实现压缩的、快速的现代化过程，光靠技术的变革来不及。所以为了快速推进现代化过程，中国就进行了一以贯之的制度变革。

新民主主义制度是一场制度变革，为中国实现农业国的工业化奠定了基础。社会主义改造完成以后，第二场制度变革就是建立起社会主义制度和计划经济体制，为中国的工业化奠定基础。第三个阶段是改革开放后，中国特色社会主义体制基本上已经定型，为中国未来的现代化强国奠定了制度基础。

第三，它体现了价值引领的共性。中国共产党之所以在跟国民党做制度选择、道路选择的决战中取得胜利，是由于其文化的先进性和发展性。早期中国的革命和道路的选择并非简单的农民革命，而是先进的知识分子在寻求中国未来的道路，所以具有文化的进步性。同时在中国现代化过程中，中国共产党一直在寻求社会主义核心价值体系，谋求中国人民的福祉，不忘初心、牢记使命，寻求带领国家走向现代化强国的精神力量。

第四，它体现了物质变换自觉性的共性。中国的现代化是超大人口规模国家的现代化，并且其过程是压缩的，即要在很短的时期实现快速的工业化和城市化，这样对资源和环境的破坏理论上会比任何一个国家都要严重。但现在中国的环境库兹涅茨曲线快速收窄，和我们主动转变已有的、过于依赖资源的发展模式有很大关系，比如实施创新驱动的发展战略，主动向绿色发展方式转型。

第五，它体现了开放与全球化的共性。中国改革开放的过程是一个以开放促改革的过程。如果没有开放，中国不会有那么大的改革动力。因为没有开眼界，就不知道自己的落后。因为改革开放之初已经形成的体制动力开始减弱，所以我们加入WTO，跟国际分工体系接上，运用全球的规则来抓住经济全球化的机会。我们的开放体制、贸易体制、金融体制和国有企业的体制都是在那个时候推动的，这就是以开放促改革。现在处于百年未有之大变局，我们还是不断地优化对外开放格局，提出构建人类命运共同体。中国式现代化一直是一个开放和全球化的过程。

中国式现代化的独特性

中国式现代化的独特性体现在中国共产党的独特特质和作用，通过体制建构和不断的制度变革来实现一个后来者的现代化赶超。

第一点就是中国共产党的独特性。任何一个国家的现代化都有政党体制，在中国共产党领导的中国式现代化中，中国共产党也有它的独特特质。

首先是独特的价值理念。中国共产党能够领导中国实现全面建成小康社会，其独特的价值就在于其是一个使命型政党，从建党开始就确立了初心和使命。而且一代代共产党人为了这个初心使命不断努力。这表现为两点：一是在面临挫折的时候能够从挫折中走出来；二是在谋求进步的过程中一以贯之地推进现代化的进程。

其次是独特的组织力。共产党本身的组织能力一是选人机制，将社会的优秀分子吸纳到组织里，二是独特的培养机制，让被选中的人进行各种锻炼和历练，使他们在领导社会进步的过程中，能够承担起使命。

最后，自我革命也是中国共产党区别于其他政党的显著标志。

第二点是通过体制的建构和不断的制度变革，来实现后来者的现代化赶超。新民主主义制度促进了一个农业国的转型，社会主义制度和计划经济体制推进了一个国家的工业化，社会主义市场经济体制的改革推进了中国式的现代化，而现在要通过中国特色社会主义制度体系来建设社会主义现代化强国，是不断地靠制度变革来推进现代化的过程。

中国式现代化回答的也是世界现代化问题

未来100年建设社会主义现代化强国而提出来的"五个现代化"，不仅是为了解决中国现代化的问题，更主要的是想要回答世界现代化过程中没有解决的基本问题。

第一，中国式现代化是人口规模巨大的现代化。首先，要解决的是能不能使大多数人都共享成果的问题。虽然现代化将人类都卷了进去，但这不等于让大家都分享到了现代化的成果。中国有14亿人口，如果能够在2050年建成现代化强国，那差不多就是把全世界18%的人口带入了现代化，意味着中国能够改变世界现代化的基本格局，就像我们解决贫困问题的意义是一样的。中国贫困问题的解决，恰恰是解决了人类贫困版图问题。其次，人口规模巨大的国情意味着有更大的消费市场，有利于实现巨大的人口规模的现代化路径。再次，现代化不是一个局部的现代化，要覆盖全体人口，是全面的现代化。最后，人口规模巨大的现代化要解决城乡问题。最大的不平衡、不充分在农村、在农民，如果能解决农村和农业的现代化，也就能实现一个人口规模巨大的现代化。

第二，中国式现代化是全体人民共同富裕的现代化。这还是为了解决现代化的一般问题，人类到现在为止的现代化就算解决了贫困陷阱问题，也没有解决贫富分化问题。贫富分化问题不解决，高收入阶段的"中等收入陷阱"问题也解决不了。解决不了财富机制问题，就会冲击橄榄型社会结构。这不光是贫和富的问题，也会对稳定的中间结构产生影响。

中国共产党提出的中国式现代化是要实现共同富裕的现代化，它的条件在于现代化的中国式。这里面有两点，一是社会主义制度，二是共产党领导。

要实现共同富裕，是要实现全体人民生活质量的全面提升，让全体人民共享经济发展成果，使不平等程度缩小，防止富人和穷人之间出现不可逾越的鸿沟。这些东西一是靠高质量发展，二是靠制度和政党的特性。

第三，中国式现代化是物质文明和精神文明相协调的现代化。理性和世俗化将人类带向现代化，实现了物质文明的现代化。但西方现代化的反思恰恰也在此，理性的结果是感性减少，最后导致马尔库塞所说的单向度的人，从而导致精神文明陷入挣扎。

中国式现代化试图解决人类现代化中物质现代化和精神现代化不协调的问题。一方面要通过经济现代化建成一个富强的现代化强国，同时要创造高度发达的社会主义文明。要使这两者相协调，现代化的发展方式就要改变，我们就提到了"四化"的同步，即工业化、城市化、信息化和农业现代化的同步，还提到了要吸取先污染后治理的教训，提出了新型工业化的道路。也就是说，不能在经济现代化中只追求物质现代化的路径。另一方面就是如何在追求物质文明的同时追求精神文明，怎样实现中华优秀传统文化的创造性转化、创新性发展。

第四，中国式现代化是人与自然和谐共生的现代化。人类的现代化到现在为止没有解决可持续发展的问题，即既要经济发展，又要环境保护。人和自然和谐共生，不能只为了经济发展，还要考虑环境，现在提出的绿水青山、节约资源和低碳发展等，都是为了破解人类第四个现代化的难题。

第五，中国式现代化是走和平发展道路的现代化。西方的现代化过程导致了零和博弈的结果。而我们的现代化要避开这个陷阱，所以我们提出合作共赢和平等，寻求对话和弥合分歧，实现全人类的共同发展，提出建立人类命运共同体来避免零和博弈的现代化。

我们未来要建设社会主义现代化强国，就要用这"五个现代化"来为世界解决现代化的一般难题，走出中国式现代化的道路。

第二章

中国式现代化与高质量发展

保持经济增速，实现高质量发展是应对挑战、驾驭大局的关键[①]

林毅夫

（北京大学新结构经济学研究院院长、
南南合作与发展学院院长、国家发展研究院名誉院长）

百年未有之大变局和世纪疫情交织叠加，世界进入动荡变革期，中国经济当前面临重大新挑战。保持经济增速、实现高质量发展，是实现中华民族伟大复兴、驾驭百年未有之大变局的关键。

如今，中国发展的国际环境中出现了新的重大挑战。美国总统拜登延续了特朗普时代的对华贸易战、科技战，试图在政治上孤立中国，进而在经济上让更多国家与中国脱钩，并试图说服部分国家把供应链搬离中国。除了美国对中国发动的遏制和孤立行动，俄乌冲突从 2022 年 2 月底爆发后，造成全球石油天然气价格、粮食价格急剧上涨。我国不仅是石油的主要进口国，粮食也在一定程度上依靠进口。不仅油价、粮价，一些进口的矿产资源价格也在上涨。因此，俄乌冲突会导致我国进口成本增加，影响经济增长。这在短期是不可避免的。从中长期来讲，经过

[①] 本文发表于 2022 年 6 月 7 日《人民政协报》第 03 版。

这次俄乌冲突，俄罗斯与欧盟之间的不信任和安全局势的紧张一时难以消除。有些势力试图浑水摸鱼，借此挑拨中国和欧洲的政治关系，并以安全为由推动欧洲与我国在经济、贸易上脱钩。

从2021年第三季度开始，我国经济受需求收缩、供给冲击和预期转弱等三重压力影响出现下滑。进入2022年3月，国内经济受高传染性奥密克戎病毒暴发影响困难加重，深圳、广州、上海、北京等超一线城市相继出现比较严重的疫情，也在一定程度上制约了生产、投资、消费等各个方面，经济增长全面放缓，为实现5.5%的增长目标带来了更多困难。

面对国内外不断出现的新困难、新挑战，中国经济如何保持快速发展、实现高质量发展，我认为要从以下两个方面多努力。

保持增长和开放，应对国际挑战

对来自国外的挑战而言，美国冀图各国跟中国脱钩，让中国经济重回封闭。不过，面对美国的这种图谋，我们也看到了对自己有利的条件：中国是世界第一大贸易国，按照购买力平价计算，也已经是世界第一大经济体，拥有世界第一大市场。贸易是双赢的，而且贸易当中的小经济体从中受益超过大经济体。美国也许为了维持其霸权地位，为了政治利益，宁可牺牲经济利益，但是欧盟、东盟和其他经济体如果跟随美国和中国脱钩，需要牺牲自身的经济利益，在政治上只不过是为美国维持霸权做嫁衣裳，得不偿失。

自2008年以来，中国每年对世界经济的增长贡献在25%~30%之间，如果能保持这一贡献率，除美国之外，任何一个国家为了就业、社会稳定和发展不能没有中国市场，也就不会轻易掉进美国的圈套，美国要其他国家和中国脱钩的图谋就难以实现，我国就有机会争取有利于自身发展的国际环境。

总之，除了美国为了维持政治霸权宁可牺牲经济利益，对其他国家而言，中国的增长、开放和发展是它们重要的发展机遇。所以，保持快速增长、扩大开放、倡导全球化既是实现第二个百年目标、实现民族复兴的需要，也是破解美国图谋和外部挑战的最好办法。

重树信心、守住重心，化解国内经济的挑战

从国内的经济挑战来看，我们从 2021 年以来面临三重压力——需求收缩、供给冲击和预期转弱。我认为最关键的是预期转弱：预期转弱以后，投资就没有信心，供给就会减少，供应链就会受到冲击，也失掉了克服困难的动力，进一步传导就会带来就业下降、收入不增长，最终消费需求也会收缩。

造成预期转弱的原因，在相当程度上是政策执行层面的问题。2021 年的中央经济工作会议指出了一些政策执行中的合成谬误。比如平台治理、"双碳"目标、房地产行业整治、共同富裕，每一项都是很重要和必要的改革、政策调控和发展方向。但在执行上，一些中长期的、全局性的政策被短期化、地方化、碎片化执行，形成了合成谬误，打击了大家对经济发展的信心，尤其是企业家和投资者的信心。而我们都知道，信心比黄金更重要。比如共同富裕的目标提出来以后，相关部门要做好配套的解释工作，避免产生误读影响企业家的投资和长期发展的信心。实现共同富裕需要先把蛋糕做大，由先富带动后富，并设计合理的税收政策，鼓励一些富豪进行慈善捐赠。

和重树信心同样重要的是坚定经济发展这一"重心"。"发展是解决

一切问题的基础和关键",一定要把这个认识落实到位,在发展中解决各类问题。

就当前来讲,最紧急的就是做好疫情防控与经济社会发展的统筹。各地要争取迅速恢复生产生活。积极的财政政策、货币政策要发力支持新基建,为结构转型升级提供条件。要经过多方努力,控制好疫情带来的不利影响,争取实现 2022 年 5.5% 左右的经济增长既定目标。保持经济增速、实现高质量发展,不但增强自身发展的信心,也要保持其他国家对我们的信心,这是实现中华民族伟大复兴、驾驭百年未有之大变局的关键所在。

中国经济的新发展阶段与新发展理念[①]

余淼杰

（辽宁大学校长，北京大学国家发展研究院原副院长，
教育部长江学者特聘教授）

关于中国经济面临的挑战，目前有两大热词："三重压力"和"三期叠加"。

"三重压力"主要指 2021 年底召开的中央经济工作会议提到的"我国经济发展面临需求收缩、供给冲击、预期转弱三重压力"。"三期叠加"指的是"我国经济发展进入新常态，已由高速增长阶段转向高质量发展阶段，面临增长速度换挡期、结构调整阵痛期、前期刺激政策消化期'三期叠加'的复杂局面，传统发展模式难以为继"。

为什么说中国经济处在新发展阶段？

中国经济正处在新发展阶段，这个新发展阶段究竟"新"在何处？在我看来，最重要的一个特征就是经济的高质量发展，主要体现在

---

① 本文根据作者于 2022 年 4 月 7 日在线上讲座的演讲整理。

六个方面。

第一，中国产品的附加值在不断增加，特别是制造业产品的附加值在不断提升。贸易主要分为一般贸易和加工贸易两大类。加工贸易的特点主要是"大进大出，两头在外"，意思是我国从国外进口原材料等中间产品，然后经过生产和加工包装，最后出口到全球各地。相对一般贸易而言，加工贸易的生产率和附加值都比较低。在1995年到2006年的这段时间里，加工贸易占据了我国贸易的半壁江山。这一情况在近几年发生改变，加工贸易的比重不断下降，目前降至1/3左右，其产业结构也从生产衣服鞋帽这类劳动密集型产品为主，逐步转变为生产机器和运输设备这类高附加值产品为主。

第二，中国出口产品的质量不断上升。如何衡量出口产品质量？一是看单价。比如同样是矿泉水，有的卖三元钱，有的卖一元钱。价高的矿泉水质量可能会更好。二是看市场占有率。比如售价相同的两种矿泉水一起出口到美国，矿泉水A的市场占有率比矿泉水B要高，这也能从一个侧面反映出矿泉水A的质量较好。三是看企业生产率，也就是从产品供给的角度来看产品质量。根据企业抑制性理论，实力强的企业其生产率相对较高，在市场中也会有更多话语权，可以把价格压低。企业压低价格的目的是把竞争对手赶出市场，在这种情况下，低价格与产品质量无关。所以我们在衡量产品质量时，既要考虑需求面也要考虑供给面。

已有研究发现，纵观中国入世以来的出口产品质量相关数据，假设2001年的质量标准为1，2012年的质量标准为1.3，提升了30%左右。2020年的质量标准又在2012年的基础上提升了25%左右。尽管与德国、日本这样的制造业强国相比，我国尚有差距，但近几年中国出口产品的质量提升是有目共睹的，这也从一个侧面反映出中国经济在高质量发展。

第三，企业的全要素生产率不断提升。全要素生产率主要指的是企业的技术和绩效。诺贝尔经济学奖获得者克鲁格曼曾有一句名言："生产率不是一切，但长期来看近乎一切。"所以看一家企业或一个国家的生产能力强不强，主要看全要素生产率是否得到提升。克鲁格曼也曾研究过东亚国家的经济发展，他认为"东亚神话"之所以终结，主要原因是这些国家的全要素生产率多年没有提升，一直在进行粗放式发展而不是积累式发展，这样的模式肯定难以持续。中国的情况如何？一位著名美国学者曾在一篇文章中提到，2001年中国企业的全要素生产率约为美国的三成，到2015年已经升至45%。从这一数据不难看出，中国的全要素生产率在不断提升，从2001年到2015年增长了近50%。

第四，中国具有独特的、明显的全产业链优势。首先，中国是全球唯一拥有全产业链的国家。按照统计局的分类，我国有41个工业大类，666个工业小类，每个行业的门类都比较齐全。其次，按照海关八位码的标准来估算，中国出口的产品总共约有10851种；如果按照美国的标准进一步细分，中国出口的商品高达15000种。出口多少产品就意味着有能力生产多少产品，由此不难看出，中国有能力生产的产品种类也非常多，全产业链的优势非常明显。

第五，中国产业已呈现出非常鲜明的产业集聚特征。中国每个工业城市都有自己亮丽的产业名片，比如深圳的电子产业、苏州的IT业、河北邢台的羊绒业和廊坊的家具业等。通过产业集聚，企业可以抱团取暖，既节省了运输成本，也便于实现规模经济递增。

第六，三大产业分布。我国第一产业在GDP中的占比与发达国家差不多，位于7%~8%这一区间。区别在于第二产业和第三产业：发达国家第三产业比较发达，我国第二产业比较发达。我认为这是一件好事，因为第二产业由制造业和建筑业构成，如果第二产业占比较低，意味着实体经济不发达，那么中国也无法成为"世界工厂"，更无法撑起大量的就业。正所谓"皮之不存，毛将焉附"，实体经济不发达，金融这样的虚体经济也无法健康发展。换言之，只有实体经济健康发展，虚体经济才不会产生太多泡沫。因此，我国第二产业占 GDP 37% 的现实情况，正是我国作为一个制造业强国的立国之本。

中国的经济总量能否超过美国？对于这一点很多机构都有共识，中国的经济总量一定会超过美国。这一点非常重要。在当今世界，GDP总量仍然是衡量一国实力的重要标准。不过因为我国人口较多，人均GDP 距离美国还有一定差距。

中国的经济总量何时能赶上美国？这取决于两点，一是经济增速，二是人民币兑美元的汇率，因为 GDP 主要以美元来计算。乐观地看，我国的经济总量大约在 2026 年能超过美国。为什么这样说？我们按照两国经济增长的基本情况，取一个相对稳健的数值，即按照美国经济年均增速为 2.5%，中国经济年均增速为 5.5% 来计算。与此同时，我预测未来几年，人民币兑美元的汇率会长期固定在 6 左右，由此不难得出 2026 年中国经济总量超过美国这一预测。

在这一计算过程中，人民币汇率这一变量值得我们特别关注。2019年 12 月，在中美签订贸易协议后，我在一次公开演讲上大胆预测，人民币兑美元汇率会在三个月内升至 6.8，三年之内会升至 6.2。后来看，这两个预测都应验了。

这一预测背后的逻辑很简单，人民币汇率只是影响出口的一个因素，最重要的影响因素是外需。2019 年 12 月 15 日，中美两国达成贸易协议，这对两国来说无疑是好事。如果非要问对哪国好处更大，我认为这要看汇率。哪国汇率因中美签订贸易协议而上升，哪国得益就更多。

当时中国的经济体量虽然很大，但相对于美国而言，还是一个较小的经济体。这就好比中秋节吃月饼，小朋友体型较小，吃一块月饼就饱了，大人体型较大，一块月饼根本吃不饱。因此同样的利好消息，肯定是经济总量相对较小的中国受益更大。

当然，影响汇率的因素很多，近些年唱衰人民币的声音也不绝于耳，但人民币不仅没有贬值，反而一直升值。实践是检验真理的唯一标准。我仍然坚信，未来几年人民币兑美元的汇率会长期固定在6左右。

如何贯彻五大新发展理念？

新发展阶段对应五个新的发展理念，分别是创新、协调、绿色、开放、共享。这些理念如何贯彻？

创新

创新是第一原动力，包含狭义和广义两个层面。狭义的创新指的是科技创新，主要分为两个层面，一是工序的改进，二是产品从无到有的创造过程。现在国家提倡"大众创业，万众创新"，这主要涉及工序的改进，从无到有的创造则需要大型科研机构和科学家的专门攻坚。

许多国家都在强调"研发强度"这个概念。所谓研发强度就是研发投入在GDP中的占比。"十四五"时期，我国提出要提高研发经费，明确研发投入占GDP比重要达到3%左右。这是一个比较高的水平，目前OECD（经济合作与发展组织）国家的平均研发强度也仅为2.6%，而在深圳这样的发达地区，研发强度已经高达4.1%。

研发包括研究和发展，这两者也不是一回事。中国在发展方面做得比较好，研究则相对落后。因此我国提出基础研究的比重也要努力升至一个相对高的水平，设定了一个基础研究占研发比例上升到 7% 以上的目标。这一目标并不高，发达国家的这一比例已经达到 15%~20%。

到底哪一类产业、哪一类企业可能涌现出更多创新？一般而言，一个产业中居于末位水平的企业很难有所创新。创新需要大量资金，对于身处末位水平的企业而言，能否存活下去都成问题，哪有能力来组织大规模的研发投入？对于那些位居行业前列的企业而言，多少会有一些创新，但多数前沿企业很难像华为一样独具慧眼，创新那么多、那么快。事实上，创新最多的是那些居于中游水平的企业。这些企业需要通过创新从激烈的竞争中脱颖而出。

在我看来，广义的创新更为重要。广义的创新首先是社会规则的创新。比如做好自贸试验区的创新，需要做好产、学、研、用的融合。目前，我国的研发投入主要集中在"科技创新 2030 项目"的相关领域，特别强调产、学、研、用的融合，各地都特别强调高校跟地方的融合。

2013 年以来，我们已经设立了 21 个自贸试验区，概括来讲主要做四件事：一是制定准入前的国民待遇和负面清单，总体原则是法无禁止即可为；二是通过标准的贸易自由化、投资便利化，比如通过一线放开、二线高效管住（自贸区监管规则）、零关税等措施，推进贸易自由化和投资便利化；三是提高改善营商环境，做好"放管服"的工作；四是资本项目的改革或者资本项目的放开。

目前，这 21 个自贸试验区基本位于"胡焕庸线"（地理学家胡焕庸提出的一条从北向南划分我国人口密度的对比线，亦称"黑河—腾冲"线，把中国分为东部和西部）以东。在"胡焕庸线"以东的省份中，只有吉林、山西、江西和贵州没设自贸试验区，估计未来一两年之内这四个省都会实现突破。

关于自贸区的功能定位，我认为除了挖掘可复制、可推广的经验做法，还应当挖掘各地方的一些特色功能。比如北京的特色是服务贸易，其他自贸区则可以寻求差异化发展。

比自贸试验区更进一步的是自由贸易港。

2020年6月，《海南自由贸易港建设总体方案》正式公开发布。方案基本分两步走，先是在2025年实现早期收获，然后到2035年全面开放。早期收获主要包括土地、资金、数据等基本要素的开放，以及一线放开、二线管住，推进贸易自由化和投资便利化，实现要素自由流动等。

自由贸易港更重要的是一些规制方面的创新，比如税率的创新。内地年收入96万元以上的个人所得税率可达45%，而在海南只要每年待够183天，就可以享受仅为15%的税率，接近于我国香港地区以及新加坡的税率水平。此外，金融防诈骗和卫生风险管控等方面也将成为海南的发力重点。

当然，自由贸易港的概念不只是河港、海港，也可能是内陆的空港。成都、郑州和北京这样拥有双机场的城市，其实可以发展高附加值的服务贸易，这也是一种改革的思路。

绿色

绿色是现在非常热门的词。2020年9月，习近平主席在第七十五届联合国大会一般性辩论上发表重要讲话，提出我国将采取更加有力的政策和措施，二氧化碳排放力争于2030年前达到峰值，努力争取2060年前实现碳中和。[1]

如果要达到上述目标，核电、水电等非化石能源的占比要在2030年前后达到25%。目前，非化石能源占比为15%，距25%的目标还有

---

[1] 《习近平在第七十五届联合国大会一般性辩论上的讲话》，参见：https://www.ccps.gov.cn/xxsxk/zyls/202009/t20200922_143558.shtml。——编者注

一定的距离，时间非常紧迫。所以我们现在提出要从"能耗双控"转变为"碳排放双控"。目前国内面临较大的"双碳"目标压力，在2022年的政府工作报告中，总理特别强调"双碳"目标要统筹安排，但也要有一些弹性。我们在绿色方面任重道远。

协调

协调也有三方面的含义，一是区域协调，二是城乡协调，三是行业协调。在很多时候，行业协调是经济自发的结果，因此我们谈论比较多的是区域协调和城乡协调。

在目前的发展阶段，我们要走城市化、大国大城之路，目标是实现工业现代化、城镇化、新型信息化、农业现代化的"新四化"融合，关键是新型工业化和新型城镇化的协调融合。

首先，新型工业化和新型城镇化这两者并非紧密相连，有些国家就是因为没有协同好这两方面的工作而陷入落后。比如南非也有城镇化，很多南非人愿意去城市打工，但由于南非并未实现工业化，很多人进城后找不到工作，导致贫民窟的出现，社会也随之动荡不安。与上述情况恰好相反，倘若一国实现了工业化而没有实现城镇化，可能其工业发展和企业发展都非常快，但没有人来打工，导致工资成本很高，企业利润随之下降，最终难以维持。因此，城镇化和工业化的协调匹配非常重要。

其次，工业信息化的主要目标是给工业化赋能，比如5G和AI（人工智能）。城镇化的基本目标是五大城市群，包括长三角城市群、粤港澳大湾区、京津冀城市群、成渝城市群和长江中游城市群。五大城市群中有两大板块非常突出，即长三角城市群和粤港澳大湾区。这两大板块城镇化和工业化匹配得比较好，因此发展得比较健康。

在京津冀城市群中，北京和天津发展得不错，河北的北三县（廊坊临近北京的三个县）相对较弱。成渝城市群以重庆和成都两个城市为主，后期发展空间很大，特别是以成都为中心的一小时、两小时城市圈正逐步形成。长江中游的武汉、长沙、南昌也显得比较孤立，相信这两个一线城市群还有相当大的发展空间。

一线城市群外还有四个二线城市群，主要包括山东半岛城市群、河南郑州和安徽亳州构成的中原城市群、哈尔滨与长春组成的哈长城市群，以及由泉州、福州、厦门三城组成的海峡西岸城市群。

在当前这个百舸争流的时代，二线城市群的发展速度不见得比一线城市群慢。2022年的政府工作报告提出，一方面要做好城市群、都市圈的建设，另一方面也要做城镇化的建设，同时要严禁撤县。对此，我个人的解读是中央决心要做城市群，但同时也要城市群和城镇群两条腿走路。

共享

城乡间如何协调？如何缩小城乡差距？这些问题都与共享紧密相关。

脱贫攻坚战有几个关键词：5575万农村贫困人口实现脱贫；832个贫困县全部脱贫摘帽；1亿农业转移人口和其他常住人口在城镇落户目标顺利实现。脱贫攻坚战已经取得决定性胜利。中国脱贫线的标准介乎联合国"绝对贫困线"和"相对贫困线"之间。因此，脱贫攻坚取得胜利后，接下来乡村振兴的任务仍然任重道远。

下一步如何做好乡村振兴？我们的一个建议是通过加工贸易的梯度转移来实现乡村振兴。正所谓"授人以鱼，不如授人以渔"，随着劳工成本上涨，一些加工贸易产业可以从沿海地区向西部内陆省份转移，帮助中西部内陆省份的群众实现就业，实现乡村振兴。借此机会，广东沿海地区也可以引进新的产业,实现产业升级。

不同地区的产业升级有不同的做法。劳动密集型产业应该转移到海外,比如孟加拉国、柬埔寨、越南这样的国家,这主要是出于比较优势的考虑。正如历史上的劳动密集型产业也是从美国转移到欧洲,从欧洲转移到日本,从日本转移到"亚洲四小龙",从"亚洲四小龙"再转移到中国大陆,现在也要从中国大陆继续转移出去,这是一个历史趋势。

同样是出于比较优势的考虑,资本密集型产业应反向而行,向我国中西部内陆地区转移,随后慢慢带动当地经济发展起来。

近一段时间以来,共同富裕是很多企业家关注的热词。经过各界的数轮思辨后,我认为已经达成一些基本共识:一是共同富裕肯定是在效率、公平之间取一个平衡,效率是把蛋糕做大,公平是更好地分配;二是共同富裕不会一蹴而就,但肯定会实现;三是目前共同富裕还处于"把蛋糕继续做大"的阶段,在效率优先的同时一定要兼顾公平。

中央针对共同富裕的一些提法也传递出类似的信号。比如防止资本无序扩张,野蛮生长。我认为无序扩张说的是广度,比如从自己的一亩三分地进入别人的领域。野蛮生长说的是深度,比如垄断市场份额。因此,现阶段我们还是要继续做大蛋糕,强调效率,兼顾公平,鼓励勤劳致富,进一步降低基尼系数,形成两头小中间大的正态橄榄形社会。

开放

中国 2021 年的出口总体表现不错,贸易顺差高达 4.4 万亿美元,外贸进出口总量破 6 万亿美元。这意味着在全球 200 多个经济体中,中国一个经济体的出口量占了 20% 以上。这可以说是绝无仅有。在我看来,2022 年的出口不会比 2021 年差,仍有望实现出口额占比 15% 的目标。

我们的主要贸易伙伴发生了哪些变化？几年前，我们最大的贸易伙伴是美国，欧盟也是我们重要的贸易伙伴之一。随着 2021 年 RCEP（区域全面经济伙伴关系协定）的签署，东盟成为我国最大的贸易伙伴。受俄乌冲突的影响，我国与美国和欧盟的贸易可能发生变化，因此我认为东盟 2022 年仍会是我国最大的贸易伙伴。

全球化作为一个基本趋势有没有变化？我的观点是没有发生根本性改变，但表现形式有了深刻变化。衡量全球化主要看两个指标，即在生产和贸易中有没有形成地区化和贸易多边化的现象。比如智能手机的零部件由不同国家生产，最后在一个地方组装，再卖遍全球。这一过程就体现了生产地区化和贸易多边化。

特朗普的贸易保护主义令 WTO（世界贸易组织）多边经贸合作举步维艰，目前 WTO 的争端解决功能几近瘫痪。于是各国纷纷绕开 WTO，把目光转向各类地区贸易协议。在中国入世之前，全球经贸格局是美国欧盟"两翼并行"，当前已逐步呈现出地区贸易合作的三足鼎立之势，即以美国为核心节点的北美经贸区、以德国为核心节点的欧盟经贸区，还有以中国为核心节点的亚太经贸区。

三足鼎立并非三足孤立，彼此间存在非常紧密的联系。北美的《美墨加三国协议》（USMCA）正与欧盟就跨大西洋贸易与投资伙伴协议（TTIP）展开谈判；欧盟和中国之间有《中欧全面投资协议》；还有 RCEP 国际与美国、墨西哥、加拿大以及中国正就《全面与进步跨太平洋伙伴关系协定》（CPTPP）展开谈判。

如何做好中国经济"双循环"？

"双循环"这个词最早出现在官方文件中，是 2020 年 5 月举行的中共中央政治局常务委员会会议上提出的，即"要深化供给侧结构性改革，充分发挥我国超大规模市场优势和内需潜力，构建国内国际双循环相互促进的新发展格局"。

中国早已告别了低价劳动力时代，中国经济值得看好的主要原因在于：中国是拥有14亿人口、4亿中等收入群体的统一的国内大市场。这既是中国的竞争优势，也是保证中国经济具有相对稳定增长潜力的核心源泉。

"双循环"强调以国内大循环为主体，但并非不要外循环。尽管中国经济的体量已占到全球经济的18%，但其他国家还占82%，我们不能因为18%的市场而丢掉82%的市场。从这个角度讲，我们要做的是双循环，并不只是国内的单循环。

"双循环"有没有一个量化的标准？对外循环而言，中国外贸在全球外贸中的占比是一个衡量标准。我认为，占比超过18%可以算做得很好的。2021年我国外贸的全球占比超过20%，这是非常亮眼的成绩。内循环则可以参考美国的衡量标准，看内贸在GDP中的占比是否大于3/4，或者看外贸在GDP中的占比是否小于1/4。

如何做好国内大循环？我认为可以从几个方面推进。

第一，建设"公平、公正、公开"的市场环境，推进要素市场化配置。要处理好国企和民企之间的关系。国企不是中国的特产，美国和法国也有很多国企。我们要毫不犹豫地做大做强国企，特别是保证国有企业在上游产业中的领导和主导作用。与此同时，我们也不能纵容国企"只准州官放火，不准百姓点灯"，要保持公平公正的市场竞争环境。

对于民营企业要加强指导，创造更加公平、公正、公开的环境，让民营企业更好地生存发展。当前，民营企业已不再是国民经济有力的补充，而是重要的组成部分。所谓"56789"，意思就是民营经济为中国经济贡献了近50%的税收、60%的GDP、70%的创新、80%的就业、90%的企业数量。大企业中有90%都是民营企业,即1.5亿个市场主体的90%是民营企业。

针对近些年民营经济的发展,有一个词叫"国进民退"。我个人非常不赞同这一说法。中国入世前,国有经济占比约为2/3,现在国有经济的占比降到1/2。毫无疑问民营经济占比越发重要,要大力发展。

在我看来,数字经济也是中国经济能否实现弯道超车的一个重要方面。同样搞专精特新小企业,我国相对于德国而言,优势不算明显。数字经济则有所不同,谁掌握了新技术和新价值,谁就掌握了明天。因此,数字经济等知识密集的产业是我国发展的一个重要方向。

第二,以开放新格局推进贸易自由化,以新营商环境推进投资便利化。政府工作报告中特别提到"六稳"。"六稳"是循序渐进而非平行分散的。稳预期是起点,现在中国经济面临百年未有之大变局,面临需求收缩、供给冲击和预期减弱的"三重压力"。"稳就业"是终极目标,就业不稳社会就不稳,就会出现问题。

该如何稳住就业?需要通过稳外资、稳投资、稳金融等方面的举措才能实现。国办提出的15项政策措施就集中在外贸、外资、投资、金融四个方面。

第三,以积极财政政策、稳健货币政策提升居民消费。首先要通过积极的财政政策和稳健的货币政策给中小企业纾困,先保住就业、稳住市场主体,才有可能拉动消费和内需。

如何为企业纾困?我不赞同直接发钱。比如14亿人每人发100元钱,对富人而言这100元无关痛痒。对穷人而言,这100元肯定会存起来以备不时之需。所以拉动消费,直接发钱不如发消费券,与其补消费者不如补生产者。如果能保住中小企业,工人就不会失业,能熬过这段艰难时期，企业和经济都会慢慢恢复活力。这两年一直在强调稳健的货币政策，目标就是给企业纾困。

2020年以来，央行报告曾多次提到："稳健的货币政策更加灵活适度、精准导向。"为保持货币供应链和社会融资规模合理增长，央行可能会增加一些货币供给，但总体不会太多。所谓"合理规模的增长"就是规模不大的增长。换言之，中国政府不会"放水"，而同时期美国在"放水"，其结果当然是美元贬值，人民币升值。

货币政策要精准导向，意思就是不搞大水漫灌。发挥总量的功能和结构的功能，重点扶持薄弱环节和重点企业，比如受疫情影响严重的酒店、旅游和餐饮等接触性行业。以前我们是大银行贷款给中小银行，中小银行再贷款给中小微企业。现在特别强调大银行也要贷钱给中小微企业。

此外，积极的财政政策就是通过减税降费、政府买单，不断提升可支配收入比重。要拉动内需就必须保证居民可支配收入占总收入的比重逐步提升。比如税前工资1万元，税后5000元，消费者可支配收入不高，又如何能拉动内需？要让消费者消费，必须先使其有钱。

财政政策关注三件事：钱从哪里来？有多少钱可以用？用到什么地方去？比如，2020年我国的财政有30万亿元可用，资金的一个去向是要直达地方县级基层。"直达县级基层"这几个字特别值得关注，说白了就是中央给的钱，省级、市级不能留存，直接到县级。2021年更是提出"地方直达"。具体来看，这些钱主要用在"两新一重"，也就是新基建、新型城镇化和重大的交通水利工程建设方面。

新基建"新"在何处？传统基建是供给决定需求，新基建是需求决定供给。传统基建是"要想富，先修路"，路修到村门口，东西才能卖出去，供给创造需求。新基建是反过来，在人口密集的地区搞特高压、充电桩、5G 和 AI，这叫作需求决定供给。2021 年国家比较重视的产业是新能源汽车，2022 年则增加另外一个也代表未来趋势的产业，即充电桩。目前政府的要求是车桩比实现 1∶1。全国约有 6000 万辆电动车，粗算下来充电桩是一个很大的市场。

要做好中国经济外循环，可以从以下几个方面推进。

第一，继续做好出口。我认为，企业不能只盯着欧美这些成熟市场，更应当放眼多元化的出口目的地，特别是东南亚国家。

第二，扩大进口规模。从广交会到进博会，不难看出扩大进口已经成为我们的一项国策。我国进口的商品主要有三类，既有能带来幸福感的消费品，也有能倒逼行业自我革新的汽车产品，还有我国相对发展不足的服务贸易类产品。

什么是服务贸易？假设我们购买美联航的机票飞到美国，虽然只是一张小小的机票，但从国家的角度而言，这就是购买了美国的服务。在商品贸易方面，中国是大额顺差，但在服务贸易方面，中国是逆差。因此，进口服务贸易有助于我国进行差异化改革。

服务贸易的发展方向是"扩总量、调结构、树特色"。扩总量主要因为我国服务贸易总量太低。调结构是因为在教育、运输、旅游等产业，我国是逆向输出。每年中国有许多学生前往英美留学，但是英美来中国留学的人数并不多，因此要调结构。树特色则是要树立我国服务贸易的独有特色。比如韩国的整容产业很发达，我国是否可以发展中医药产业，在世界上打出自己独特的名片。

第三，发展数字贸易。什么是数字贸易？小到我国的工程师给外国公司写代码，大到发展阿里云、华为云等，这些都是数字贸易，其重要性也日益凸显。

第四，中国企业不仅要"走出去"，还要"走进去"。目前中国企业

"走出去"的情况排名全球第一。我建议中国企业不仅要"走出去",还要"走进去"。中国企业"走出去",有时会遇到妖魔化中国的论调。在我看来,中国企业做了很多好事,但也应该相应地承担一些社会责任,以此扭转当地主流舆论对中国的偏见。比如在毛里求斯投资宇通大巴,在当地出钱建了很多候车亭,因此获得了很好的口碑。

第五,对"一带一路"差异化发展。在我看来,我国应该优先发展海上丝绸之路,而不是平均用力。俄乌冲突已经清楚地暴露出陆上丝绸之路在地缘政治方面的复杂性、不确定性和高风险性。我国已经与海上丝绸之路沿线国家结下很好的经贸基础,RCEP签署后更是如虎添翼。所以,更应优先发展海上丝绸之路。

第六,加强地区经贸合作。RCEP已经签署,这是一个非常好的平台。对我国而言,下一步应该邀请日本加入协议。

RCEP完成之后,中国是优先发展《中欧全面投资协议》,还是优先发展《全面与进步跨太平洋伙伴关系协议》?我认为应该优先发展《中欧全面投资协议》。该协议内容是中国向欧盟开放海运、医疗以及国企所在的产业,欧盟向中方开放可再生能源投资。本来一切进展顺利,但因为政治上的一些原因,《中欧全面投资协议》遭遇挫折。欧盟已经认清,美国是口惠而不实。对欧盟而言"打左灯向右转"才是最优选择,也就是说在政治上靠近美国,经济上转向中国市场。因为欧盟确实需要中国市场,这一点美国没办法帮它。如果《中欧全面投资协议》能够签署,中国会向欧盟开放制造业、海运、金融等市场,欧盟的新能源市场也是我国看重的。

CPTPP跟RCEP有何区别?总体来看,CPTPP比RCEP更难,因为CPTPP是"一刀切",不论国家发展水平如何,都要达到比较高的标准。RCEP则更具灵活性,根据国家的发展程度可以有例外情况。虽然中国已经积极表态要申请加入 CPTPP，但在目前的态势下，我认为加入的难度较大。想要加入 CPTPP，需要 11 个成员国全部同意。目前，澳大利亚的反对倾向很明显，日本的态度也比较骑墙。此外，中国在环境、劳工和国有企业这几个方面与 CPTPP 国家也分歧较大。CPTPP 中最重要的国家是日本，我国不妨先签署中日韩的自贸协议，跟日本和韩国先有一个自贸协议，接下来再去"攻克"其他国家，也不失为一种方法。

尽管中国面临百年未有之大变局，也遭受百年一遇的疫情冲击，但还是进入了经济发展的新阶段。我相信，只要我们贯彻创新、绿色、协调、共享、开放的五大新发展理念，用双循环作为推手来构建我们的新发展格局，明天肯定会更好。

中国经济的三个循环[1]

徐高

(中银国际证券总裁助理兼首席经济学家,
北京大学国家发展研究院兼职教授)

除了现在热议的内循环和外循环,我认为中国经济还有第三个循环。我想用和市场主流不太一样的视角讲一下这个问题。

书本上的很多经济学理论与现实之间有很大的落差,就像是插头和插座不匹配。我发现,现实有落差实际上是因为理论有问题。后来,我慢慢形成了用理论和现实双视角观察中国经济的习惯。

理解中国经济的两个视角:"水"和"石头"

我所谓的两个视角可以比喻成"水"和"石头"。"水"是指市场经济,因为市场经济像水一样灵活,会根据形势变化做调整。市场经济的

---

[1] 本文根据作者于 2021 年 9 月 19 日在北大国发院暨南南学院承泽园院区落成启用庆典"新发展格局下的宏观经济与金融市场"分论坛的演讲整理。

运行很大程度由市场经济面临的约束条件和边界条件决定，而这种边界条件往往是非市场因素，就像"石头"。尤其在中国这样一个转型经济体中，还有很多计划经济的"石头"约束市场经济的运行。

这种情况下，如果单单从市场经济运行的逻辑去理解中国经济就会有问题。西方国家的市场经济已经运行很多年，河里原有的很多石头都被冲走了，所以它们只需了解"流体动力学"，即西方经济学就能基本上了解这条河的流向。但在中国市场经济这条河里还有很多石头，仅仅懂得西方经济学远远不够。你如果看不到河里的那些石头，就不能理解为什么水流到这里会产生浪花甚至漩涡。因此，只有将"水"和"石头"两个视角结合起来，才能真正懂得中国经济。

对比内循环和外循环，核心问题在前者。中国经济首先是市场经济自身的循环，从产出、收入到需求，但目前需求不足导致内循环运转不畅。中国经济运行在很大程度上要依靠外循环来带动，如果外循环不好就会导致经济比较差。外循环在过去20年决定了中国经济的大周期。新冠肺炎疫情暴发后，中国经济外循环在欧美国家的需求刺激下持续向好，但内需在国内失当的宏观调控政策影响下出现了过度冷却。

西方经济学理论与中国现实大不相同

我们描述宏观经济通常有三个方程。

第一个是"$Y=F(K，L)$"生产函数，表示资本与劳动结合得到产出，同时也意味着产出会被资本和劳动瓜分。

第二个是资本的积累方程，意味着资本通过投资而来，投资就是资本扣除资本折旧之后的结果。

第三个是"$Y=C+I+G+NX$"产出的运用方程，如GDP等于"消费

+投资+政府支出"。

三个方程中，前两个是在讲生产面（供给面）。其中第一个生产函数是个自然科学问题，第二个是简单的动态方程，二者蕴含的经济学理论都不多。最后一个方程讲需求面，经济学的理论也主要蕴含在这里，它也是三个方程中真正重要的那个。

这第三个方程的等号包含了很多学问。等号连接的是会计恒等式，但同时也可被理解为市场均衡的结果。等号左边是产出Y；右边是产出的运用方向，即需求（内需+外需）。当产出Y变成本国居民、企业和政府的收入（依据生产要素的所有情况，尤其是资本的所有情况），从等号左边到右边就是一个收入分配的过程，涉及一次分配和二次分配。当拿到收入后，各个经济主体要进行决策，比如消费者要考虑分别将多少收入用于消费和储蓄。所以，第三个方程的等号隐藏了收入分配与消费储蓄决策的复杂过程。

进一步分析第三个方程，它包含了西方经济学理论的两个隐含假设：一是经济的总产出都是居民的初次收入，即资本由居民所拥有；二是投资对资本回报率是敏感的，因为产出全部由居民所获得，投资对居民来说有机会成本，只有利率比较高的时候投资才会增多，反之投资会减少。

然而，这两个隐含假设在中国经济现实中并不成立。

在中国经济现实中，居民收入只占全社会总收入的一部分，有相当大部分的收入流向了广义的政府部门（包括国企），这些收入跟老百姓没关系。同时，流向广义政府部门的收入中又有相当大部分（扣除政府消费部分）刚性地变成了投资。由于政府投资没有机会成本，对回报率或利率就缺乏弹性，会在投资回报率很低的情况下继续投资。

西方经济学中还有很多宏观经济学理论与中国经济的现实不吻合，

因此根据这些理论推导出的结论也就很难应用到中国经济现实中。

中国第三次经济普查显示，国有企业占据整个企业部门资产的54%，外资、港澳台企业占10%，其他国内企业占36%。这意味着老百姓真正持有的企业财产只有1/3多。同时这些企业财产在居民内部的分配也极不平衡，比如一些大企业家持有的企业股份很多，而老百姓持有的却非常少。这意味着在中国，企业部门和居民部门之间的财富联系被割裂。

再看一组国际比较数据。全球各国居民储蓄与企业储蓄普遍呈负相关，这在宏观经济学里被描述为"刺穿企业帷幕"（pierce the corporate veil），意味着企业只是蒙在居民部门上的一层棉纱，收入在企业与居民部门之间的分配不影响居民对消费和储蓄的决策。如果企业所有制是私有，企业获得的收入最终也会通过居民持股反映在居民的财富中，那么收入到底是流向居民还是流向企业并不重要，当企业储蓄增加、利润增加时，居民就会财富增加、消费增加、储蓄减少。所以，全球各国居民储蓄与企业储蓄普遍是此消彼长的负相关关系。

中国的企业储蓄和居民储蓄都很高，二者之间负相关的关系并不明显。国企的所有制结构导致企业和居民部门的财富联系被割裂，老百姓不会因为国企今年挣钱多就增加消费、减少储蓄。这是中国经济的特点。

中国的投资缺乏对利率的敏感性且投资数额较高。回到三个方程中的前面两个，较高的投资会带来较高的资本积累速度、较高的资本存量和较高的产出，导致产出与需求之间不平衡，最终需求不足成了一个长期问题。

按照西方主流的新古典经济学假设，经济应该是长期运行在潜在产出水平（生产能力）附近。尽管经济运行也会因为一些冲击偏离潜在产出水平，但这种偏离只是暂时的。当经济运行低于潜在产出水平时，可以通过宏观政策短期刺激一下，高于潜在产出水平时则通过宏观政策来短期降温。但宏观政策的刺激不会长期化，因为经济运行不可能长期低于潜在产出水平。这是西方经济学的假设。

中国的经济状况是由储蓄过剩和消费不足导致产能和生产过剩，因此中国经济长期运行在潜在产出水平之下。哪怕出现波动，也都是低于潜在产出水平。

我认同中国 GDP 有长期实现 8% 增长潜力的说法，但能不能发挥出这个潜力则取决于有没有足够的市场需求。当中国经济长期运行在需求不足的状态下时，运行的逻辑就和西方主流经济学讲的道理不一样。这种情况下，我觉得凯恩斯说得更合理，当需求不足时，只要创造需求就能让经济变得更好，此时外需及国内宏观刺激政策就会表现出"乘数效应"。

事实上，中国经济的动态特征确实表现出了"乘数效应"。国内储蓄有两个用途，一是投资，二是借给外国人变成经常账户盈余。东盟和欧盟国家的经常账户盈余和投资之间存在明显的负相关关系。这表明它们是储蓄约束下的经济运行状态，即投资多了，经常账户盈余就会减少甚至变成逆差。与东盟和欧盟不同，我国的经常账户盈余与投资之间呈现正相关关系，体现出了我国经济运行中的正反馈效应。即在中国是投资越高，储蓄越高，经常账户的盈余越高，可以理解为投资在中国成了储蓄的应用方向，这也说明了中国经济是在需求不足的状况下运行的。

外需对中国经济而言，不是出口 1 元钱就是 1 元钱的事，而是通过这 1 元钱在整个国内带来更多的需求反馈，从而让经济变得更好、储蓄变得更多、投资变得很高。由此可见，中国经济运行的整体状态与西方主流经济学讲的道理大不相同。

中国经济走出困局还需要第三个循环

疫情之后，我提出了"再循环"概念。疫情促使中美之间形成了"互补式复苏"的格局——中国产出复苏快，美国需求复苏快。

美国为了应对疫情大搞财政刺激和货币刺激。疫情之后，中国因为防控得力，工业产出恢复明显好于美国，但美国因为强刺激政策，其商品零售复苏远远好于中国。最后，美国通过消费刺激为中国提供了大量的外需，而中国自疫情前就积累的产能过剩在疫情后对美国出口大幅增加。中国的贸易顺差和美国的贸易逆差同步扩张，这和次贷危机之前的情况类似。

从2021年初开始，中国出口进入增长平台期，原因是尽管中国出口集装箱运价指数在高位进一步上扬，但海运运力成了中国出口面临的瓶颈。疫情之后，得益于外需，中国经济复苏处在一个更加有利的位置上。

那为什么经济又面临很强的下行压力呢？2021年上半年，尽管国内货币政策转弯还不算急，但财政紧缩力度极大，达到进入21世纪以来前所未有的强度，甚至超过2008年4万亿元救市之后的强度。此外，土地财政赤字、政府基金预算赤字、地方政府非正规融资、地方政府专项债都在明显收缩，上半年财政收缩幅度占到同期GDP的7%~8%。

在国内宏观政策的打压下，国内三大投资均低位运行。制造业投资、基础设施投资、房地产投资规模到2021年7月都呈断崖式滑坡，加上社会消费品零售总额连续数月下滑，中国经济面临着较强的下行风险。

分析国内宏观政策收紧的原因，国内的分析者包括决策者大都还在沿用西方的那套理论，觉得中国基建投资引领的经济增长模式是不可持续的，但我觉得这是对中国经济的误判。

未来经济向好的趋势，我觉得还是很有希望。2021 年 7 月 30 日的政治局会议已经释放了政策转向的明确信号，包括"合理把握预算内投资和地方政府债券发行进度，推动今年底明年初形成实物工作量""纠正运动式'减碳'，先立后破"等内容，但后续政策的力度仍需观察。

中国经济的内循环和外循环都重要，只是当从收入到需求的内循环运行不畅时，中国经济对外循环的依赖还会持续较长时间。如果从经济长周期来看，中国经济的好坏一方面受外需影响，另外一方面则受国内宏观政策影响。

如果想走出现在的困局，关键在于通过改善第三个循环来扩大内需。具体而言，通过收入分配改革，实现企业与居民之间的收入循环，尤其是国有企业与居民之间的循环，进而增加居民收入和消费。

只有当更多的收入流向居民部门，变成消费者的收入和消费，中国经济的内循环才能通畅起来，对于外需和国内刺激政策的依赖才会减少，中国经济才能从此走上更具内生性、可持续性增长的模式。因此，三个循环都要做好才行。

第三章

中国式现代化与共同富裕

共同富裕的本质与着力点[1]

姚洋

（北京大学国家发展研究院院长、BiMBA 商学院院长、
南南合作与发展学院执行院长）

如何界定共同富裕？

自 2021 年提出"共同富裕"之后，出现了很多说法。网上有一些极端言论，例如说应该重新回到 1956 年那种国有化。这样的极端言论在社会上造成了比较大的思想混乱，特别是在企业家群体中。可以肯定地说，这样的说法显然不是我们党和政府的想法。

另一种说法认为，共同富裕应该像以前一样把蛋糕做大。改革开放 40 多年，我们不断做大蛋糕，让大家都获益。但这次提出共同富裕，我认为不仅仅是做大蛋糕的问题，还有如何分蛋糕的问题。

还有一种说法，认为共同富裕就是要壮大中产阶层队伍。这个说法看似有很大合理性，也比较契合中产阶层的想法。但问题在于，不管中

---

[1] 本文根据 2022 年 5 月 25 日，作者在"庆祝香港特别行政区成立二十五周年营商座谈会"上的主题演讲整理。

产阶层队伍多么壮大，总是会有一些人的收入增速赶不上经济增速，而且这些人的数量很大。

在我看来，共同富裕的真正含义应该是让所有民众都以同等的方式享受经济增长的成果。

什么叫"同等的方式"？不同的政治哲学会给出不同的答案。我个人认为，要在民众的收入能力和收入机会方面尽最大可能拉平。这与我们社会主义国家的特性高度相关，蕴含在马克思和恩格斯当年提出的共产主义理想当中。如果我们能做到所有民众以基本相同的方式享受经济增长的成果，那结果就是民众能够以基本相同的增长速度来提高收入。我们不能一下子跳到结果，去把收入拉平，因为那会使民众的积极性大幅降低。

中国收入与财富分布的现状

关注根本，着眼于根本，核心是要关注低收入阶层，因为这部分人的收入增速跟不上全社会的平均收入增速。

图 3-1 左侧是中国收入和财富分配格局，数据来源于北京大学中国家庭追踪调查，我是这个调查的发起人之一。调查每两年做一次，这是 2016 年的情况。2018 年、2020 年的数字会有一些变化，但是分配格局没有太大变化。数据显示，收入最低的 10% 的家庭年收入只有 2217 元，近 50% 的家庭年收入低于 3.4 万元。收入最低的 50% 的人群仅占有全部收入的 17%，而收入最低的 10% 的人群只占有全部收入的 0.5%。

从图 3-1 还可以看出，财富分布的差距更大，收入最高的 10% 的家庭的平均财富是约 333 万元人民币，收入最低的 10% 的家庭则是欠债，净资产为负。

全国户均收入分布（2016年）

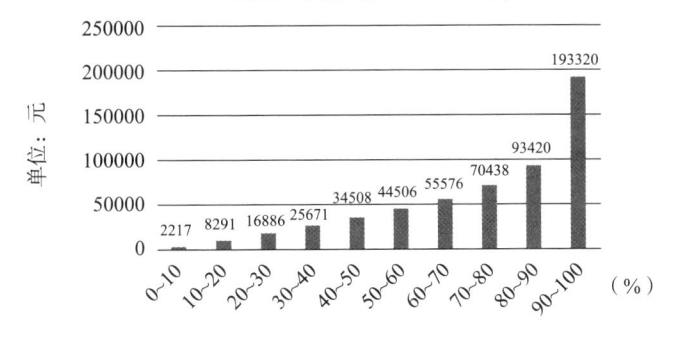

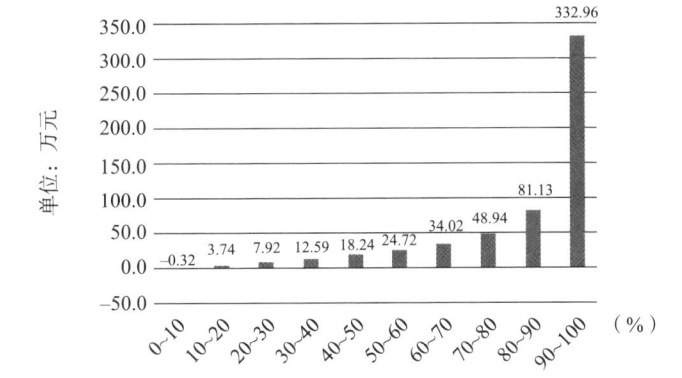

区间(%)	金额(元)
0–10	2217
10–20	8291
20–30	16886
30–40	25671
40–50	34508
50–60	44506
60–70	55576
70–80	70438
80–90	93420
90–100	193320

全国户均财富分布（2016年）

区间(%)	金额(万元)
0–10	−0.32
10–20	3.74
20–30	7.92
30–40	12.59
40–50	18.24
50–60	24.72
60–70	34.02
70–80	48.94
80–90	81.13
90–100	332.96

图 3-1 中国收入和财富分配格局

数据来源：2016 年中国家庭追踪调查（CFPS）

所以，中国的收入和财富分配格局很差，主要差在 50% 的人收入太低。这就是为什么我说共同富裕的重点应当在低收入人群。

我们在 2021 年提出共同富裕目标，这并不是新事物，邓小平同志 20 世纪 80 年代初提出让一部分人先富裕起来，带动大家共同富裕。他后半句话强调的正是共同富裕，而且少数人先富起来是手段，共同富裕才是目标。

现在我国人均 GDP 大约是 12000 美元，如果不出太大的意外，未来两三年之内就能达到世界银行制定的高收入国家的标准12600美元。在这种情况下，我们的收入差距不能再进一步拉大。

共同富裕是中国人一贯的理想

共同富裕是社会主义的一个目标，更是中国传统文化中理想的预期目标之一。

社会主义的共同富裕目标怎么定义呢？应该回到马克思和恩格斯在《共产党宣言》中对共产主义社会的憧憬——"每个人的自由发展是一切人的自由发展的条件"。也就是说，每个人的自由全面发展应该是社会主义追求的最根本目标。

"自由"是一个哲学问题，简单说包含两个方面，缺一不可。除了美国前总统罗斯福所提出的免于贫困、免于恐惧的自由等，还应加上"能够"做什么事。社会主义和资本主义的核心差别之一是社会主义不仅强调"免于"，而且强调"能够"做什么事。

"全面"就是要充分发掘每个人的潜力。如马克思和恩格斯在《共产党宣言》里所构想的社会，我们每个人清晨做渔夫、上午做农民、下午做工人、晚上做哲学家，人人得以全面发展。

我想这样的信念，这样的对未来社会的憧憬，没有人会拒绝。

社会主义的目标与儒家、中华文化的根基是一致的。很多人认为儒家是毁灭人性的，我坚决不同意。儒家非常肯定个人价值，特别是先秦儒家。孟子认为"人有四端"，每个人生来具有同等潜力，都有成圣、成贤的潜力。孔孟儒学进一步强调，每个人最后达到的高度不一样，取决于个人修行和社会环境。我们和其他有宗教国家一个最重要的不同之处在于，我们的文化肯定对个人修行的奖励。个人修行好、贡献大，就应该得到更多回报和奖励。在这一点上，早期儒学和马克思、恩格斯说的人的自由全面发展是一致的。

中国文化传统有两个看似矛盾但可以统一的方面。

在微观层面，中国人特别相信贤能主义，认为聪明能干、对社会贡献大的人理应获得财富。一个人获得的社会回报与他对社会的贡献成正比，这也符合亚里士多德的比例原则。因此，中国社会对个人努力获得的财富持肯定态度，一些知名企业家可以成为年轻人心目中的英雄和榜样。作为市场化发源地的欧洲，其年轻人都未必崇拜创业英雄。2021年提出共同富裕之后，社会上一些人对"共同富裕走向重新国有化"的担心和反对与此有关。

在宏观层面，中国人又"患不均"。其实这是所有文化的特征，并不仅限于中国人。曾获诺贝尔经济学奖的印度裔经济学家、哲学家阿马蒂亚·森说，所有文化都追求平等，只是追求的侧面不同。

这样就产生了矛盾张力，微观层面希望奖励贤能，宏观层面则要求社会更加平均。怎么办？就需要投资每个人的能力，给予每个人同等的机会。每个人的能力都提高了，机会都相同了，就都可以发挥自己的特长，最后实现平等。这样的社会才是良性运作的社会，同时也能够实现共同富裕的理想。

如何提高每个人的能力？

那么，怎么提高每个人的能力呢？在当今社会，教育是第一要务。

以前，乡镇企业家没有受过什么教育照样可以做成一个企业，但那样的时代已经一去不复返。中国已经进入了"智本家"时代，教育变得极其重要。

目前，中国高等教育已经进入普及阶段，高等教育初入学率为55%，在校生人数占 18~22 岁人口数的比例是 55%。我们做了计算，近几年来，每年高考招生人数占 18 岁人口数的比例都超过 70%，也就是 70% 的孩子都上了大学。

但是，我们注意到没有读大学的年轻人中很大部分是在农村地区，很多人甚至高中都不读，最多上职高、技校。我们做过研究，发现上职高、技校的绝大多数孩子这一生都锁定在低收入工种、低收入行业。事实上，职高教育已经成为锁定阶层的工具。我们调查发现，上职高、技校的孩子中 90% 是农村孩子。

图 3-2 是 1930—1985 年出生人口的教育水平分布图。好消息是，大学生的比例从 1930 年的几乎可以不计，到 1985 年出生的人 20% 有大学文凭。坏消息是，1985 年出生的人中 8% 没有完成小学教育，70% 的人仅仅完成了初中教育。1985 年出生的人现在还不到 40 岁。情况在近些年有一些改进，但并不很明显。

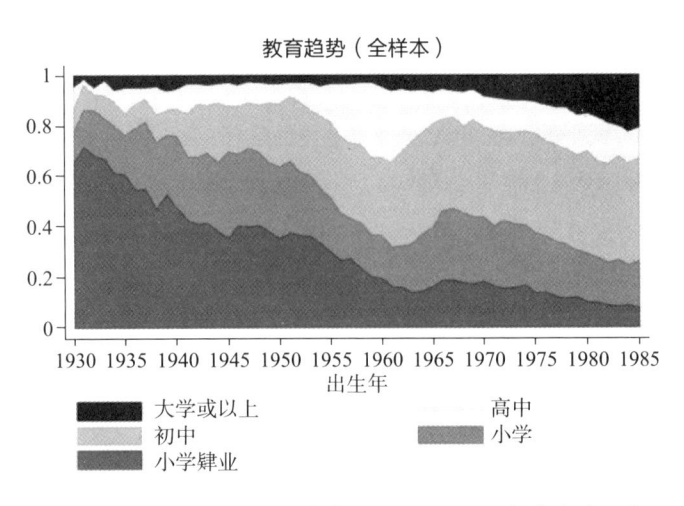

教育趋势（全样本）

大学或以上　　高中
初中　　　　　小学
小学肄业

图 3-2　中国教育构成的演进（1930—1985 年出生人口）

数据来源：中国家庭追踪调查

当教育有这么大差距的时候，想实现共同富裕的难度非常大。很多研究发现，教育回报率上升最快的阶段是高中和大学，完成初中教育只能满足低端就业需求，而且随着技术的发展，这种就业机会越来越少，很快会被AI、自动化替代。要想在中国未来社会立足，至少需要拥有高中或大学教育水平。

教育资源的均等化是当务之急。2022年5月1日，国家正式实施了新的《职业教育法》，其中有一条是"职业教育是与普通教育具有同等重要地位的教育类型"。这意味着初中毕业将不再进行普高与职高的强制分流。这是非常大的进步，也是包括我在内的学者们这一年多来所呼吁的。

但是这仍不够，我认为最佳状态是十年一贯制义务教育。把九年义务教育改成从小学到高中的十年一贯制义务教育，"小升初"不用中考，大家平等地上十年学。7岁开始上小学，到17岁毕业。7岁以前可以上一年学前班，17岁毕业后根据大学专业的不同，可以再上一年大学预科。17岁毕业之后再分流，可以选择读本科、专科、技校（含中专）或就业。

现在的情况仍然是初中毕业就要对孩子们分流，孩子们还不懂事，家长们也不甘心。但17岁读完高中，孩子就会更加成熟，会有能力意识到成为什么样的人是自己的责任。

这样做的好处有三个。一是有利于提高农村地区的教育水平，确保所有人都接受完整的高中教育，而不是现在的初中毕业就进入社会；二是能让基础教育回归培养人才的本源，而不是选拔人才，这一点非常重要；三是可以部分解除教育焦虑。现在高考焦虑影响了中考焦虑，由于普高毕业基本能上大学，家长就拼命要让孩子上普高而不是职高。如果实行十年一贯制义务教育，可以在很大程度上缓解这种焦虑，对于我们民族的未来极有好处，否则孩子从小只学会做题，而没有得到综合培养。做经济学研究需要综合素质，但我发现很多学生不具备这种素质，他们也许可以解出一道题，但是没有能力创新一个理论。如果孩子们从小在无忧无虑的环境里学习，他们的综合能力会大幅提高。

目前政府鼓励企业和职业教育技术类大学合作，但是实践效果一直不太理想。我考察过德国的技术大学，每所大学基本上都有两三家大企业支持，大企业把实验室直接建在技术大学里面。这样，企业和大学形成合力，企业节约了部分研发开支，学校里的老师和学生可以在企业里兼职、实习，大学则获得了宝贵的技术、教师和设备资源。因此，政府应该在这方面给予企业一些税收等优惠，鼓励大企业和高职院校、技术大学合作。

优化基本经济制度

在这个基础上，我国的基本经济制度应保障我们能建设一个效率与公平兼备的社会。

一次分配应该遵循按要素分配的市场原则，这是改革开放40多年的基本经验之一。没有按要素分配，就没有今天的成就，因为会无法调动微观主体的生产积极性。以前把按要素分配和按劳分配对立起来的看法是不对的。其实，按要素分配包含按劳分配。按照马克思的劳动价值论，资本是劳动积累的成果，只不过因为积累得年长日久，表面上和劳动的距离有些远。所以，资本获得回报从根本上看也是劳动获得的回报。这一点我们一定要坚持，因为这是提高效率，把饼做大的根本保证。

二次分配是再分配，要以社会主义目标为导向，投资每个人的能力建设，即教育、培训、基本福利等。

2021年提出的共同富裕最受关注的是"三次分配"的概念。这个概念是错误的，不应该有三次分配的说法。分配一定有主体，一次分配的主体是企业，二次分配的主体是政府，三次分配的主体是谁呢？显然是错误的。所谓三次分配是企业捐赠，那就不是"分配"问题。企业家捐赠的目的是什么？救助贫困、繁荣文化和艺术等，通过回馈社会实现个人抱负，这是企业家自愿去做的事情，不是分配。

其实，中国企业家的捐赠已经非常多。美国的个人捐赠占60%，企业捐赠占40%，中国这一比例是倒过来的。所以，中国企业家实际上非常有社会责任感。溯本清源，我们可以从税收、声誉机制等各方面鼓励企业家捐赠，但一定要让公益和慈善捐赠回归到人人自愿的初心，而不是强制分配，这才是极其重要的，否则会严重打击企业家创造财富的积极性，从根本上影响共同富裕的水平和节奏。

发展民营经济是共同富裕的基础[①]

张维迎

（北京大学国家发展研究院经济学教授、市场与网络经济研究中心主任）

我们中国的地区差异更大程度上是农村之间的差距，而不是城市之间的差距，城市地区之间的收入差距比较小。这意味着，民营企业发展和市场化带动的城市化本身就可以缩小地区之间的收入差距。我们前面看到的人均 GDP 差距的缩小在很大程度上与城市人口比例的增加有关，城市人口占的比重越大，地区之间的差距越小，这当然也可以说与民营企业的贡献有关。

民营企业的发展是共同富裕的基础，民营企业不仅可以把蛋糕做大，而且可以使得分配更为公平。

首先看市场化指数。北京国民经济研究所从 1997 年开始编制市场化指数，现在数据到 2019 年。通过图 3-3 我们可以看得很清楚，中国的市场化程度在不断提高，只有三个时间有所下降，分别是 1999 年、2010 年和 2019 年。我们可以看到，市场化指数与民营企业发展指数高

[①] 本文根据作者与《财经》杂志总编辑王波明在 2021 年 12 月 18 日 "三亚·财经国际论坛"上就"民营经济与共同富裕"这一主题的演讲整理。

度相关。事实上，市场化的一个分指数就来自民营企业，或者说非公有制经济的发展。

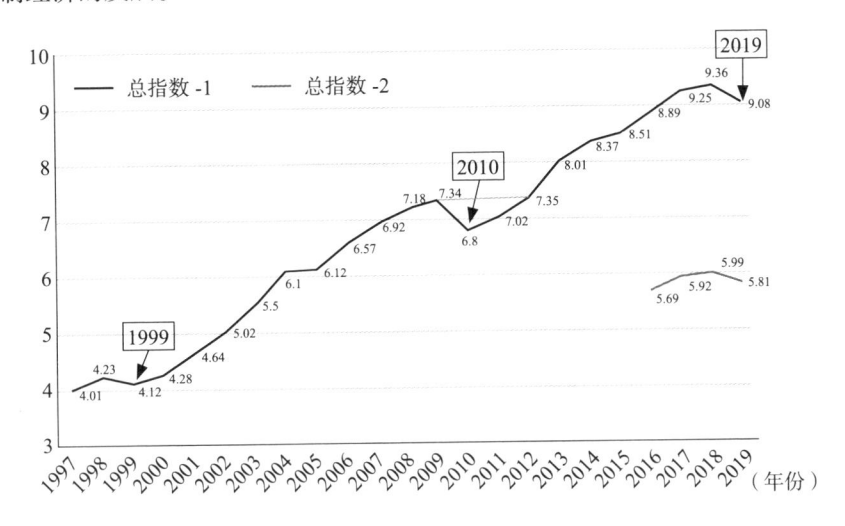

图 3-3 中国市场化指数（1997—2019 年）

资料来源：北京国民经济研究所

尽管全国整体的市场化程度在上升，但是各地之间的差异非常大。总的来讲，东部的市场化程度最高，西部最低，中部在两者中间。这给我们提供了一个通过地区间比较理解其他问题的机会，民营经济发展或者市场化程度的提升，会给中国人的收入带来什么变化？

图 3-4 的横坐标是市场化指数，纵坐标是每个省的人均可支配收入，图中每一点代表着一个省。从这个图上面，我们可以看得非常清楚，平均而言，市场化程度越高，民营企业越发达的地区，人均可支配收入越高。以 2016 年为例，大体来讲市场化程度提高一个点，人均可支配收入可以上升 2237 元。

下面主要分析一下收入分配的问题，包括利润与工资、城乡收入差距、地区间收入差距，以及基尼系数，最后分析收入的垂直流动。

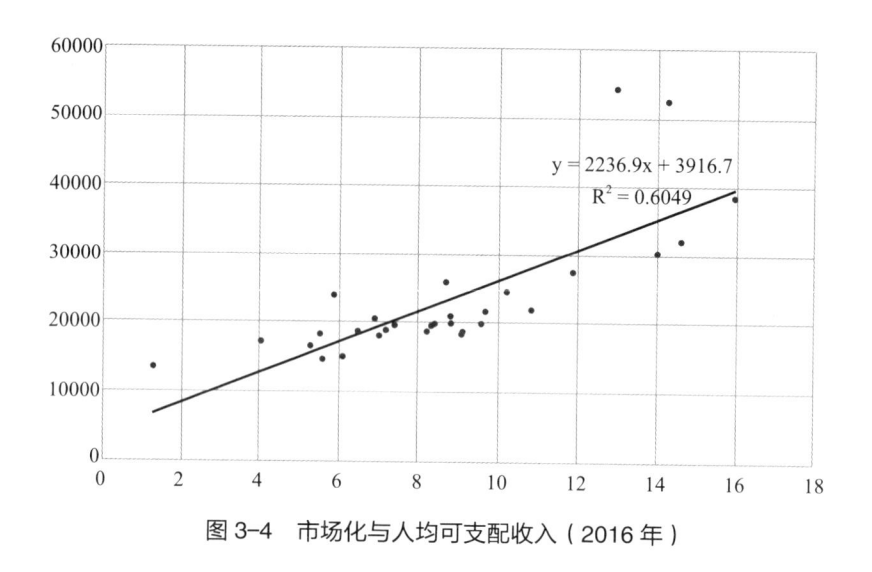

图 3-4　市场化与人均可支配收入（2016 年）

我们先看一下工资与利润的关系。民营经济越发达的地方，市场化程度越高的地方，私人企业员工平均工资越高。仍以 2016 年为例，市场化程度提高一个点，私人企业员工的平均工资可以上涨约 1826 元（图 3-5）。

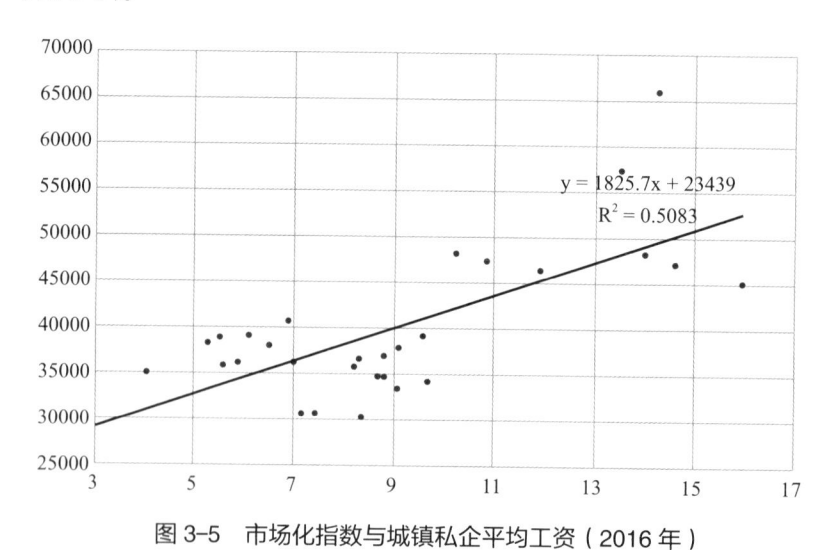

图 3-5　市场化指数与城镇私企平均工资（2016 年）

我们也看到了，市场化程度高的地方，民营企业的净资产利润率也在上升，但这二者不是高度相关。结果是，市场化程度高、民营企业发达的地方，私人企业的工资占主营业收入的比重上升，占主营业成本的比重也在上升。这说明了民营经济更好地发展有利于收入向普通的工薪阶层倾斜。

城乡差异方面，大体上我们可以用城市跟农村的人均可支配收入比来看。城乡差距最大的时候是1957年，到1978年的时候城市人均可支配收入是农村的2.6倍，之后几年有所下降，然后又回升，2003年开始城乡差距逐渐缩小，2020年城镇人均可支配收入与农村的比率跟1978年大致相当。这是全国的情况。

分省来看就非常有意义了。大家可以看到，市场化程度越高的地方，民营企业发展越好的地方，城乡可支配收入差距越小。横跨20年，我们看到了民营经济的发展和市场化改革有利于减少城乡差距。

农村贫困化问题是大家比较关注的。从图3-6可以看到，民营经济发展越好，市场化程度越高的地区，农村贫困人口比重越低，2010年、2016年都一样。还可以进一步看到，民营经济的发展和市场化程度的提高使得贫困人口比重的降低速度也更快，所以从这点来看，民营经济的发展也有助于缩小城乡差异。

地区间收入差异，就是从中国31个省、市、自治区来看的地区差异。图3-7是各省级行政区人均GDP从1952年到2019年的数字，我们从图3-7看得很清楚，如果按照人均GDP算的话，改革开放之前的地区差距要比改革开放之后大。

这里我是用最高收入的省级行政区的人均GDP和最低的省级行政区比，最高的通常是上海，偶尔是北京。最低的是甘肃、贵州，更多的时候是贵州。1978年的时候，上海人均GDP是贵州的14.2倍，但是

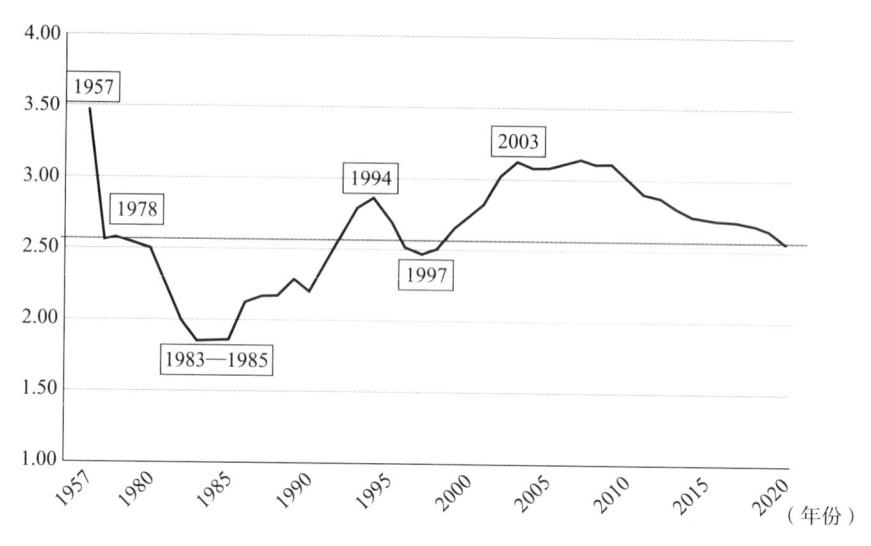

图 3-6　人均可支配收入（城镇 / 农村）

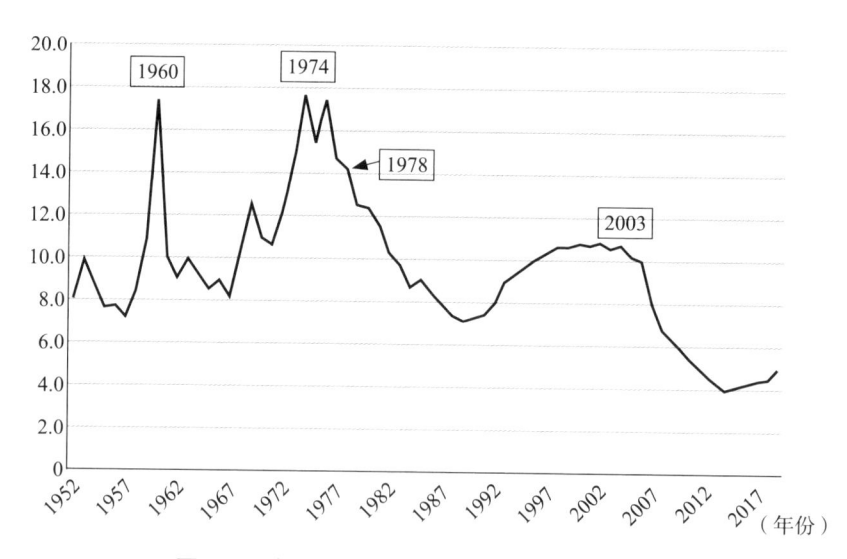

图 3-7　中国省级行政区人均 GDP 最大 / 最小

到了2019年这一数字降到了5倍，之前还有更低的时候。所以从人均GDP来看，改革开放以来，地区之间的差异不是在扩大，而是在缩小。

我用的另外一个指标是变异系数（图3-8），即人均GDP的标准差除以人均GDP。变异系数等于零意味着地区间没有差异，变异系数超过零越多差异越大。图3-8给我们的信息跟上文基本都是一样的。我们看到在1978年的时候地区人均GDP的变异系数是最高的，之后一直到1989年都在下降，然后上升，2002年又开始下降，最近两三年又有所上升。总体来讲，从人均GDP衡量的话，改革开放前地区之间的差异大于改革开放之后的差异。

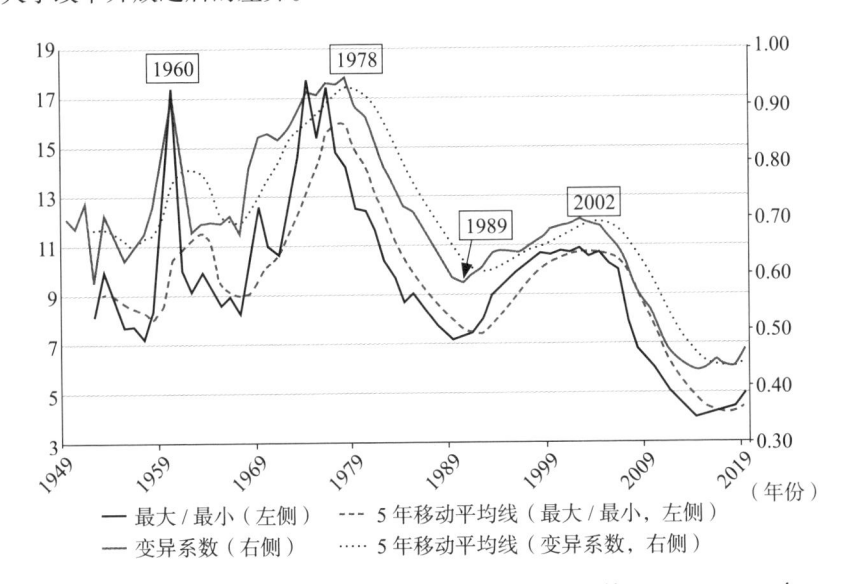

图3-8 人均GDP的地区间差距：最高/最低和变异系数：1949—2019年

当然，农村和城市有别。我们看到农村人均可支配收入的地区之间的差距也有下降、上升，但是到1993年之后基本呈现了下降趋势。城市的情况也类似，在1994年之后呈现出下降的趋势。

这里非常重要的就是，我们中国的地区差异更大程度上是农村之间的差距，而不是城市之间的差距，城市之间的地区收入差距比较小（图3-9）。这意味着民营企业发展和市场化带动的城市化本身就可以缩小地区之间的收入差距。我们前面看到的人均GDP差距的缩小很大程度上与城市人口比重的提高有关。城市人口占的比重越大，地区之间的差距越小，这个当然也与民营企业的贡献有关。

再谈一下基尼系数的问题。我们用来衡量一般的收入不平等都用这个系数，从全国看，大体来讲，改革开放之后，用基尼系数衡量的收入差距在扩大，大致到2010年左右开始下降，最近几年略有回升。

非常有意思的是，分开各地区来看，可以给我们提供很重要的信息。以2001年为例，图3-10中每个点代表一个省，意味着民营企业越发达、市场化程度越高的地方，收入分配的差距越小。

2013年的情况也类似，尽管相关度没有2000年高，但相关系数是负的，这在2017年的数据中也有体现。所以总的来说，市场化程度的提高和民营经济的发展，有助于减少这个地方的收入差距。

我们还有另外一个指标，即国家统计局提供的人均收入按照五档划分，收入最高的20%和收入最低的20%的可支配收入的比较。我们看到，市场化程度越高、民营经济越发达的地方，这个指标衡量的收入差距也变得越小。

同时，我还发现一个有意思的现象。我们一般认为财政支出用于再分配，所以应该是减少收入分配的差距。但是到目前为止，中国的情况并不乐观。我们看到2001年财政支出占GDP比重越高的地方，收入差距越大。2013年的情况也类似，直到2017年政府财政支出占GDP的比重才与这个地方基尼系数平均起来没有什么关系了。希望以后可以有进一步的改善，就是财政支出占比越高的地方，基尼系数越低越好。

最后讲一下收入的垂直流动性问题。对市场经济来说，最重要的

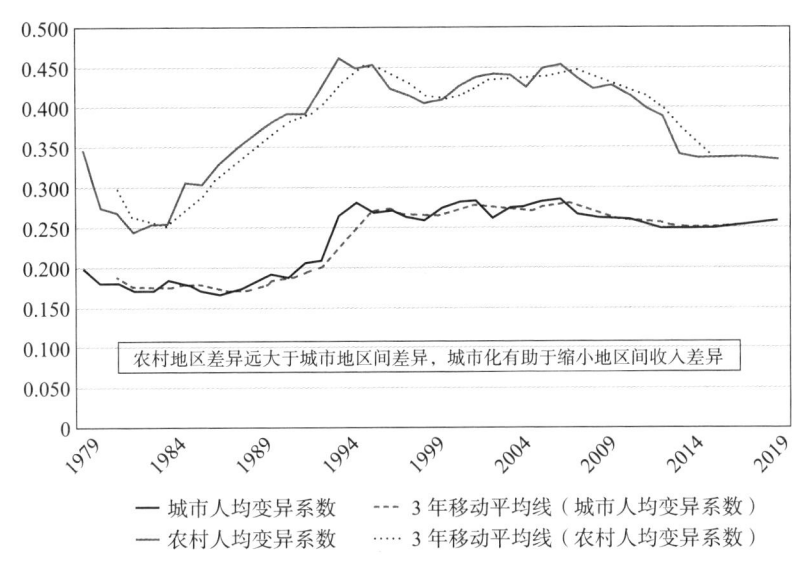

图 3-9 城乡变异系数比较

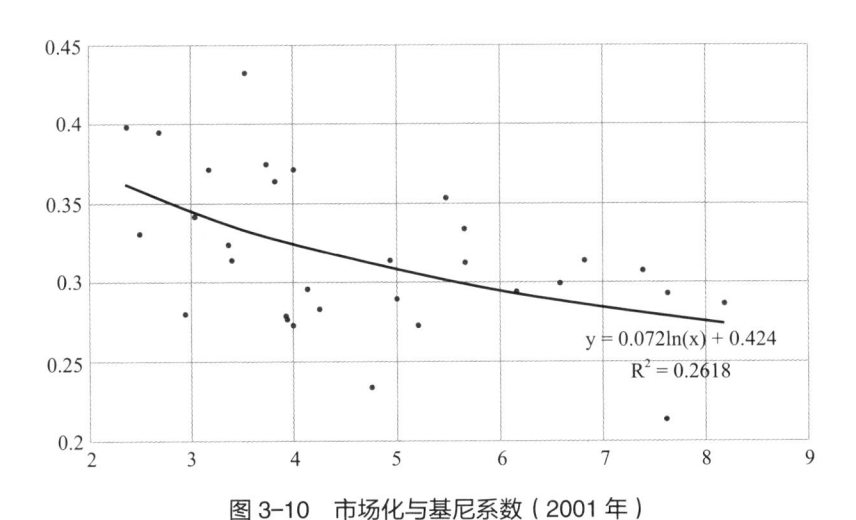

图 3-10 市场化与基尼系数（2001 年）

就是阶层流动，比如原来是低收入阶层后来变成了高收入阶层，或者反过来。

中国在这方面也取得了一些进步。根据斯坦福大学两位教授2006年发表的研究，我们可以看到1990年收入最高的那20%的人，只有44%在五年之后还在最高收入层，另外56%下降到其他收入层了，其中有5%进入了最低收入层。而1990年收入最低的那20%的人到了1995年的时候有不到一半仍然是最低收入阶层，超过一半的人进入其他收入层，其中有2.1%的人进入了最高收入群体。

据我所知，很多进入排行榜的富人，30年前是低收入者，有些甚至在20年前、10年前还是低收入者。再看富人榜上的排名变化，2010年胡润榜最富有的100人到2020年的时候只有30人还在榜上，其他70人已经不在榜上了。这意味着即使现在最富有的人，以后也会有很大的比例离开这个富有群体。我希望能够继续这样。

就像熊彼特那句话：市场经济下的富人俱乐部应该像住满了客人的酒店，总是有人出去有人进来，名字总在变化。

总的来说，为了实现共同富裕，中国必须大力发展民营经济，必须继续进行市场化改革。只有这样，我们才能不仅把蛋糕做大，而且使得蛋糕的分配更加合理、公平。当然我们还有很多其他的事情要做，但是我想最重要的是，要有更公平的竞争规则让我们的财富增加，而且在增加的过程当中有更好、更公平的合理分配。

以更公平的收入分配体系，推动中国经济增长[①]

蔡昉

（中国社会科学院国家高端智库首席专家）

中国人口趋势难以逆转，改革必须更加强调收入分配

研究中国的不平等现象，国外学者和企业家会十分关心两个问题。一是以共同富裕为目标的政策取向对中国来说是否恰当，二是未来15年中国经济如何才能实现合理的增长。

20世纪70年代末改革以来，中国经历了三个发展阶段，每个阶段的收入分配都有其特征。

第一阶段，实行中央计划经济的制度遗产是普遍贫穷。1978年，农村生活在贫困线以下的人口达2.5亿。当时中国的贫困线标准是年收入100元，这类人口已经处于极端贫困状态。计划经济体制的缺点之一在于奉行平均主义，缺乏激励措施，由此引发"铁饭碗"的问题。这一

[①] 本文为作者在CF40-PIIE中美青年圆桌第6期"如何分蛋糕：贫富差距和政策选择"上所做的主题演讲。

阶段增加激励措施，必然会拉大收入差距。但在这一阶段，收入差距并不是最受关注的问题，提高劳动者积极性和人民生活水平才是最迫切的任务。

第二阶段，中国经济快速增长，并体现二元经济发展特征。大量农村剩余劳动力向城市迁移，劳动力无限供应，靠人口红利推动了经济增长。这一阶段的中国经济具有包容性特征，尽管基尼系数提高，城乡收入差距也在扩大，但每个群体的收入都在增加。就业的扩大和农村人口向城市迁移，成为这一时期经济增长最主要的驱动力量。

第三阶段，中国人口结构趋于老龄化，农村人口向城市迁移的速度放缓，城市化速度减慢，经济增长速度随之减缓。这一时期，仅依靠劳动力市场或初次分配已经无法实现收入公平的目标。为解决新时期面临的新问题，必须部署更多种类的政策工具，加大再分配力度。

当前，中国面临两个最主要的问题。一是就实现"十四五"规划和2035年远景目标而言，逐年放缓的中国经济潜在增速是否可接受？答案是肯定的。根据10年前的估算结果，中国GDP的潜在增长率会不断放缓。而这10年的实践结果也证明，中国经济的实际增长确实在放缓，并且放缓的速度与GDP的潜在增长率一致。只要中国经济的实际增速和潜在增速保持一致，并且潜在增速明显高于世界平均水平，就可以实现上述规划目标。未来，中国经济增速终究要回归世界平均水平，但这种情况要到2050年才会出现。

二是需求侧能否继续为中国经济增长提供支撑？这取决于一系列因素。需求结构方面，2012年以来中国经济增长的三大需求因素，即净出口、资本形成和最终消费支撑了经济增长。但是以后呢？我们从最新变化来看：首先，中国第七次人口普查结果显示，2020年全国总生育率只有1.3，说明中国的人口变化是不可逆的；其次，2021年人口自然增长率仅为0.34‰，可以说人口数量已经接近峰值；再次，65岁及以上人口比例为14.2%。根据定义，如果一国的老年人口比例超过7%，即可被称为"老龄化社会"；如果老年人口比例超过14%，即可被称为"老龄社会"。由此可见，中国已经正式迈入"老龄社会"。

上述三个人口因素的变化会削弱需求，特别是消费。第一，人口总量效应。如果人口增长率为正，消费增长率也会为正。而在其他条件相同的情况下，如果人口增长率为负，消费增长也会遇到困难。第二，年龄结构效应。在这个问题上，中国的情况与发达国家不同。中国老年人口的消费能力和消费意愿都比较低，消费水平也不高。因此人口年龄结构变化会削弱消费。第三，收入分配效应。一方面，富裕人群收入增加，他们的消费水平不会有很大提升；另一方面，低收入人群收入不足，他们的消费需求会受到收入的限制。

由此可见，中国的人口转型趋势难以逆转，改善收入分配是应对消费收缩挑战的可行路径。20世纪30年代，贡纳尔·米尔达尔（Gunnar Myrdal）、梅纳德·凯恩斯（Maynard Keynes）和阿尔文·汉森（Alvin Hansen）都曾对人口、经济增长和收入分配之间的关系发表过重要著述，并得出了同样的政策建议：人口停滞呼唤新政策的出台，而这个新政策高度强调收入再分配问题。事实上，从那时以后瑞典、美国和英国都建立了福利国家。

中国即将跨越"中等收入陷阱"，需求将成为经济增长的关键制约

根据世界银行的标准，中国预计在2025年之前迈过高收入国家门槛，并在2035年成为中等发达国家。目前可以说，中国已经跨越了所

谓的"中等收入陷阱"。然而，新的挑战仍然严峻，需求因素在中国经济增长中将变得非常关键。

2021年，中国人均GDP超过12551美元，已经非常接近高收入国家的门槛。然而，即使统计上迈入高收入国家行列，中国经济也将面临很多挑战。这些挑战中最重要的是如何突破消费制约，根本途径是增加居民收入、改善收入分配和提高社会福利水平。

以德国经济学家阿道夫·瓦格纳（Adolph Wagner）命名的"瓦格纳法则"发现，随着居民人均收入增加，为满足人们对公共产品不断增长的需求，政府开支特别是社会福利开支将不断增加。这个法则曾得到许多经济学家的验证。我们从跨国数据可以观察到，在人均GDP从10000美元增长到23000美元的阶段，政府支出占国内生产总值的百分比上升最为迅速。所以这一时期可以被称为"瓦格纳加速期"。

根据经济发展目标，即从目前人均GDP超过10000美元提高到23000美元，中国已经进入"瓦格纳加速期"，这一时期将持续到2035年。在GDP总量、人均GDP今后呈现增速减缓态势的同时，中国将面临基础公共服务不足、收入分配不均的挑战。在此背景下，构建有中国特色的福利制度体系，是当前迫切且不可避免的任务。

构建有中国特色的福利制度体系，关键在于初次分配和再分配。这两个领域的诸多改革都可以为中国带来红利，同时解决收入分配问题，例如以人为核心的城市化改革。当前中国面临供给和需求两方面的挑战。供给侧的限制主要是劳动力短缺。许多人对中国经济持悲观态度，其中一个原因就是认为劳动力今后是负增长。需求侧的限制主要是认为消费将持续不振。这两个问题都可以通过缩小与更高收入国家在城市化水平上的差距，甚至消除这个差距来得到解决。

这里所说的差距包括两方面内容：一是常住人口城市化率上的差

距，二是常住人口城市化率和户籍人口城市化率之间的差距。后一差距意味着进城农民工尚未获得城市户口，当前这一差距高达18个百分点。消除上述差距，中国可获得可观的劳动力供给，并通过将其配置到非农业部门提高中国经济的潜在增长率。另一方面，通过将2.6亿农民工转化为拥有本地户口的城市居民，会大幅度扩大消费。根据OECD的估算，这将使农民工消费提高30%，是一个巨大的改革红利。

中国的劳动年龄人口在2010年达到顶峰，此后出现了严重的劳动力短缺问题。劳动力短缺不仅体现在数量方面，也体现在人力资本方面。随着新劳动力进入劳动力市场的速度减慢，人力资本的积累速度也放缓。另一方面，资本劳动比增加，导致投资回报率也在不断下降。这会带来两个影响，一是经济潜在增长率不断下降；二是中国失去劳动密集型产品的竞争优势，从而导致制造业比重不断下降。这可以解释为什么中国经济增速放缓后，出口增速也开始放缓，就是正在失去竞争优势和人口红利优势。

与此同时，中国还存在着数量巨大的中等收入人群，脱贫人口的数量也非常庞大。提升这部分群体的消费能力将创造出巨大的消费需求，这也是中国提出"双循环"战略的原因所在。从这个角度看，中国并非在切断与世界其他地区的联系，只是在挖掘自身的内需潜力。虽然当前阶段，中国正在失去以往的比较优势，但未来仍将获得新的动态竞争优势。在此之前，中国可能会更加关注国内市场。

总结来看，更公平的收入分配是经济增长的先决条件。只有收入分配更公平，经济效率才能得到保障。或者说，对当前经济面临的挑战来说，分好蛋糕是做大蛋糕的前提条件。

当前最迫切的改革是推动劳动力继续转移和加快市民化

要实质性推进改革，首先必须找出改革的红利所在。如果对中国收入不平等指数进行分解，可将其分为城市内部的收入不平等、农村内部的收入不平等和城乡之间的收入不平等三个部分。之前有很多研究发现，大约50%的收入不平等来自城乡差异。我们假设如今仍然如此。而新的研究表明，农村内部的收入不平等有所提高。这就意味着在剩余50%的收入差距因素中，来自农村内部的贡献较大，城市居民收入不平等的贡献相对小。

由此可见，不平等在很大程度上体现为城乡差距，根源是城乡之间在机会上的差距。具体来看，一是就业机会。对此，解决方案就是迁移和流动。农村人口迁移到城市劳动力市场，自然就能获得与城镇居民相对平等的就业机会。二是获得公共服务的机会，特别是教育机会。如果赋予劳动力自由迁移的权利，他们就可以选择获取更好教育的机会。因此，虽然很多改革都需要推进，但破除户籍障碍、倡导自由迁移可能是当前最迫切需要的改革。

如果城乡居民仍被户籍割裂，劳动力供应就无法稳定，劳动力短缺问题也就无法解决。中国从事农业生产的劳动人口占比要显著高于中上收入国家的平均水平。土地、户籍、社会福利等多方面的制度障碍导致农民无法从户籍上迁出农村。如果农村居民可以迁入城市，并拥有当地的户口，就有权享受基本公共服务，从而可以稳定居住下来。这样，非农业部门的劳动力供应将得到保障，劳动力成本将不再快速增加，资本对劳动力的替代速度也会放缓，这无疑可以改善潜在增长率。诚然，城市内部的行业之间、人群之间也存在不平等现象，特别垄断部门或企业更容易获得高技术等有利条件。这会导致职工收入差距，中国也正在努力解决这方面的问题，核心手段是提低、扩中、调高。

关于户籍制度改革以何种规模的城市为重点的问题。因为中国城市数量很多，总数接近700个，如果中国希望在城市里安置农民工，可以考虑从一般的大城市和中等城市入手，而非选择北京、上海、广州、深圳这类一线城市。其实大城市并不仅指这几个特大城市，人口超过200万的大城市有68个。当然，规模较小的县级市因为就业机会不多，暂时也缺乏吸引力。为数众多、有一定生产力且没有人口过度拥挤压力的普通大城市和中等城市是更合适的选择。最终，这类城市的人口也会向超大型城市和小城市迁移，这样城市化的净收益才会超过社会成本。

关于农村家庭如何从土地取得收益的问题。我赞成让农民获得土地财产收入。关键问题是不同的土地如何处置。中国农村存在三种性质的土地：一是集体建设用地，需由当地村民自治组织和农民集体决定如何使用，比如用于合资企业投资。二是耕地。耕地的所有权、承包经营权和使用权是分离的，土地由村民集体所有，这一点不可改变；同时每个家庭都承包了责任田，农民有权从土地获取收益，比如出租或转包给邻居甚至是外来投资者，前提是不可改变耕地用途，必须用来种植农作物，从事农业生产。三是宅基地。目前中国正就农村宅基地改革进行试点。未来，农民可能有望从宅基地获取一定的财产性收入。

关于数字经济"非正规就业"的问题。目前，数字经济部门就业人口尚缺乏准确的统计数据。很多人可能并非从事数字化工作，而只是任职于网络平台和数字化技术所创造的非正式部门，最具代表性的就是"外卖小哥"。这些送货人员的工资远高于他们父辈在厂里工作的薪资，从业者数量增长较快，但目前仍不能代表全部农民工。而且外卖送餐行业的工作年限一般较短，随着年龄增长，他们可能不再会从事这份工作。虽然灵活就业并不代表非正规的工作，但在中国，灵活就业者的工作往往是非正规的，表现为就业和收入不稳定以及缺乏必要的社会保险。对此，必须促进这类工作的"正规化"，不断扩大社会保险的覆盖范围。

此外，疫情无疑加剧了不平等现象。在 2022 年 12 月之前，白领工作者可以远程办公，关键岗位的工人必须前往工作场所，而大量的服务业人员却因工作场所被关闭而被迫停工。关于疫情应对策略，需要进行"反事实实验"（counterfactual）。由于缺乏对照组，我们无法对疫情应对策略进行比较和评估，但我相信中国经济可以反弹，虽然难免会有波动。同时，任何策略也都有实施效力的问题，我们可以不断提高治理能力和政策效力。

第四章

中国式现代化与高水平市场经济体制

中国式现代化的产业体系和市场体制[1]

黄奇帆

(中国金融四十人论坛学术顾问,重庆市原市长)

坚持以实体经济为重心,加快建设现代化产业体系

党的二十大强调,要坚持把发展经济的着力点放在实体经济上,推进新型工业化,加快建设制造强国、质量强国、航天强国、交通强国、网络强国、数字中国。因为制造业是工业的躯干、经济的基础、民生的保障,制造业的高质量发展是我国构建现代化产业体系的关键一环。

与发达国家相比较,中国制造业发展存在两个突出问题。一方面,中国制造业增加值占 GDP 的比重自 2011 年以来出现了较大幅度的回落。根据世界银行的数据,中国的制造业增加值占 GDP 比重在 2006 年时达到 32.5% 的峰值,并且自 2011 年开始逐年降低,2020 年降到 26.3%,9 年时间下降了 5.8 个百分点。全球主要工业国家如美、德、日、法、

---

[1] 本文整理自作者于 2022 年底发表的两次讲话,原题分别为《加快建设以实体经济为重心的现代化产业体系》《构建完善成熟的高水平社会主义市场经济体制》。

意、英、韩等，制造业比重出现明显下降的趋势，都是在迈入发达国家、高收入国家行列之后发生的。与这些发达国家相比，我国制造业比重从达峰到下滑，幅度明显更大，速度明显更快。另一方面，与国际先进水平比较，中国制造业在品种和质量上还存在多方面不足。主要体现在四个方面。一是高端高质产品不足。很多产品属于低端低质，在性能、可靠性、寿命、良品率方面与国际先进水平差距较大，往往处于价值链的低端环节。二是同质化竞争严重，细分市场的开发不足。同一制造业门类从业企业数量众多，但缺乏专业化基础上的分工协作，容易陷入同质竞争。一旦哪个行业处于风口，大量制造业企业往往一拥而上，搞低水平重复，最后形成恶性竞争、产能过剩。三是关键技术被"卡脖子"。制造业许多关键环节中的核心技术我们没有掌握、受制于人，很多产业链容易被人一剑封喉。四是缺乏引领国际的高端品牌。中国的制造业体系存在大量的低端加工，缺少高端品牌以及相应的市场渠道优势。一个品牌往往需要十几年时间的专一专精才能得到市场认可，建立起畅通有效的营销渠道，而中国每年创立上千万家企业，很大一部分都在五年内倒闭或者转行了。数据表明，美国中小企业的平均寿命是 8 年，日本是 12 年。相比之下，中国中小企业的平均生命周期只有 3 年，自然难以建立起品牌效应。

"十四五"规划纲要明确提出，深入实施制造强国战略，保持制造业比重基本稳定，推动制造业高质量发展。从经济发展规律来看，有以下四个方面的基本判断：一是国家在经济发展迈向发达国家的过程中，制造业占比会逐步下降，但不宜下降得过快过早，至少应该等到整个国家人均 GDP 超过 1.5 万美元后再逐步下降。中国的经济发展水平还没有达到这一标准就出现了制造业比重下降的现象，接下来要着力延缓下降的趋势。二是相对于中国的国情而言，制造业占比不宜过低。无论如何制造业比重在 2035 年前不能低于 25%，在 2050 年前不能低于 20%。再加上 10% 左右的采矿业、电热气水和建筑业，整个第二产业在 2035 年前应该保持在 35% 以上，在 2050 年前保持在 30% 以上，不能走美国等国家第二产业占 GDP 的比重不足 18% 的极端。三是在制造业占 GDP 比重达峰并开始逐渐下降时，为保持工业发展的势头，务必加大研发投入，使创新能力成为工业制造业的第一动力。就一个国家和地区来说，保持研发投入超过制造业产值的 3%~4%，保持"从 0 到 1"基础研究创新投入占总研发投入的 20% 以上，保持制造业创新领先的独角兽企业占资本市场市值的 30% 以上，是制造强国的标志现象。四是制造业高质量发展伴随着一定比例的生产性服务业，在制造业占 GDP 比重逐渐下降过程中，与制造业有关的生产性服务业占服务业增加值的比重逐渐增大到 50%~60%。当这四方面条件都满足后，以"制造业＋采矿业＋建筑业＋生产性服务业"为主要组成部分的实体经济增加值占 GDP 的比重将达到 65% 左右。这个时候，中国从制造大国转变为制造强国就有了坚实的基础，中国的经济总量也将在制造业高质量发展的过程中走向全球第一。

现代化产业体系除了要"稳定"制造业增加值在 GDP 中的比重，还要积极"进取"。只有进有所取、进有所成，才能从根本上摆脱我们现在在一些领域受制于人的境地。为此，我们要在产业链、供应链等产业组织层面有新的迭代升级，有更高质量的产业体系才能在新一轮科技革命和产业变革中占据主动，才能发挥中国作为最大规模单一市场、内外循环相互促进的优势。为此，我们未来要在以下五个方面努力实现新进展、新突破。

一是要以产业链招商打造产业链集群。要从过去招商引资就项目论项目的"点招商"模式向"产业链招商"模式转变，打造空间上高度集聚、上下游紧密协同、供应链集约高效、规模达万亿元级的战略新兴产业链集群。从此次疫情的应对看，那些产业链相对完整、产业集群自成体系的地方，恢复起来要比那些两头在外、高度依赖国际供应链的地方要快、要好。这种集群化生产模式降低了从全球采购零部件所带来的风险，在疫情时期更突出显现了其竞争力。要努力推动形成三种集群。一种是制造业上中下游的集群。比如说汽车产业，一辆汽车有上万个零部件，要形成支柱，就要把上中下游原材料、零部件产业、各种模组的百分之七八十都实现本地化生产。另一种是促使同类产品、同类企业扎堆形成集群。当几个同类大企业在同一个地方落地后，那么上游的原材料、零部件配套产业既可为这家龙头企业服务，也可为那家企业服务。这就有条件把同类产品、同类企业扎堆落户，形成集群。最后一种是促进生产性服务业和制造业形成集群。新产品开发过程中，会有很多从事研发、设计、科技成果转化服务、知识产权应用等生产性服务业企业为之配套，这就涉及创新链条的延伸。有条件的地方应该积极创造条件，促进此三类集群。

二是要进一步扩大开放，加快补链、扩链、强链。要围绕战略性新兴产业，通过更高水平的开放，实施"补链""扩链""强链"行动计划，实现更高层次的水平分工、垂直整合。针对我国相对薄弱的物流、保险、工业设计、金融科技、数字经济等生产性服务业加大力度吸引优势外资进入，补齐供应链的短板，即"补链"；或利用业已形成的贸易关系，将产业链上下游优势企业导入，形成产业链高度集成的新布局，即"扩链"；或推动现有优势企业向微笑曲线两端延伸，提升我国企业在全球价值链中的位势，即"强链"。推动补链、扩链、强链同样是为了形成更高水平的产业链集群。这种产业链集群在国外需求依旧疲软的时候可以通过努力营造以当地需求、国内需求为拉动的内循环，保证产业链集群的健康发展；当国外市场复苏的时候，进一步加强国际合作，扩大产业集群规模，提高发展质量，通过加强区域产业链合作带动全球产业链的大循环。这既有助于我们防范和应对类似新冠肺炎疫情这种因天灾导致的全球"断链"风险，又因为产业链集群本身形成了巨大市场份额，可以有效阻遏未来在某些关键领域被人"卡脖子"的风险。

三是要培育并形成一批既能组织上中下游产业链水平分工，又能实现垂直整合的制造业龙头企业。中国制造业门类齐全，实际上在全世界形成了一个十分突出的产业能力——对复杂产品的组装能力。这类高技术的复杂产品的总装厂固然仍停留于微笑曲线的中间，与掌握着"三链"的跨国公司相比，我们所在的中间环节的增加值不高。但也不要小瞧了这一能力，因为它是成百上千的企业组成的产业链上的龙头企业。这一能力的背后是对企业管理水平、供应链组织能力的集成，也是我们不可多得的一大优势。这种能力的形成一方面与"产地销"和"销地产"模式分不开，另一方面与中国的基础设施水平、产业配套能力、高素质的熟练工人队伍以及日益精进的科研开发能力是分不开的。过去跨国公司在中国建了不少合资的汽车主机厂、手机组装厂、笔电家电组装厂。经过几十年的改革开放，很多内资企业已经学会了这种大规模制造和管理能力，为我们培养自己的"富士康"，培育新时代的制造业龙头企业打下了基础。

四是要培育中国自己的生态主导型的"链主"企业。微软公司、谷歌公司、苹果公司是生态主导型企业的典型例子。以苹果公司为例，它已经是一个"无部件制造商"，是一个以其知识产权为基础组织全球价值链的特殊商业组织。苹果公司不直接生产苹果手机，却凭借其拥有的专利、商标、版权、品牌、产品设计、软件、数据库等在生产前和生产后组织、管理和经营着全球产业链的标准、供应链的纽带和价值链的枢纽，主导着整个苹果产品的"生态圈"。当前，中国在部分领域已有此类企业出现，比如华为。我们要倍加珍惜。一是要用中国大市场为这类企业推广其应用、迭代其技术提供强有力的支持。二是鼓励这类企业树立全球视野，植入全球化基因，通过搭建国际交流、项目合作和市场开拓平台，帮助这类企业在全球开展知识产权、行业标准的布局。三是强化知识产权保护。生态主导型的"链头"企业的共性特征是在底层技术上形成自主知识产权。支持此类企业发展壮大，强化其知识产权保护就是从根上对其竞争力形成有效保护，这方面需要持续加强。

五是谋划和布局一批符合未来产业变革方向的整机产品。这是新一轮产业变革制高点。产业链集群化真正的主战场在于一些世界性的、具有万亿美元级别市场规模的耐用消费品。事实上，全世界每隔20~30年就会有四到五种有代表性的耐用消费品进入千家万户，成为风靡一时的消费主流，不管在中国还是亚洲其他地区，还是在欧洲、美国都是如此。比如1950—1970年是手表、自行车、缝纫机、收音机等；1980—1990年是空调、电视机、冰箱、洗衣机等；21世纪以来的二十年是手机、笔记本电脑、液晶电视、汽车等。这些产品的市场规模往往超过万亿美元级，哪个国家、哪个城市能够把这些产业发展起来，就会在国际竞争中走在前列。当下，就应该抢抓未来的"四大件""五大件"。"十四五"规划纲要提出"从符合未来产业变革方向的整机产品入手打造战略性全局性产业链"就是这个意思。今后二三十年，能够形成万亿美元级别市场的"五大件"大体上包括以下五种：一是无人驾驶的新能源汽车，二是家用机器人，三是头戴式的AR/VR眼镜或头盔，四是柔性显示屏，五是3D打印设备。要积极进行前瞻性布局主动出击，围绕这些重点产业形成一批具有全球竞争力的产业链集群。

总之，建设以实体经济为重心的现代化产业体系需要"稳中求进"，不仅能构建中国本土的更具韧性和竞争力的产业链体系，而且还有一批能在全球布局产业链、供应链的龙头企业和链头企业。这是我们统筹发展与安全的根本之道。

全面深化改革，构建高水平社会主义市场经济体制

二十大报告强调，要构建高水平社会主义市场经济体制。什么是高水平？我理解，核心是要处理好政府与市场的关系、国有与民营的关系两类问题，进而放大中国作为超大规模单一市场的优势和红利。

首先，处理好政府与市场的关系。党的十八届三中全会就明确了"使市场在资源配置中起决定性作用和更好发挥政府作用"，二十大对此再次强调。新征程上，我们要围绕这两句话继续深化改革。

在充分发挥市场在资源配置中的决定性作用方面，中国的市场经济是由计划经济转型而来，虽然经过多年的改革开放，市场经济已经渗透到经济生活的方方面面，但仍有不少亟待完善的地方。十八届三中全会就提出要使市场在资源配置中起决定性作用，二十大对此再次做出强调，并加了"充分"两字。那么，这个"充分"和"决定性作用"如何体现？我认为，着重体现为二十大报告中的两句话："构建全国统一大市场，深化要素市场化改革，建设高标准市场体系""完善产权保护、市场准入、公平竞争、社会信用等市场经济基础制度"。事实上，围绕这些内容，近年来党中央都有重磅文件发布。其中，深化要素市场化改革，重在破除阻碍土地、劳动力、资本、技术和数据等要素自由流动的体制机制障碍，扩大要素市场化配置范围，健全要素市场体系，推进要素市场制度建设，实现要素价格市场决定、流动自主有序、配置高效公平。

构建全国统一大市场重在强化市场基础制度规则统一、推进市场设施高标准连通、打造统一的要素和资源市场、推进商品和服务市场高水平统一、推进市场监管公平统一、进一步规范不当市场竞争和市场干预行为等。要通过这些市场基础制度的完善，进一步持续推动国内市场高效畅通和规模拓展，加快营造稳定、公平、透明、可预期的营商环境，进一步降低市场交易成本，促进科技创新和产业升级，培育参与国际竞争合作新优势，进而在更高起点、更高层次、更高目标上推进经济体制改革及其他各方面体制改革，构建更加系统、完备、成熟、定型的高水平社会主义市场经济体制。

在更好发挥政府作用方面，二十大报告针对"更好发挥政府作用"着墨不少。习近平总书记指出："在社会主义条件下发展市场经济，是我们党的一个伟大创举。"[1] 我理解，这个创举不仅是将社会主义的价值要求与市场经济的机制有机结合起来，更是对政府角色的自我革命。社会主义市场经济条件下，政府不是自由放任的市场经济中的"守夜人"，而是要在维护市场、弥补市场、发展市场方面有所作为，以有为政府促进形成高效市场。经过多年的改革，我国政府在健全宏观调控、制定发展规划、促进区域协同等方面已经取得了很好的经验。未来要建设现代化国家，还有很多重要的工作要做。比如二十大报告中重点提及的"建设现代中央银行制度，加强和完善现代金融监管"就是很重要的一个方面。要建设现代中央银行制度，核心是要进一步健全人民币发行机制，确立人民币自己的锚。这涉及理顺财政与央行的关系，建立与大国金融、强国金融相匹配的国债发行机制，构建更加平滑可靠的国债收益率曲线。

---

[1] 《从"效"字看更好处理政府和市场关系——习近平经济思想的生动实践述评之三》，参见：https://www.xuexi.cn/lgpage/detail/index.html?id=6234751081844682689。——编者注

此外，随着现代科技的广泛应用，金融业态、风险形态、传导路径和安全边界都发生重大变化，需要进一步强化金融稳定保障体系，守住不发生系统性金融风险底线；继续深化金融供给侧结构性改革，更好引导各类金融资源服务实体经济；等等。

其次，要处理好国有与民营的关系。二十大报告再次强调了两个"毫不动摇"：毫不动摇巩固和发展公有制经济，毫不动摇鼓励、支持、引导非公有制经济。这里面有一个认识问题，两个操作问题。

关于不同经济成分的比重问题。从1980年到2010年，非公经济产生的增加值占GDP的比重由18%持续增长到60%左右，非公经济对国民经济的贡献被概括为"56789"。但自2010年到现在，非公经济增加值占GDP的比重一直徘徊在60%左右，为什么不再往上涨呢？这里面有个基本的逻辑。任何经济体的增加值按照活动主体可以分为政府行为产生的增加值和市场主体的经营活动产生的增加值。而市场主体又可分为公有制主体和非公主体，所以有公有制经济和非公经济。一般情况下，政府的税收占GDP的比重在20%左右，这些税收经过政府支出后形成了占GDP总量15%左右的增加值，因此市场主体的活动产生的增加值大约在85%。在中国，非公主体产生的GDP目前大致占60%。同时，中国是社会主义国家，毫不动摇巩固和发展公有制经济意味着公有制企业产生的增加值也要在GDP中占有一定的比重。改革开放以来，我国公有制企业产生的增加值占GDP的比重在持续下降，但不可能无限制地降下去、降没了，目前大致在25%，比较合理。这样大致形成了政府、非公主体、公有制主体三类经济主体的经济贡献所占比例为15∶60∶25的格局。以后随着经济活动的波动，非公主体的经济贡献可能会到65%，但不会到70%甚至更高。当然，对于个别省份如广东、浙江等，非公经济比重大一点无可厚非，因为央企的经济增加值统计不在地方在中央。对于社会整体来说,"56789"不仅描述了非公经济的贡献,也是对中国社会主义市场经济特征的准确刻画;"15:25:60"的比例不仅是合理的,也是稳定的。这样,政府和公有制企业的经济贡献加起来占40%,可以起到有效调节经济运行的作用,非公有制企业经济贡献占60%则有利于保持经济活力、涵养就业、促进创新等。

关于鼓励、支持和引导非公经济发展。企业家愿不愿意扩大再生产、愿不愿意从事创新性的冒险活动,与其对经济的预期、市场竞争是否公平、产权是否得到有效保护有关。判断民营企业投资积极性有一个核心指标,就是全部民企的净资产增长率。每年有多少企业利润未经分配,留存下来成为净资产,有多少社会股权资本注入实体产业。如果一个地方每年的民企仅仅是总资产在增加,净资产不增加,则说明其负债在增加,经济杠杆率在增加,有可能产生泡沫。如果全社会企业有利润但净资产在减少,就说明有更多的企业在亏损,或者是有企业在转移资产。此前,广大民营企业受疫情冲击最为严重,最为关键的是要采取措施稳定民营企业家的信心,营造中国经济长期向好的预期。而关键之关键在于落实好总书记于2018年在民营企业座谈会上提出的六条要求:一要切实减轻企业税费负担;二要采取措施解决民营企业融资难融资贵的问题;三要营造公平的竞争环境,特别是鼓励民营企业参与国有企业改革;四要完善政策执行方式,将"加强产权保护"落到实处;五要构建亲清新型政商关系;六要保护企业家人身和财产安全。[①] 落实了这六条,海量的民间资本一定会再次活跃起来。

关于推动国有经济布局优化和结构调整。二十大对此再次强调,这方面的关键是做强、做优、做大国有资本投资、运营公司。特别是国有

---

① 《营造民营经济更好发展环境,总书记提六方面"要"》,参见:http://www.xinhuanet.com/politics/xxjxs/2018-11/02/c_1123652207.htm。——编者注

资本运营公司，做好了既可以盘活天量的国有资本，又可以"四两拨千斤"地撬动社会资本，发展混合所有制经济，为整体经济赋能。2021年，我国企业国有资本权益（中央加地方）总额为86.9万亿元，99%的股权资本是工商产业型资本投资公司的资本，总资本回报率和全要素生产率都不高。建议从现有产业型国有资本投资公司总盘子中划转出价值10万亿元左右的股权资产来组建若干个国有资本运营公司，让这些运营公司像新加坡淡马锡公司或美国巴菲特的投资公司，或者像私募基金那样专注另类投资、股权投资，根据被投资企业的效益来决定进退，再与资本市场结合起来，国有资本就盘活了。如果这10万亿元的投资能实现年化回报10%，每年就会有上万亿元的收益，可以为国家安全、公共服务等需要国有资本进入的领域提供持续稳定的资金来源，而不用增加财政负担。从工商产业类退出的10万亿元资本可以为民营经济腾出20多万亿元工业、商业、产业类市场空间，进一步鼓励并推动民营经济发展，从而打通国有经济与民营经济的资金循环，有利于推动混合所有制改革、激活经济全局。二十大强调"开辟发展新领域新赛道，不断塑造发展新动能新优势"，在当前绿色革命的大背景下，我国清洁能源产业蓬勃发展，其中必将出现几个生态主导型的企业和几百甚至几千家独角兽企业。对这些企业，我们要吸收上一轮互联网浪潮中我国企业被外资投资控制的教训，以国有资本运营公司为依托，主动去培育这些潜在的独角兽，分享产业发展红利。

这两件事做好了，中国经济将在劳动力红利之后迎来一个新的红利——超大规模单一市场所产生的红利，即市场红利。就规模而言，中国人口有约14亿，占全球总人口的比例接近20%。西欧最发达的德国、法国、英国，人口都在6000万~8000万，只占全球人口总量的1%左右，加上日本1.26亿人、美国3.3亿人，这些高收入国家的总人口也就是12.15亿人，而中国一个国家就有14亿人，对于全球供需格局的影响比这些高收入国家还大。就市场结构而言，中国是个单一的大市场。单一市场是指法律体系统一、税务体系统一、商业规则统一、语言文化统一的市场。中国就是典型的单一市场，遵守的是一个法律体系，汉族人口在中国民族结构中占主体地位，占中国总人口的91.11%，各民族和谐稳定均衡发展，汉语作为官方语言全国通用，商业规则、市场环境是大体一致的。这跟印度碎片式市场和欧盟的散装式市场是不一样的。[①]就工业基础而言，中国是全要素、全门类、全产业链集成的经济体。这三者叠加在一起将产生三方面的红利。

第一，"规模经济"效应。进入中国市场的制造业，一旦规模上去了，就能够大幅摊薄六项成本。一是研发成本，随着产品产量的增加，均摊到每一件产品上的科研成本就会大幅下降，企业也就能投入更多资金进行原始创新、科研开发。二是固定资产投资成本，生产制造需

---

① 印度说起来是一个拥有约14亿人口的大国，但实际上可以说是一个碎片化的"散装"市场。印度是一个由28个邦、6个联邦属地和1个国家首都辖区构成的联邦制国家，每个邦拥有较大自治权，在宪法之外还有各自的法律体系和商业规则，各邦之间要素、商品的流动面临重重壁垒；印度有100多个生活习惯各不相同的民族，其中人数最多的印度斯坦族也仅占总人口的46%；印度的宗教信仰种类繁多，包括印度教、伊斯兰教、锡克教、天主教、佛教等，各个宗教之间关系错综复杂；印度还通用多种语言，仅官方通用语言就多达22种，有121种语言的使用人口都在1万人以上。此外，印度还残存着等级森严的种姓制度，将人分为五等，不同等级的人群之间也不是统一的市场。可以说，印度是由20多个大大小小的"散装"市场构成的。再如欧盟，尽管欧盟国家之间人员商品流动是自由的，在欧盟层面上受同一套法律体系的约束，但是欧盟26个国家都有各自的宪法以及配套的法律体系。此外欧盟一共有23种官方语言，语言也不统一，比如德语是欧盟使用最广泛的语言，德语区分布在德国、奥地利、列支敦士登、瑞士等多个国家。跨国公司每进入一个市场都要重新进行开拓，会带来额外的成本，而单一市场意味着一家企业如果探索形成了行之有效的商业模式，就可以在不进行大量额外投入的情况下对整个市场进行平移复制，相比一个个碎片化的散装市场能够大幅提升效率、降低成本。

要投入厂房、生产线、设备等固定资产,产量规模越大单位成本就越低。三是采购成本,无论是商品、材料、部件,采购的数量越大,打折降价的系数越大,采购成本也就越低。四是人力成本,一旦形成规模效应,劳动力成本也会被摊薄。① 五是物流成本,包括运输、仓储、中转、装卸等环节的单位费用都会随着规模增长而摊薄。六是市场开拓成本,通常来说,企业每进入一个新市场都要进行相应的市场调研、用户分析、产品定位、渠道拓展等,而中国本身是一个单一市场,同一套策略、同一种产品就可以在全国范围内推广,大大降低了市场开拓费用。一般来说,规模经济可以影响整个制造业成本的 30%~40%,一旦达到了充分的规模,就可以把价格压低 30%~40%,以价格优势打败国外竞争对手。

第二,"引力场"效应。这种"引力场"主要体现在几个方面:一是从需求的角度看,超大规模市场意味着超大规模的本国消费市场和超大规模的进口贸易量。从本土消费看,2021 年中国消费品零售总额为 68328.71 亿美元,美国为 74173.44 亿美元,中国的消费品零售总额已相当于美国的 92.12%,将在不久的将来超过美国。从进口贸易看,中国未来 10 年累计商品进口额有望超过 22 万亿美元,服务进口总额将达 5 万亿美元,两者加起来超过 27 万亿美元,这个巨大的蛋糕吸引着全球跨国公司到中国开拓市场。二是从生产角度看,超大规模市场意味着市场分工可以更加深化,全产业链各环节之间,甚至各工序之间都可

---

① 人们常常有一个传统观念,就是中国制造业的核心竞争力就在于劳动力成本低廉。但实际上劳动力成本在制造业总成本中的占比一般在 10%~15%,劳动力成本只能影响总成本几个百分点。尽管劳动力成本在部分劳动密集型产品的加工中可能会占到 40% 左右,但是在大部分的装备工业、耐用消费品工业和重工业等制造业中,因为原材料成本较高,厂房、设备等固定资产投资较重,劳动力成本的比重并不很高。

以通过分工和专业化形成相互嵌套、相互共生的产业链集群。一旦某个或某几个链主企业落户在某地，就会带动产业上下游企业跟着落户。因为市场规模足够大，哪怕是做普通的纽扣、打火机都可以形成规模化配套能力。这也是中国有很多"块状经济""产业集群"的重要原因。三是从时间角度看，超大规模市场意味着供给和需求互促共生现象将会十分显著。不仅需求端在不断地更新升级，吸引着越来越多的市场主体去"供给"，而且由于作为供给端的生产本身具有"学习效应"，将会带来越来越多的创新产品，也就是说"供给"也在创造"需求"。二者互相促进，相互吸引。

第三，"大海效应"。习近平主席在首届中国国际进口博览会开幕式上发表的重要讲话指出："中国经济是一片大海，而不是一个小池塘。大海有风平浪静之时，也有风狂雨骤之时……狂风骤雨可以掀翻小池塘，但不能掀翻大海。"[①] 主席讲的这个"大海"，就是指中国经济的超大规模。一方面，与小国经济不同，在面临外部冲击时，超大规模市场可以让本国经济具有更大的内循环余地，具有更强的抵御外部风险的能力。一般的"狂风骤雨"无法掀翻这个"大海"。我们之所以能经受住亚洲金融危机、2008年全球金融危机皆源于此。另一方面，超大规模市场意味着产业发展、区域发展的差异性可以从一定程度上起到减少冲击影响的效果，局部的内部冲击不易在全国形成共振效应。部分行业、部分区域发展面临困境，并不对宏观经济总体稳定产生巨大冲击。[②] 这一条已经在疫情防控期间得到充分验证了。对企业来讲，对基本面的预期十分重要。中国经济的超大规模决定了其如"大海"般

[①] 参见：http://china.nmgnews.com.cn/system/2018/11/05/012595169.shtml。——编者注
[②] 参见毛有佳、赵昌文，"充分发挥超大规模市场优势"，载于《经济日报》2021年8月18日。

稳定。

以上这三种效应是中国超大规模单一市场所带来的，是中国发展到如今这个阶段自然产生的新红利，也是中国式现代化作为人口规模巨大的现代化所蕴含的自然逻辑。

"全国统一大市场"有什么用？[1]

赵波[1] 周安吉[2]

（1.北京大学国家发展研究院经济学长聘副教授
2.北京大学国家发展研究院本科生）

2022年4月10日，国务院提出《中共中央 国务院关于加快建设全国统一大市场的意见》（下称《意见》），引起全社会的关注。"全国统一大市场"首次出现于2021年12月17日中央全面深化改革委员会审议通过的《关于加快建设全国统一大市场的意见》的文件中，后又于2022年3月5日在第十三届全国人民代表大会第五次会议上的《政府工作报告》中被提及。

如何进一步提高市场效率？

我国社会主义市场经济体制的基本特征就是市场在资源配置中起决定性作用。近年来中国的经济增速放缓，为了畅通大循环、构建新发展格局，根本上需要通过进一步提高市场效率促进经济增长。《意见》从

---

[1] 本文于2022年4月18日发表于网易研究局（同年7月更名为网易财经智库）。

七个方面提出了提高市场效率的措施。

第一，强化市场基础性制度：保护产权、平等准入、公平竞争、健全信用体系。

第二，建设高标准市场基础设施：加强物流基础设施数字化建设、统一产权交易信息发布、整合公共资源交易平台。

第三，统一资源和要素市场：加快建设统一的城乡土地和劳动力市场、资本市场、技术和数据市场、能源市场、生态环境市场。

第四，提升商品和服务质量标准：健全商品质量体系、完善标准和计量体系、提升消费服务质量。

第五，推进市场监管公平统一：健全监管规则、加强监管执法。

第六，规范不当竞争和市场干预：反垄断、反不当竞争、破除地方保护和区域壁垒、废除不平等进入和退出、清理招标和采购的不当做法。

第七，提供组织保障：坚持党的领导、完善激励约束机制、优先推进区域协作、建立部门协调机制。

市场和政府的职能如何分工？

《意见》指出，处理好政府和市场的关系，使市场在资源配置中起决定性作用，更好发挥政府作用，即"有效市场，有为政府"。政府通过"有为"来减少市场中不完善的地方和扭曲，从而实现市场的"有效"。

具体来说，提高效率的七个方面的措施中，前两条指出了政府可以从哪些方面完善市场经济制度的建设；而第三条则从要素市场的角度提出提高效率的手段；后四条提出了政府如何对于市场经济活动进行监管。上述七个方面覆盖了生产的各个环节，较为全面地概括了有为政府在市场经济中的作用。

基础制度对于市场的重要性

制度是市场经济高效运行的基础，是经济增长的重要动力之一。完善的制度有助于降低交易费用和执法成本，提高市场配置资源的效率。

首先以产权保护为例，2021年开始施行的《中华人民共和国民法典》明确物的归属和利用产生的民事关系，提出国家"保障一切市场主体的平等法律地位和发展权利"。但操作过程中，产权保护实践上仍然具有"重公有、轻私有"的现象，因此《意见》提出进一步完善依法平等保护各种所有制经济产权的制度体系。以近年来国内外高度关注的知识产权保护问题为例，我国着力解决执法标准统一性问题，实现知识产权案件跨区域管辖，解决利益纠纷，在北京、上海等地陆续设立知识产权法庭，体现了解决知识产权司法诉讼与仲裁问题的尝试。

再以市场基础设施建设为例，实现全国统一大市场，促进商品在全国各省的流动，从外生交易费用的角度来看，需要降低物资运输的"冰山成本"，如直接物流成本、运输时间成本、货物运输损失成本等。根据中国物流与采购联合会的数据，2021年，我国累计物流总费用达到16.7万亿元人民币，占我国全年GDP的14.6%，距离我国12%的目标还有一定距离。对此，《意见》指出"推动国家物流枢纽网络建设""促进全社会物流降本增效""完善国家综合立体交通网"，通过促进物流企业的供给端增效及国家交通系统等基础设施的完善，进一步降低商品流通成本，实现市场的高效衔接。而这一理念早在2018年两部门印发的《国家物流枢纽布局和建设规划》中便已有相关部署，可以说这一政策目标对于有关企业并不陌生。

统一资源和要素市场的重要性

市场经济体制下，要素价格反映了其稀缺性和对于生产的贡献，让市场作为配置资源的基础，利用"看不见的手"吸引生产要素配置在最需要的企业、行业和地区，例如资本退出低回报率部门前往高回报率部门，人口从低收入地区前往高收入地区。当要素在价格信号下重新配置之后，生产的效率也自然实现了提升。现实中，如果要素市场在流动过程中存在壁垒，价格被扭曲，阻碍了要素的自由流动，"看不见的手"就失灵了。要改变这一结果，就需着手破除要素流动的堵点，建设统一的资源和要素市场。其中重要的要素市场包括土地、劳动力、资本、技术、数据、能源、生态环境市场等。

以劳动要素市场为例，截至 2022 年，我国常住人口城镇化率已经达到 64.7%，但户籍人口城镇化率却只有 46.7%，仍有接近 18 个百分点的常住人口和户籍城镇人口的缺口。全国有 2.5 亿农村外出务工人员及其随迁子女没能实现在工作地落户，农村劳动力的自由流动仍然存在着诸多壁垒，造成了农村外出务工人员无法享受工作地的社会保障，比如失业保险、医疗保险等。他们面临着较高的风险，但并无福利系统托底。其随迁子女因为落户难而较难在城市享受高质量教育，降低了教育回报率，导致教育投入不足。农村外出务工人员在城市生活还面临教育花费高、看病难、房租较高等问题。这些问题和压力给农村流动人口带来了不小障碍。经过测算，假如按发达国家 90% 的城镇化率，我国距离实现这一目标还有近 3.6 亿的城乡人口缺口，在长期，更多的农村人口需要被城市就业岗位吸纳。降低壁垒、让农村外出务工人员成为新市民是统一要素市场改革迫切需要解决的问题。

"统一大市场"与共同富裕目标的关系

中国的改革是渐进式的，政策的实施和新制度的建设往往先进行试点，再逐步推行，比如经济特区、自由贸易区等。发展目标在于让一部分人和地区先富起来，通过先富带动后富，最终实现共同富裕。经过改革开放以来 40 多年的经济发展，区域与城乡之间、不同所有制形式、不同要素所有者之间的收入差距逐渐突出。建设统一的市场有助于统筹区域平衡发展，降低甚至消除造成上述差距的因素，从而更好地实现共同富裕的目标。

我国各省和直辖市的经济增长有趋同的趋势，人均 GDP 落后省份的经济增速要更快，这使得改革开放以来各省之间的收入差距在减少。但城乡收入差距持续存在，农村居民的纯收入只有城镇居民可支配收入的一半左右。要减少地区、城乡、所有制形式和要素禀赋之间的收入分配差距，实现改革成果的共享，就应着手破解造成上述这些差异的因素。

市场监管公平统一的难点

中国的中央和地方的权责划分一直是个难点问题，既要激励地方政府发展经济，允许地方政府对经济政策有更大的决定权，但在统一大市场下，又不可避免地要削弱地方在一些领域制定政策的权力。

统一的市场准入制度

《意见》强调充分发挥市场在资源配置中的决定性作用，体现为在"应放、应松"的领域强化竞争的基础地位，让多种所有制经济和多市场主体在市场中竞逐。但同时，对于涉及国民经济命脉和国家安全的重要行业和关键领域，国家又要通过准入门槛的方式予以规制保护。不过在我国经济政策的实际贯彻过程中，某些行业是市场竞争和规制保护之间的灰色领域。尽管中央有关文件要求"非禁即入"，但地方政府在贯彻落实过程中，仍存在通过增加行政许可程序，变相收取费用等抬高壁垒的行为。这提高了企业运营的难度，影响企业投资信心，同时也阻遏了资源的高效利用。

对此中央引入市场准入负面清单制度，通过"全国一张清单"优化营商环境，提供市场稳定预期，实现市场主体间的更充分竞争，对地方政府的加码行为予以约束。2022年3月28日，国家发改委、商务部印发《市场准入负面清单（2022年版）》，要求地方政府切实履行政府监管责任，建立违背市场准入负面清单案例归集和通报制度，深入开展市场准入效能评估试点，扎实做好清单落地实施工作，实现市场准入制度的制度化、科学化、精准化，助力全国统一大市场的形成。《意见》对此的再度强调也体现了这一制度的重要性。

破除地方保护主义

地方保护主义的现象由来已久。我国的财税政策中"财税包干"和地方税设置使得地方财政情况经常与地方国有企业运营情况直接相关，地方企业和政府结成利益共同体。同时，部分地方国有企业改革滞后，缺乏市场竞争力和创新能力。为了扶持地方企业，帮助无自生能力的企业在市场中存活，进而改进本地区的财政状况，地方政府往往会有执行地方保护主义政策的动机。出现上述问题的根本原因在于地方保护主义问题的立法工作较为滞后，对地方政府的保护主义行为缺乏法律约束，且界定、惩处上述行为具有操作上的困难。因此地方保护主义政策仍是我国市场经济运作过程中存在的一大堵点。

以新能源汽车行业为例，随着"双碳目标"的提出，新能源汽车自然成为汽车市场的"桥头堡"。巨大的市场空间和潜在利润吸引国内外诸多汽车厂商竞逐。各地不同程度地出现设置"隐性条款"限制外地品牌的现象，通过定向高额补贴省内生产的新能源汽车，而对外地企业不进行补贴，扶持当地企业在地区内做大。某些地方实行的备案管理制，即对市场准入车辆进行备案审批的制度，虽然在一定程度上确实支持了地方企业发展，但也造成了效率损失，影响了企业间的合理竞争。

目前，工信部计划加速清理地方保护政策，今后，各个试点城市原则上不能有限制企业准入和产业准入的独立目录。全国要扎实建立统一市场、统一目录。除此之外，国家在扶持新能源汽车企业创业模式，加大新能源汽车在公交车等公务领域的推广，扶持新能源汽车的技术研发等方面也将会有新的政策出台，帮助新能源汽车企业在各地实现发展。

中国产业技术创新模式的认知和挑战[1]

陈小洪

(国务院发展研究中心企业研究所原所长、
学术委员会委员)

科技知识是创新的重要来源

我们讲的技术创新是熊彼特定义的创新,它不是发明,而是以技术为基础的"条件"的新组合。创新必须抓住市场需求,熊彼特讲"需要是一切生产的终点"。创新只有满足和扩大市场需求,才能成功形成创新的良性循环。

科技知识指科学技术工程的知识,是创新的重要来源和基础。科学知识是反映自然规律的知识,技术知识是有关解决问题的方法和工具的知识,工程知识是满足人们需要的、功能性的工程或产品的知识。

科技知识具有经济学性质,包含外部性、累积性、不确定性。外部性指科技知识被发现以后,他人不用或者少用成本就可以得到。科学知

---

[1] 本文根据作者于2022年3月13日在北京大学国家发展研究院春季学期首场国家发展系列讲座的内容整理。

识成果的主要表现形式是论文,外部性很强,而技术及工程知识的外部性就较弱。累积性的含义是科技知识是在已有知识的基础上发展的。科技知识,尤其是基础科学知识的作用影响久远、广泛。从知识发现到应用可能会要很长时间。不确定性指科技知识发现、发展的过程及结果往往不确定,很难预见。

科技知识的发展需要投入和激励。科技知识的经济性质使科技知识的发展模式成了公共投入与市场投入结合的模式。基础科学研究的成果价值主要靠同行和第三方转化,需要政府等公共资源投入支持。技术开发和工程实现的成果可以由市场检验,可以靠激励作用更强、更直接的基于市场竞争机制的企业投入支持发展。科学、技术及工程的知识既相通又存在发展的知识结构、成果表现、主体和激励机制很大的,甚至根本性的差异。科技知识发展既需要个人努力,也需要组织支持。组织可以是科研机构、大学、企业。

科学技术、创新及二者的关系

科学技术知识及其发展与创新的关系密切而复杂。技术、工程知识的发展能直接支持创新,二者关系直接且密切。科学与创新的直接关系相对较远,亦有关系日益密切的一面:直接的互动支持体现为创新需要科学知识支持,科学知识的研究需要新的技术手段的支持。另外是人的作用,一些既懂科学技术又懂创新的专家直接促进科技乃至科学研究与创新的结合,出现以科学为基础的产业,包括医药、数字技术、材料等新的行业领域。这些领域的企业创新发展需要科学研究及科学知识更直接的支持,因此从基础研究到应用研究到开发的关系密切,需要科学家直接参加有关的技术创新。

科学技术与创新关系密切,但有关活动的目标、发展机制和研究问题的方法亦都有所不同,甚至差别很大。科学活动重在解决科学问题,重视可重复的理性知识的发现及条件,研究重视分解、分析。技术及工程活动重在解决问题,其中经验知识成分相对更重要,研究更重视综合、平衡。创新重在商业成功,技术、工程、商业的经验都很重要,研究重视经济、技术、商业知识的综合。不同活动的主体及其结构亦有所不同。理解这些活动的相同和不同,是有效进行创新管理、改进创新政策的基础,进而推动不同活动的知识互动整合乃至融合实现创新。

经济学认为技术可能性、需求规模、利益可专属性是决定技术创新是否产生的基本因素。创新需要投入,有三个关键要素:一是知识信息,直接影响对技术及商业可能性及路径的判断,是创新的起点;二是资金,创新是技术、商业反复试验,需要投入人力、物力和时间,因而是烧钱的过程,资金不可或缺;三是要有能发现创新机会、组织动员创新资源同时承担风险的企业家。企业是发明创新的组织载体,作为商业机构,企业有资源也有动力支持创新,因为领先于他人的创新可能获得阶段性的或者超前的垄断利润,形成良性发展循环。

熊彼特根据创新的投入产出及方式认为企业的创新模式或者说方式有新产品、新方法、新原料、新市场、新组织五种。后来学者还提出突破性创新、持续性创新、颠覆性创新等各种创新模式。这些模式是基于不同视角对创新的投入产出的结构、机制和过程的各种描述和解读。实际的企业创新作为不同企业和企业家的决策及行动,比学者的描述更复杂、更具象,还会随着内外条件变化而变。因此调研领先企业的创新实践,有利于我们理解中国企业及产业创新的实际及其影响因素,帮助形成面向未来的洞见。

中国产业创新的情况

再看一下我们对 40 家业内领先企业研究的基本情况。

判断是否领先主要看两个指标：产品技术水平，市场地位及销售规模。创业企业领先性主要看技术水平。企业规模从不到 1000 万元（两个创业企业）到几千亿元，平均净利润率 15%、研发强度 18%。这些企业的技术竞争力或者水平与国际先进企业相比，大多数已经接近或者差距较小，有的达到并跑甚至领跑水平，部分企业差距还较大。

这些企业创新发展模式及主要影响因素的特点是：

第一，市场导向技术与需求结合的创新战略和持续升级的进程。

第二，研发投入规模持续增长，强度长期较高，以开发投入为主，基础研究投入占比开始提升（华为、讯飞、恒瑞都在 5% 以上）。

第三，重视突破性创新，以追赶型突破创新为主，原创型突破性创新越来越多（如 5G）。学者讲的突破性创新（radical innovation）是带来技术变革的创新，通常亦是重要的原始创新。中国的突破性创新更多是追赶型的，即技术原理及产品已经存在，突破的是高技术门槛的"卡脖子"难题（如碳纤维），追赶突破也需要创新。

第四，协同创新、整合创新、迭代创新等多种创新模式十分重要。

第五，日益重视创新管理，逐步形成与战略结合的，流程日益科学严谨的研发创新管理流程。

第六，创新战略和发展战略互动支持，研发能力与制造、市场等互补性资产能力的提升结合进步。

第七，抓住产业技术轨道、需求及政策变化带来的环境变化机会进行创新。

第八，产学研合作及资本市场构成的国家创新系统，以及国家发展改革开放战略、普适性和专项科技、产业政策支持了企业的创新发展。

领先企业的创新过程也是产业连锁创新的过程。基于对领先企业经验的总结，对中国产业创新模式及能力水平的现状及前景的判断如下：

第一，领先企业代表的产业创新能力进步很快，不少产业已经达到国际水平，甚至可以与国际先进水平并跑乃至领先（如5G、宁德时代）。

第二，中国产业创新竞争力存在结构性差异：中低端强，高端产品已经不同程度地达到国际水平；以应用型、改良型创新为主，出现紧跟、并跑甚至领先的创新；创新技术原始知识来源仍然多在国外，知识学习结构已经变化深刻，从模仿产品为主变成学习技术原理为主，基于中国基础和技术研究的创新越来越多。

第三，中国产业竞争力及创新力的提升主要靠企业自主技术研发和价值链的整合提升能力，亦与中国的大规模市场带来更多创新学习机会有关。

第四，仍然存在知识、技术、产业链等短板，重要原因是产业基础有差距、企业研究基础较弱及追赶创新的历史特点。企业基础研究费占研发费比例不高，2018年中国的这一费用占比是0.2%，远低于美国6.2%、日本7.8%和韩国10.6%的水平，甚至远低于1980年美国3.2%、日本5.2%和韩国1996年8.1%的水平。

第五，强基础、补短板，经过创新努力，中国会有更多产业的创新竞争力可达到与国际先进企业比肩的水平。因为中国企业将会持续加大研发创新投入，有制造、销售等互补性资产及价值链整合的基础及经验，亦有国际经验证明美国产业竞争力达到国际先进水平时基础研究水平还与欧洲差距很大，日本靠学习美欧先进科技、应用基础研究及应用技术创新，直到20世纪80年代初才赶上美欧。

中国产业创新模式的趋势及特点

基于对全球科技发展及产业变革、中国内外政治经济环境变化趋势，以及对国家发展战略的认知研判，我认为从国家、产业、企业三个层面来看，中国产业创新模式发展变化有如下的趋势特点。

在国家层面，基本的科技发展及创新模式将向政府支持的协调统筹功能更强，同时与市场机制更有机地结合的方向演进。未来，国家将持续增加研发投入，以强化基础研究和支持"四个面向"的技术发展为重点，优化投入结构，形成更强的，国家战略科技力量与市场化分布式创新体系有机结合的，更有利于创新的体系。通过科技体制改革三年行动方案及持续实施优化，形成更有利于创新发展的体制机制、政策管理体系及更强的科技金融、咨询服务等支持体系。

在产业层面，中国正在进入以数字技术为通用基础技术的第四次工业革命时代，已有产业要升级、新兴产业要发展、前沿产业要培育。中国将从过去多数产业以追随创新为主的阶段进入更多产业紧跟创新、并跑创新甚至引领创新并举的新阶段，会出现更多的颠覆性创新。产业组织与产业结构结合演进：市场结构向高技术产业寡占竞争与创新型中小企业并存及合作的结构演进，垂直一体化、水平分工、平台组织竞合共存，关键领域环节国内循环打通的同时与国外循环结合。

在企业层面，又有如下五个特点。

第一，日益重视进行多种模式的、首先进入市场的原始创新（源头创新）：基于基础研究的原始创新、基于应用研究和技术原理应用开发的原始创新、基于技术整合开发的原始创新、技术开发与商业模式创新结合的原始创新等创新会更多地涌现。

第二，未来一段时间，仍然会是原始创新型、突破性创新和重在解决"卡脖子"问题的追赶型突破性创新并举，同时重要原始创新型的突破性创新会越来越多。

第三，企业将加大研发投入，强化基础研究与应用研究投入。企业基础研究重在应用基础研究和通过基础研究前瞻性把握技术发展方向，扩大技术可能性的边界，以抓住新的乃至颠覆性的创新机会。

第四，形成更高质量、更科学严谨的、与自由研究结合的研发创新管理模式流程，同时进一步强化与研发能力互补的制造和市场服务能力，夯实制造能力与产业技术基础，更高质量及知识含量的协同创新、整合创新、迭代创新、开放创新模式仍然是企业创新的基本模式。

第五，产学研合作、共性技术研发合作等更多类型的研发创新合作模式将随着认识提高、治理关系改进的更快发展取得更多成果。

第五章

中国式现代化与金融改革

中国金融改革的目标模式[①]

黄益平

(北京大学国家发展研究院副院长、
数字金融研究中心主任)

我国金融模式当前的四个典型特征

改革开放初期,我国的很多金融政策是参考欧美金融体系设计、修改的。在一定程度上,欧美金融体系是我国金融改革的榜样。2008年10月,由美国次债风险引爆的全球金融危机日益严重,对全球经济造成了毁灭性的打击。原来借鉴、学习的对象出了这么大的风险,我国下一步的金融改革应该往哪里走、怎么走,确实是一个值得决策者与老百姓都关注的大问题。

在之后的十几年间,这个问题一直萦绕在我的脑海里。2009年我回到北京大学工作以后,一大部分的研究精力都放在了学习、理解和分析金融改革政策上。怎么评价过去几十年的改革政策?为什么一度行之

[①] 本文根据作者于2022年7月4日的浦山讲坛第28期"中国金融的目标模式"暨中国金融四十人路劲奖学金项目2022结项仪式上所做的主题演讲整理。

有效的金融体系后来却面临许多挑战？未来进一步变革的方向是什么？最近出版的《读懂中国金融：金融改革的经济学分析》就是我和王勋博士在过去十几年围绕这些问题所做的研究与思考的一个总结。

首先对金融模式做一个定义。所谓金融模式，指的是包含金融结构、组织形态、运行机制和监管框架四个层次的金融体系综合体。金融结构主要指的是资本市场或者商业银行，有时候也叫直接融资或者间接融资；组织形态可以很多，比如国有金融机构、外资金融机构或者民营金融机构，也可以分为分业经营和混业经营；运行机制可以看成"看得见的手"和"看不见的手"之间的分工，换句话说就是看金融体系的运行主要由市场机制决定还是由政府政策决定；监管框架的内涵更丰富，从机构设置方面看有分业监管与混业监管，从具体做法上又可分为机构监管、功能监管、审慎监管等。

在改革开放初期，可以说我国其实并不存在一个真正意义上的金融模式，如果要说有，那就是一家金融机构的模式。1978年12月召开的十一届三中全会确立了改革开放政策，当时就一家金融机构，即中国人民银行，而且一身三任，既是中央银行，又是商业银行，还是监管部门，其资产规模占全国金融资产的93%。当时只有一家金融机构，是因为计划经济年代对金融中介没什么需求，资金调配都是中央计划决定的。这个独家机构模式无法适应"以经济建设为中心"对金融服务的需要。因此，从当年开始，政府就逐步建立了一些金融机构。现在回过头去看，金融体系的调整实际包含了重建和改革两个过程，交织在一起。重建就是从一家机构出发，建立了很多金融机构，构建了一个相对完整的金融体系。改革是指金融资源的配置与定价逐步从政府主导转向由市场主导。

经过40多年的改革开放，我国从一家金融机构出发，现在已经建立了一个完整的金融体系。与其他国家特别是市场经济国家的金融体系相比，我国这个新的金融模式呈现出四方面的突出特征：规模大、管制多、监管弱以及银行主导。

第一个特点是规模大。原来只有一家金融机构，金融资产规模也很小。这是因为计划经济时代资金调配主要通过中央计划完成，经济运转对金融中介的需求很小。但随着几十年的改革和发展，当前我国的金融体系已经非常庞大，金融机构数量很多，光是银行机构就有4000多家，并且四大国有商业银行在全世界都名列前茅。我国资本市场，即债券市场和股票市场的规模相对较小，但体量也已经位居世界第二。因此，无论从资产规模还是机构数量来看，我国的金融体系规模都已经非常庞大。

第二个特点是管制多。我们曾经做了一个金融抑制指数，以此来衡量政府对金融体系运行的干预程度，比如干预利率的决定、汇率的形成、资金的配置、跨境资本的流动等。金融抑制指数为0表示这个国家是完全市场化的，金融抑制指数为1表示该国金融体系基本由政府决定。从研究情况看，1980年的中国金融抑制指数接近1，市场化程度最低；2018年该指数下降到0.6，说明政府干预程度在降低，市场化程度在提高。但横向比较来看，2018年0.6的金融抑制指数在全球130个国家和地区中排名第14位。这说明即使经过40年的改革开放，我国政府对金融体系的干预程度在全球范围内仍然相对较高。

第三个特点是监管弱。目前我国已初步形成较为完备的金融监管框架，包括一委一行两会一局，再加上地方金融监管局，有机构、有人员、有手段，但在识别和化解风险方面，仍有不尽如人意之处。过去40年我国金融体系始终比较稳定，关键在于两点：一是政府兜底；二是中国经济持续高增长。这两点保证了在风险发生时，政府可以稳住投资者信心，不至于出现挤兑现象，从而为政府处置存量风险、暂停增量风险留足时间。1997年亚洲金融危机时，我国银行不良率超过了30%，但并没有出现挤兑现象。后续政府通过一系列措施，包括剥离坏账、注入资本金、引入战略投资者、海外上市等方式，将四大国有商业银行做大并使其成为规模排世界前列的银行，这是非常了不起的成就。但问题在于，政府兜底无法长期持续，我国经济增速也在不断放缓。过去应该由监管发挥作用的很多事情都被政府所替代，但实际上并未管控住金融风险，这导致我国金融监管相对较弱。

第四个特点是银行主导。国际上主要有资本市场主导和商业银行主导的两类金融体系，当然这里的主导是一个相对的概念。而我国金融体系中，银行主导的特点是非常突出的。

面临调整的传统金融模式

这样一个金融模式看起来有很多问题，但至少在过去几十年，这套金融体系在支持经济增长和金融稳定方面没有出现过大的问题。只是最近问题似乎变得越来越多，抱怨的声音也越来越大。一方面金融效率在下降，另一方面金融风险在上升。

为什么这套体系在改革开放前 30 多年还算行之有效，如今却出现问题？背后的原因有很多。最重要的一点是我国经济已进入新的发展阶段。1978 年改革开放时我国人均 GDP 大约只有 200 美元，属于全世界最贫穷的国家之一。这一时期我国生产成本很低，可以实现粗放式、要素投入型的增长。改革开放前 30 年，我国年均 GDP 增长达到 9.8%。

但现在情况已经逐渐发生了变化。2021 年我国人均 GDP 超过 1.2 万美元，距离世界银行确定的高收入经济体门槛只有一步之遥。人民生活变得更富裕，生活质量也越来越高。但它也带来了一个问题就是生产成本的上涨。这意味着我国已经丧失了过去的低成本优势，所以必须转变增长模式，从要素密集型增长逐渐向创新驱动型增长转变。只有通过创新来升级换代、提高效率，我国才能保持住竞争力，否则经济增长将很难持续。

当前我国金融体系之所以出现问题，就是因为过去的金融模式无法适应新的增长模式，所以也要跟着转型才行。总的来看，我国金融模式进一步转变的内容很丰富，集中体现在以下四方面。

要大力推进金融创新

过去我国是粗放式、要素投入型的增长模式，不确定性相对较低。因为生产的产品是别人生产过几十年甚至几百年的，技术、营销渠道、市场都十分成熟。只要生产成本足够低就有竞争力。简单说就是不确定性比较低，风险比较小。但这套金融体系现在无法很好地支持创新驱动型的经济增长。

比如过去政府始终强调的中小企业融资问题。这一问题在历史上始终是存在的，基本难点有两个：一是获客难，即金融机构如何找到中小企业，获知其融资需求，并为它们提供金融服务。中小企业数量很大，且地理位置相对分散，因此找到它们很困难。传统做法是将机构网点开遍全国，贴近企业客户。但这种方式成本很高，在很多地方也很难获得足够回报。二是风控难。对于金融机构来说，为企业提供融资服务既要能把钱借出去，还要能把钱收回来，而后者才是更大的挑战。这就意味着金融机构需要对中小企业客户进行全面、严谨的信用风险评估，评价用户的还款能力和还款意愿，这是非常复杂的过程。传统做法是根据用户的财务数据和抵押资产进行评估。但这两个方面恰恰是中小企业比较欠缺的，导致大多数银行并不愿意为中小企业提供金融服务。

但随着中国经济进入新发展阶段，中小企业融资难已不再是单纯的普惠金融问题，而是上升到宏观经济约束的高度。原因在于以中小企业为主的民营企业是当前中国经济的主力军，在城镇就业、创新、经济增长方面都发挥着举足轻重的作用。也就是说，创新面临的巨大挑战之一，就在于能否更好地为中小企业提供好金融服务。从这个角度看，金融创新还有很大的发展空间。

第一个创新方向是提高直接融资在金融体系中的比重。相比于以银行为主的金融体系，资本市场直接融资往往可以更好地支持创新活动。原因有很多，包括直接融资可以更好地识别创新项目，更容易与创业企业共担风险和收益等。而如果通过银行贷款则需要还本付息，有时会给企业造成较大的现金流压力。因此资本市场在服务创新方面更具优势。我们应该大力发展资本市场，提高直接融资在金融体系中的比重。

第二个创新方向是商业银行的创新。我国以银行为主导的金融结构在短期内不会发生太大变化，但银行的业务模式也需要创新，要想方设法地支持创新活动。国际金融体系可大体分为两类：一是市场主导的金融体系，代表国家是美国、英国；二是银行主导的金融体系，代表国家是德国、日本。虽然英美的技术创新相对更活跃，但德日在经济发展、技术创新领域也是世界领先国家。我们应该向这些银行主导的金融体系的国家学习，对商业银行的业务模式进行创新，更好地支持创新活动，这方面是大有可为的。

第三个创新方向是大力发展数字金融。数字金融可以更好地服务中小企业和创新活动，这是未来我们要努力的方向。大科技信贷是目前比较受关注的领域，可以帮助金融业更好地为中小企业提供服务。因为它可以用数字技术克服获客难和风控难的问题。过去传统金融机构需要把分支行开遍全国才能真正贴近用户。这种方式成本过高，实操性很差。而数字技术和大科技平台比如微信、支付宝等日活跃用户十亿以上的平台已经触达了很多客户。并且这些平台获客速度很快，边际成本极低，可以在短期内大量获客，这就在一定程度上解决了获客难的问题。与此同时，客户在平台上的活动包括社交、购物、支付等都会留下数字足迹。平台利用数字足迹积累起来的大数据就可以进行信用风险评估，从而判断借款人的违约概率。从研究情况看，利用大数据对小微企业做信用风险评估的结果是比较可靠的。这说明数字技术创新可以帮助我们克服过去金融体系无法解决的很多问题。当然，数字经济只是金融创新的一个方面，市场和银行的创新也很重要。

要进一步推进市场化改革

改革开放以来，我国金融抑制指数已经从1下降到了0.6，但仍处于很高的水平。未来在进行金融资源配置和信贷决策时，真正让国有企业和民营企业站在同一条起跑线上，这是市场化改革的一个重要方面。另一方面，要努力实现真正市场化的风险定价。比如贷款利率的决定，这是信用市场化风险定价的基本含义。如果市场风险较高，贷款利率就应该比较高，因为成本要能覆盖风险，否则未来可能受到较大损失，这是市场化风险定价的基本要求。但过去几年监管部门一直在鼓励银行降低中小企业融资成本，这种用行政手段压低企业贷款利率的做法短期内似乎起到了一定效果，但从长期来看，银行持续为中小企业提供贷款的意愿和能力都会受到影响。

中小企业融资难的问题固然存在，但最近几年我国中小企业的融资环境已经得到了很大改善。这里可以用两个数据来说明。第一个数据是中小企业在银行总贷款中的比重。根据OECD公布的数据，中国中小企业贷款在总贷款中的比重已经达到65%，是除韩国、日本以外比例最高的国家。这说明经过十多年的努力，我国已经取得了很大成绩。第二个数据是民营企业的资产负债率。全球危机以后，民营企业融资难问题比较突出，去杠杆化的倾向非常明显，而国有企业的资产负债率则相对平稳。但 2021 年底，我国民营企业资产负债率已经反超国有企业。其中的原因很复杂，而且民营企业中既包括中小企业，也包括大企业。这两组数据组合起来，至少可以说明我国中小企业的融资环境得到了很大改善。

关键的问题是，这些改进是如何实现的？目前我国仍比较习惯于用行政性手段来解决问题。尽管金融机构自身的创新比如数字金融创新也发挥了一定作用，但发挥作用最大的仍是行政性的监管要求。这些监管要求的基本内容是每家商业银行每年对中小企业的贷款总量和中小企业贷款在总贷款中的比重都要比前一年有所上升，否则就要接受监管问责。

现在看这些行政性很强的政策要求实实在在地增加了中小企业的贷款，但这里有一个重要的挑战，即是否风险可控、是否有利可图。如果做不到这两条，那么即使短期实现了政策目标，长期也很难持续，甚至会造成很多新的问题。所谓有利可图，就是成本要低于可能获得的回报；所谓风险可控，就是银行要有获客和风控能力，将风险控制在较低水平。

大科技平台用大数据来替代抵押品做信用风险评估的方式目前来看效果不错。比如微众银行、网商银行的信贷平均不良率远低于传统商业银行同类贷款，说明这种信用风险管理方式效果较好。

所以，尽管当前中小企业融资环境得到了改善，但如果持续依靠行政要求强制商业银行给中小企业提供贷款，最终将产生较严重的金融风险和财务后果。因此我国必须进一步推进市场化改革，在市场化条件下解决问题，包括实现市场化的风险定价、进一步降低金融抑制指数等，核心是依靠金融创新本身，这是未来发展的大方向。

要做实金融监管

虽然在过去 30 多年，我国维持了金融稳定没有出现大问题，但这并不是靠监管政策做到的，而更多是靠政府兜底和经济持续高增长实现的。目前来看，这种做法很难长期持续。一方面，随着我国金融体系规模越来越大，复杂性越来越高，一出现问题就由政府兜底是不现实的；另一方面，我国经济增速在不断下降。国际清算银行曾指出，金融危机后很多国家的金融风险都在上升，并将其总结为"风险性三角"：杠杆率上升、生产率下降和政策空间收缩。在此形势下，我国很难再依靠过去的金融模式来支持经济增长。

在监管方面，我国有很大的改进空间。过去我国的监管体系有框架、有人员、有工具、有目标，但在很多领域都缺乏监管规则的真正落地。过去两年中小银行出现问题，其中很大一部分原因就在于监管规则没有真正落地。比如大股东违规操作，这在规则上是明文禁止的，但却变成了一个比较普遍的现象。这说明我国监管体制确实需要进一步改进。具体来看，有以下三个重要方向：

一是目标。监管最重要的目标是保障充分竞争、反垄断、保护消费者利益，终极目标是维持金融稳定。除此外不应该去管其他事情。现在我国的监管目标非常复杂，并且各目标之间并不完全一致。比如行业监管和金融监管本身就是存在矛盾的。二是权限。监管目标确定以后要给监管部门相应的权力，由他们来决定采取什么措施，以及什么时候采取措施。三是问责。过去金融监管体系是法不责众。虽然大家都出了问题，但似乎大家都没有问题。因此对监管问责十分必要。经过四十多年的金融改革，我国已经建立起了一套监管框架，但更多是形式上的监管，未来我们要努力将其发展为实质性的监管。

要稳健推进金融开放

金融开放非常重要，但必须稳健推进。很多国家在条件不成熟时贸然推进资本项目开放、金融行业开放，最后酿成了重大的金融危机。所以在金融开放的效率提升和金融稳定之间也要把握好平衡。

总结来看，随着我国经济迈入新发展阶段，过去这套金融体系已经不太适应新经济的增长模式，必须要做出改变。改变的方式包括加强金融创新、推进市场化改革、做实金融监管、稳健推进金融开放等。从这个角度看，我国目标金融模式的方向是比较清晰的，就是要更多地走资本市场的道路，走市场化改革的道路，走国际化的道路。

未来金融改革的基本特征

虽然我国金融改革的大方向基本清晰，但未来金融模式会怎么演进还有很多想象的空间，是会变成像德日那样以银行主导的金融体系，还是像英美那样以市场主导的金融模式？市场化程度是否能达到那么高的水平？监管框架又会如何构建？这都与我国金融改革的基本特征有关。

值得指出的是，尽管我国在金融改革过程中有学习的榜样，但从未明确过具体的目标模式。中国的金融和经济改革并没有在一开始的时候就清晰地勾画出改革蓝图或目标模式。这可能是因为两个方面。第一个原因是1978年决定实施改革开放政策时，其实很难想清楚未来几十年会怎么变化，更重要的是当时的政治环境也不允许把一些彻底的理念明确地表达出来，比如社会主义市场经济的概念是在改革进行了十五年之后才被提出来的。第二个原因是我国的经济改革包括金融改革都有非常务实的特点，实施改革政策的目的是要解决问题，终极目标是什么样子有时候可能反而不是那么重要，虽然方向很清晰。

根据我们的总结，务实的金融改革具有如下两个特征：

第一，任何改革政策都要满足"可行性"的条件。有些政策提起来很不错，但没法落地，也就不具备可操作性，意义不大。比如要求明天建立一个庞大的资本市场，这本来就不是可以一蹴而就的。另外，政治可行性同样重要，因为我国改革的特点是渐进、双轨。务实的一个重要体现就是在满足可行性条件的前提下，解决实际问题。

第二，改革措施的决定与评价主要以结果为导向。就是每一步改革的推进都要用实际效果说话，效果好就往前走，效果不好就往回走，这与邓小平"摸着石头过河""不管白猫黑猫，能抓老鼠就是好猫"的理念是一脉相承的。我国四十多年的金融改革尽管存在一些问题，但整体效果还不错。当然我们也要承认，这种务实改革的做法有时也会引发一些新问题。因为这种改革不彻底，可能会形成一些新的利益集团，而这些新的利益集团很可能变成下一步改革的阻力。因此，持续地向前推进改革是务实改革能够取得成功的一个重要条件。

现在我国金融改革的方向应该已经比较清晰，简单说就是市场化程度要提高、国际化程度要提高、资本市场的作用要提高、监管的效能要提高。但与此同时，我国仍会在很长时期内采取务实改革的措施，一步一步地往前走。

第一，虽然我国资本市场中直接融资的比重会逐步提高，但不太可能很快达到英美国家的水平。决定一国金融体系是以银行为主还是以资本市场为主的因素有很多，包括法律体系、文化背景、政治制度等。因此我们虽然会走向以资本市场直接融资为主的道路，但在可预见的未来，银行仍将是我国主要的融资渠道。

第二，未来我国会向混业经营的模式前进，但能否直接从分业经营走向混业经营，前提条件在于能否控制住风险。尽管混业经营能带来巨大的回报，效率也会有很大提升，但风险管控和识别也会更加复杂。因此从分业经营走向混业经营，也会是一步一步的前进过程。

第三，市场化改革不会一步到位。尽管我国金融抑制指数可能会继续下降，但在当前大背景下，政府仍会在金融体系中发挥重要作用。只要行政性干预是有益的，我们就仍会继续推进。

第四，监管模式如何发展目前仍有较大不确定性。当前我国实行的是分业监管模式，未来会变成综合型服务机构，还是区分审慎监管和行为监管的"双峰"模式？目前尚且不明确。

总结来看，1978年我国尚未形成完整的金融体系，所谓的金融模式其实就是独家机构模式。经过40多年的市场化改革与重建，当前我国金融模式呈现出规模大、管制多、监管弱和银行主导四个基本特征。但在当前市场环境下，这一套过去行之有效的金融体系的有效性在不断下降。未来我国将朝着提高直接融资比重、提高市场化和国际化程度、提高监管效能的方向前进。虽然大方向比较明确，但我国应该仍会采取"务实"的方式向前推进。这就意味着在可预见的未来，尽管我国资本市场直接融资比重会提高，但不会很快上升到英美的水平；尽管我国金融体系的市场化程度会提高，金融资产价格决定和金融资源配置会更多依靠市场化的方式进行，但政府仍然可能会在金融体系运行中发挥很大作用；此外，要真正实现产权中性，让国企和民企做到公平竞争，相信也会是一个非常缓慢的过程。

不过，如果坚持"务实"的原则，重视可行性条件和结果导向，那么改革持续稳步推进是一个大概率事件。未来的金融模式应该能够越来越有效地支持新发展阶段的经济增长。与此同时，也要对未来可能发生的金融风险与动荡有充分的心理准备。

加强常态性监管，引导资本健康发展[1]

汪浩

（北京大学国家发展研究院经济学教授）

2022年4月底，中共中央政治局就依法规范和引导我国资本健康发展进行集体学习。其中，资本被定性为社会主义市场经济的"重要生产要素"，指出在社会主义市场经济条件下规范和引导资本发展，是一个重大的经济、政治、实践和理论问题，"必须深化对新的时代条件下我国各类资本及其作用的认识，规范和引导资本健康发展，发挥其作为重要生产要素的积极作用"。

习近平总书记关于资本的讲话将有效提振各类资本尤其是非国有资本在我国持续经营的信心。规范和引导资本健康发展，既是"两个毫不动摇"大政方针在资本领域的具体体现，也表达了中央对于如何利用各类资本推动经济社会发展的思路。我国实行公有制为主体、多种所有制经济共同发展的基本经济制度，无论是什么类型的资本，只要其行为服从和服务于人民和国家利益，就应该在我国获得发展的机会。

---

[1] 本文于2022年5月发表于《新京报》，收入本书时作者有所修订。

"规范和引导资本健康发展"这个提法是在之前的"防止资本无序扩张"基础上的深化，更加强调了正面激励，体现了对资本更加积极的态度，也为政府监管部门的工作提供了更加全面的指引。"规范和引导"是前提和方法，而服务于国家整体利益的"资本健康发展"是目的。

引导资本服务于国家整体利益

改革开放以来，党和政府对资本的认识有了很大的发展，也经历了一个艰难的历程。在 20 世纪 80 年代初，以"傻子瓜子"创始人年广九为代表的一些个体工商户大量雇用工人，引发了社会对民营资本性质的讨论。1983 年，邓小平指出："有个别雇工超过了国务院的规定，这冲击不了社会主义。只要方向正确，头脑清醒，这个问题容易解决，十年、八年以后解决也来得及，没什么危险。"[1] 从此，城市私营经济逐渐得到发展。

在 20 世纪八九十年代，乡镇企业大量兴起，成为中国经济发展的一支重要力量。除了乡镇集体举办的企业，也有很多个人举办的企业，通过"挂靠"成为乡镇企业。之所以选择产权关系不清的"挂靠"模式，部分原因就是当时国家对私人资本的严格限制。邓小平南方讲话后，国家对民营经济的政策限制逐渐解除，产权清晰的民营企业相对于乡镇企业的竞争优势逐渐体现出来，最终取代乡镇企业成为非国有经济的主体。事实证明，非国有资本同样为经济发展和解决就业做出了很大贡献。

只要是资本就有逐利本性。在国有资本、集体资本、民营资本、外国资本、混合资本等各种形态的资本中，除了国有资本，其他形态的资

---

[1] 出自《邓小平文选》第三卷，人民出版社，1993 年，第 252 页。

本几乎都以增值为目的。国有资本归根到底是为广大人民服务，但保值增值也是对资本经营者日常考核的重要指标。因此，即使是在以公有制为主体的社会主义制度下，也需要认真研究如何规范和引导资本健康发展。

此次政治局集体学习，一方面肯定了资本在我国改革开放 40 多年来，对社会主义市场经济繁荣发展的贡献，同时也用大量篇幅论述了应如何在社会主义制度下规范和引导资本健康发展，包括正确处理资本和利益分配问题，完善资本市场基础制度，设立"红绿灯"规则，提升资本治理效能，以及资本领域反腐败，特别是查处资本无序扩张、平台垄断等背后的腐败行为。明确指出法律法规没有明确的，要按照"谁审批、谁监管，谁主管、谁监管"的原则落实监管责任。可见，在鼓励资本健康发展的同时，对资本的监管不是要放松，而是要进一步落实。

规范和引导资本健康发展，要鼓励资本服务于国家整体利益。"要培育文明健康、向上向善的诚信文化，教育引导资本主体践行社会主义核心价值观，讲信用信义、重社会责任、走人间正道"。资本具有逐利本性，不加约束的资本可能步入邪道，不择手段谋取利润，产生负面影响。监管的原则就是通过适当的制度和规则，使得市场主体的个体利益与国家利益保持基本一致。

规范和引导资本健康发展，还要确保资本的扩张不会危害社会稳定和国家安全。作为一个社会主义国家，我国国家体制代表的是最广大人民群众的利益，决不可被资本所影响甚至左右。资本还可能扩大收入不平等，对社会稳定形成隐患，需要建立适当的二次分配体系，在效率与公平之间进行权衡。

规范和引导资本健康发展也对政府监管部门自身的能力建设提出了要求。"谁审批、谁监管，谁主管、谁监管"的原则强化了监管部门的责任，把握不好就可能出现官员逃避监管责任的"懒政"现象。政府部门既要建立"亲""清"政商关系，也应该主动作为，努力改善营商环境，加强与企业的沟通交流，随时准备为企业排忧解难，在市场与政府之间实现优势互补。

平台经济治理要步入常态

当前规范和引导资本健康发展的一个重要领域是平台经济。平台经济属于"新经济"范畴，具有模式创新多和规模扩张快的特点，为政府的监管工作带来巨大挑战。在短短20年左右的时间，平台经济就从无到有，迅速成为我国国民经济的重要组成部分。令人眼花缭乱的新技术、新产品层出不穷，在方便人们生活、促进经济发展的同时，也产生了各种复杂的社会影响。

由于平台的巨大能量，规范和引导资本健康发展在平台经济领域有特殊的意义。平台既可以为社会创造巨大效益，也潜在地可以带来巨大负面影响。简单地抑制平台经济发展会对经济发展和科技创新产生严重阻碍作用。反之，放任平台无序扩张也可能给社会稳定带来隐患。必须采取科学合理的规范措施，引导平台经济追求资本回报和社会效益的共赢。

在早期，为了鼓励民间创新和经济发展，监管层为平台经济的成长提供了非常宽松的市场环境。在隐私保护、信息安全、反垄断等方面，都采取了尽量不干预市场的态度。在这个过程中积累了一些矛盾，最终导致了始于2020年下半年的平台反垄断高潮。在"防止资本无序扩张"的政策指引下，许多平台企业的收购兼并行为受到了追加调查。

平台治理终究要步入常态。平台经济在一定程度上代表了未来的经济发展方向，也是我国少有的在国际上具有领先水平的领域，应该在政府的支持下继续发展，不能因噎废食，而是"要精准把握可能带来系统性风险的重点领域和重点对象，增强治理的预见性和敏捷度，发现风险早处置、早化解"。此次政治局集体学习既表达了对平台经济发展的支持，也对规范引导工作提出了很高的要求。

平台经济天然具有一定的"赢家通吃"现象，资本规模巨大是常态而不是特例。虽然部分平台的巨大规模看起来不利于社会稳定，但是其实往往都面临激烈的现实竞争和潜在竞争，并没有控制市场的能力。除了个别领域，我国平台经济的市场竞争总体上是比较充分的。个别平台由于强烈的网络外部性，利用先发优势占领市场，其他平台很难再进入，从而形成了一家独大的局面。一些平台大力建设数字"生态系统"，深入人们日常生活的方方面面，既带来很多便利，也有无边界扩张的隐忧。

由于平台的特殊性，需要专门研究适合平台经济的竞争政策和规制政策。与传统经济不同，平台经济的竞争可能不利于企业发挥网络效应。因此在规范平台资本时，必须在规模效应与充分竞争之间寻找一个平衡点，或者探索二者得兼的市场格局。例如通过"互联互通"规制强制实现平台间的兼容互操作，可以在保持甚至扩大网络效应的同时，促使平台企业提高服务质量，进行良性竞争，抑制个别资本集团的过度扩张。

我国实行新时期中国特色社会主义，国家政权代表的是广大人民群众的利益，不可能被资本所左右。经过适当的规范和引导，资本可以为我所用，成为社会主义市场经济的重要生产要素。平台经济是当前规范引导资本的重要领域，平台企业在促进经济发展和改善人民生活方面做出了巨大贡献，当然也存在各种问题。通过研究平台经济的特点，采用科学的政府规制和反垄断措施，可以在规范资本行为的同时，促进平台发展和科技创新，为中国特色社会主义市场经济做出更大贡献。

金融支持实体经济不是简单让利[1]

刘晓春

(上海新金融研究院副院长)

金融支持实体经济，就是摆正金融在经济社会中的位置。金融的产生就是来自实体经济的需要。没有实体经济作为基础，金融就是空中楼阁。在当前形势下，提出金融要回归本源、支持实体经济，是有重要的现实意义的。

首先，长期以来，一些国家和地区由于资本逐利，片面强调占据经济食物链顶端，资源要素大量集聚于金融领域。金融脱离实体经济过度发展，挤出实体经济，使产业空心化，不仅造成经济结构不合理，更带来很大的社会治理问题。同时，这些社会经济风险还进一步外溢到全世界，给其他国家经济带来巨大风险。这是我们需要正视并吸取的教训。

其次，就中国自身来看，金融在支持改革开放、促进经济高速增长中发挥着重要的作用，金融业自身的规模和经营能力也得到了长足的发展，但过去由于发展过程中监管经验不足，造成一定程度的金融领域

---

[1] 本文发表于 2022 年 11 月 7 日出版的《财经》杂志。

监管套利、影子银行、资金空转等现象，一方面挤压了实体经济的资源，另一方面也造成一定的系统性风险。

再次，从当前国际地缘政治的角度看，面对美国的打压，中国必须有一个稳健的经济结构才能顶住压力。摆正金融与实体经济的关系，是经济保持健康稳定的基本前提，也是经济保持韧性、抗击打压的基础。

理性认识实体经济

金融支持实体经济就是要发挥金融有效配置市场资源，加速资本积累推进扩大再生产，推进科技创新和科技成果产业化的正面作用，抑制投机操作、资金空转、挤压实体经济的负面影响，确保经济高质量发展。反过来看，金融体系并不是孤立的，只有稳固的实体经济结构才能保障金融体系的稳定运行。

金融支持实体经济，需要我们理性认识实体经济。所谓实体经济并不简单地等同于制造企业。凡是创造社会经济价值和有助于价值实现的行业和企业都属于实体经济范畴。即使是同样的企业和行业，如果不再创造社会经济价值或者无助于价值的实现，只是搞各种资本炒作、交易空转等，就不属于实体经济范畴。即使是第一产业、第二产业中的微观主体，金融支持的也应该是健康、创新、有效益、有前景的企业，而不是第一产业、第二产业的企业都必须支持。这是金融有效配置市场资源功能的题中应有之义。

这就涉及近年来备受关注的企业"融资难、融资贵"的问题。所谓"融资难、融资贵"其实是一个似是而非的说法。

首先说"融资贵"。人们的直观感觉认为，资金价格是由金融机构决定的。实际上资金的基本价格是由市场资金供求关系决定的，金融机构只是资金供需两端的中介，所以金融机构给出的价格是被动的，不是主动的。从这个意义上来说，金融机构并不是资金价格的真正决定方。除了基本的资金供求关系，国内资金价格还受到国际资金价格变动的影响。

此外，融资价格（比如贷款利息）还包含了融资人（借款人）自身的风险溢价，融资人实际上也是资金价格的一个决定方。在现代中央银行体制下，央行的基准利率给市场资金价格提供了一个基础或基准。而央行则是根据宏观经济的状况在调节基准利率，同样是有依据的。所以从这个角度说，市场利率（资金价格）是中性的，是各种因素综合作用的结果，不能简单地说贵与不贵。

另一方面，资金价格本身还起到一个非常重要的作用——淘汰没有盈利能力（即承受不起市场资金价格）的市场主体，让宝贵的资源真正配置给能有效创造社会价值的市场主体。资金价格要起到这样的调节作用，确实必须"贵"。明白了资金价格的原理，再来讲"融资难"就容易了。

与融资人总是嫌融资贵一样，所有融资人都希望资金越多越好。无论是企业还是个人，有资金需求并不等于这些需求是有效需求。所谓有效需求是指有支付能力的需求，就融资而言，就是有还款和支付利息能力的融资需求才是有效融资需求。

现实情况是，一方面社会上没有区分有效需求和无效需求，笼统地认为"融资难"；另一方面是银行等金融机构出现资产荒，找不到好的融资人。银行作为商业机构需要盈利，所以有极强的放贷欲望，只要有能保障信贷资金安全，并能收取合理利息的市场主体，就愿意对其发放贷款。保障信贷资金安全，实质上就是保障存款人的资金安全。如果金融在支持实体经济中支持了许多低效能、高杠杆、无序扩张的企业，这既不符合高质量发展的要求，也会弱化中国的经济基础，无法抵御外来的冲击。

所以，"融资难、融资贵"不能单纯从金融机构方面找原因和解决方案，关键还是融资人要不断提高自身的经营管理能力，赢得市场的信任。同时，还应该加大改革开放力度，加强市场法治建设，为融资人营造良好的营商环境。

当然，我们还是应该看到，在加强科技创新的当下，由于一些新兴产业、行业与传统行业的发展模式有很大的不同，金融机构传统的风险评估模式不能适应这些企业的特点，确实造成了"融资难"的问题，这需要金融机构积极创新，寻找新的业务模式和产品。

比如，在银行信贷方面，能否摸索出针对科创企业的新贷款模式等。这方面还需要发挥有为政府的作用，监管和财政等部门要有相应的支持政策，引导金融机构积极进行这方面的创新。

银行需要合理的利润

金融支持实体经济高质量发展，前提是金融自身必须健康和强壮。商业银行是金融支持实体经济的主要力量。商业银行作为一类商业机构，需要在市场竞争与互动中实现合理的利润，以确保持续支持实体经济的能力。

商业银行所获得的合理利润是在与所有市场参与者的互动竞争中产生的，并不是单纯银行间的竞争产生的。所有市场参与者都应该在市场竞争中获得利润，而不是靠其他部门让利获得收益。

如果我们的企业，无论是国有还是民营，都没有市场竞争力，都要靠其他部门让利，这样的企业怎么有能力参与国际竞争？这样的企业也不符合高质量发展的要求。所以，企业发展的根本还是要发挥企业家精神，提升经营管理能力、创新能力、开拓市场的能力。

目前在A股市场上，上市银行的资产利润率比非银行上市企业低很多，这体现了银行业高杠杆经营的特点。但上市银行的资本利润率略高于非银行企业平均水平。即使如此，上市银行的盈利能力也只排在A股市场所有行业的第11位，属于中上盈利水平。

这说明，在中国，银行业并不是暴利或高利润行业，获取的是社会平均利润，只是因为其资产规模大，在A股市场占了非常大的比重，造成的利润绝对额大，所以给社会的感觉是银行赚了很多钱。这同时也说明，中国许多上市公司盈利能力不强，虽然有大量银行信贷支持，但经营的效果还不够好，还需要努力提高盈利能力。

如果放到国际上比较，中国银行业的盈利能力高于日本、西欧同行，略低于美国同行，说明中国银行业的盈利水平是基本合理的。另一方面，在A股市场，银行的市值基本上都低于其净值，说明市场并不认可银行当下和未来的盈利能力。实际上，银行有好的盈利才会更有意愿、更有能力去支持实体经济。银行愿贷，是因为有强烈的盈利欲望；能贷，是因为自身有贷款的实力，包括负债能力和盈利能力；敢贷，是因为借款人经营稳健、前景良好，有充分的还款能力和支付利息的能力；会贷，是因为自身有很强的风险识别和管理能力。

当然，在受新冠肺炎疫情影响的特殊时期，对一些有临时性经营困难的中小企业，商业银行给予阶段性的适当让利还是必要的。但这方面同样需要发挥有为政府的作用，在政策上，除了指令，更需要引导与奖励，激发市场作用，使商业银行在暂时的让利中获得相对有利的发展机会。

总之，最关键的是在这个前提下，让银行发挥市场有效配置资源的作用，对支持实体经济高质量发展是有利的。

规范直接融资市场

金融支持实体经济高质量发展有许多工作要做。

首先是要大力发展多层次资本市场，除了股票市场，更要制定多种政策支持，引导风险投资等多形式股权投资的发展，支持科技创新和科技成果产业化。政策一方面要有利于活跃市场，鼓励更多主体参与风险投资，另一方面要有利于抑制非理性高估值炒作，夯实科技创新及风险投资的基础。

中国直接融资市场起步较迟，社会包括业界对各类融资方式的认知还较浅，往往把融资方式单纯看作炒作的手段。直接融资市场参与者可以分为四类：投资人、融资人、交易者、中介。

理论上交易者也是投资人，但交易者的投资目的和行为逻辑与原始意义上的投资人是不同的。以股票市场为例，投资人是投资上市企业，看的是企业的价值；交易者只是交易股票，更注重的是市场趋势变化，企业的价值则在其次。融资人在直接融资市场的目的只是融资以解决自身经营的资金需求。

但现在许多投资人都变成了交易者，并没有与被投企业长情陪伴的欲望。而一些融资人则把上市融资看作赚钱的方式。这些现象都扭曲了直接融资市场的行为逻辑，并不时造成一些市场风险，影响实体经济发展。所以需要对症下药，制定政策进行规范和引导，让直接融资更好地服务于实体经济的高质量发展。

其次，银行业要提升资产负债经营管理能力。现在商业银行的资产与负债的内容越来越丰富，信贷资产只占银行总资产的一半左右，这意味着银行支持实体经济不只通过信贷一个手段，社会各界也要改变银行只是提供贷款服务的观念，不要一提到金融支持实体经济就是要求银行放贷款。银行应该全面、灵活地运用多样化的资产、负债及支付结算等功能，为实体经济提供全方位的金融服务。

债券业务是银行参与直接融资市场的重要方式，银行也是债券市场流动性的主要提供者。各类银行需要进一步重视内部债券业务架构搭建、不同团队的建设和制度流程安排，尤其需要严格隔离交易业务与投资业务的风险，要区分财富管理业务和资产管理业务的不同逻辑和风险重点。

财富管理业务是为投资人管理财富，投资本身不是目的，只是手段。资产管理业务的目的是投资资产，是为资产找资金。站位不同，风险管理的逻辑不同。

这两类业务在支持实体经济中的运作方式是不一样的。现在许多部门或人员讲到支持实体经济往往把财富管理的资金等同于信贷资金，这是会埋下风险隐患的。

此外，还应重视银行支付结算、各类交易业务创新在支持实体经济高质量发展中的重要作用。

再次，深入研究实体经济的新情况、新发展、新特点，有针对性地创新金融产品、服务方式、风险管理模式。特别是一些新兴科创企业、新兴产业等，有许多不同于传统行业的运行特点和风险逻辑。支持这些主体，包括支持实体经济，不是简单地降低风险门槛，而是要认真研究这些行业、产业的运行特点和风险逻辑，在不降低风险管理要求的前提下，提供创新有效的支持方式和服务产品。

中国是以间接融资为主的经济体，虽然在大力发展多层次资本市场，但这将是一个漫长的过程。面对百年未有之大变局，面对复杂的国际竞争局势，加快科技创新和战略新兴产业发展，需要研究商业银行信贷支持的新方式。这方面不仅需要商业银行的努力，更需要监管和其他政府部门的主动支持。

新兴产业的特点是失败风险高、缺乏有效的增信基础。信贷支持这类企业必须研究新的收益模式和风险补偿机制，以保障损失覆盖。这需要在政策上对新的收益模式和风险补偿机制给予确认，同时在财税和会计核算上给予适当安排，另一方面政府也需要建立相应的增信机制，给商业银行以适当的风险保障。

第六章

中国式现代化
与企业治理

全球新变局下的企业战略[1]

宁高宁

（第十三届全国政协常委，中国中化集团原董事长，
北京大学国家发展研究院实践特聘教授）

大家讨论百年未有之大变局时，对企业的建议很多都提到要"跨周期""逆周期"等，但结合企业自身情况的建议不多。实际上，每家企业都处在当下的周期旋涡中，怎么跨周期、逆周期？如果今天某家企业已经有75%的负债，资产已贬值，经营情况在下降，怎么跨周期、逆周期、应对大变局？其当下的首要任务显然是解决生存问题或者维持经营。情况稍好一点的企业，其首要任务是维持所剩不多的盈利，改善盈利状况。

每近年底，各家企业都要做明年的预算。企业做预算是依据对明年情况的预测，包括对明年经济形势、行业形势、竞争环境、产品市场的预测。从过去几年的情况来看，对市场前景不要预计得太乐观。

2022年底的中央经济工作会议传递了非常明确而强烈的提振经济的信号，2023年经济大有希望较好地恢复。网上有专家甚至乐观地提

---

[1] 本文根据作者于2022年12月18日在北京大学国家发展研究院"第七届国家发展论坛——中国新征程与国家发展"管理分论坛上的演讲整理。

出 2023 年能实现 8% 的经济增长率，这些信息对企业而言都是很大的鼓舞。但真正从企业内部来讲，还是要继续做好对经济周期循环和全球新变局的充分应对，不要过于乐观。

认知经济周期

每次经济周期循环对中国经济和企业都是一个学习的过程。世界上其他国家的企业基本从 20 世纪 70 年代开始都经历了石油危机、债务危机、东南亚金融危机、网络泡沫、次贷危机以及当下的疫情等经济周期。

过去 40 年，中国经济几乎是直线成长，企业经历的都是小周期，经济即便有波动往往也恢复得很快。因此，中国企业在过去面临的战略调整要求并不高，基本都能够凭借原有的增长模式渡过周期。

但这次的情况看起来没那么简单。对中国企业而言，这次不再是单纯的经济周期性循环，而是产业升级和竞争环境的巨变。如何既把握好周期循环，又做好自身经营？企业要保持这样的理想状态很难。

以中国中化来讲，大宗商品、石油的价格每天都在变动，每批货、每家炼厂甚至每份合同每天都有变化，每一个变动都牵动着企业的神经。但这是石油行业的大环境、大趋势。面对这样的大环境，企业依然要做好经营中的每一个细节，做好化工新材料的研发、销售，持续提高企业的经营效率，这对企业而言的确很不容易。

我最近调研了一家航运物流企业，这家企业发展得非常好，主要业务是投资船舶与经营货运。现在很多船运企业都是这样，本身业务做得不错，但因为市场波动，投资价值也发生波动。要把握好这些趋势，同时又要继续把产品做好，非常难。

因此，面对新变局，希望中国企业能够把握大趋势和经济周期循环,并在企业经营中将方方面面的工作都配合好。

理解全球变局

全球变局之下,企业要面对哪些变化?

首先是宏观的、大环境的变化,包括很多人讲到的中国崛起、中西方对比、美国对中国的打压、地缘政治、西方经济放缓……我感觉当下的世界已经变得更加政治化、意识形态化、区域化、种族化。我们在经营企业时感受非常明显,不同地区、不同信仰、不同种族都存在很多冲突,包括过去觉得不太会发生的冲突。从信仰来讲,基督教、新教、伊斯兰教、儒家文化之间的冲突也在明显增加,具体表现在员工之间、投资和贸易政策上。

从企业自身来讲,和五年前或更久之前相比,很多方面的境况都有变化。贸易战、关税、贸易政策、贸易壁垒大背景下,中国企业被制裁、被列入某个名单已经成为常态,产品今天被禁、明天又被解禁成为常态,并且原因不明,当然主要是美国在控制。在这样的情况下,企业以前所拥有的成长欲和全球发展欲就随之降低,因为外部风险变得太高,国际合作精神变差。现在大型合资项目很难成功,因为受到太多不确定性因素的干预,包括政治、经济、企业、区域和贸易政策等多种因素。企业面临的地域政治审查也非常多,比如中粮投资的海外企业也不断受到政策性、贸易性、产业性的审查。

在技术合作方面,与国外的技术合作在很多年前就受到限制,现在这方面的掣肘更是登峰造极。一些涉及跨境技术转让、合作的项目,即便产业链本身可控,要做到产业链主链条、主环节跨区域也非常困难。

同时,不同国家企业员工的文化隔阂在加大,企业内部不同国籍员工之间的不信任和不安全感在增加。中国企业面临的国际融资限制也非常多，很多国家规定本国企业不能参与中国项目的融资，或是不断提高融资利息。

还有一个全球性的大趋势，即ESG企业评价体系，除了要求企业承担起自身的经营责任，对中国企业在海外的社会责任、环境责任、治理责任也提出了很高要求。我们过去经营企业会优先考虑股东利益、企业利益、员工利益，但现在股东资金回报率、企业经营效益、员工收入要让位于社会责任、社会公平、环境治理。这一趋势对中国企业而言也是极大的考验。

切实转向创新

有不少专家学者认为世界经济格局正在变化，这意味着企业要针对大变局、新变局来重新考虑企业发展战略。中国企业基本上还处于发展阶段，离欧美企业发展相对成熟阶段还有不小的距离。这意味着中国企业可选择的发展路径并不多，因为我们只能继续往上走，但前面的企业又不希望我们再模仿和追赶。

过去，我们可以先把企业规模做大、市场份额做大、销售额做大；

过去，我们可以相对单纯地依靠成本优势、劳动力红利来参与国际竞争；

过去，我们走产品国际化、投资国际化发展路径，利用国际合作促进国内企业发展；

过去，我们通过并购国外的优秀企业，利用它们的先进技术、市场优势促进国内企业和产业发展；

过去，我们有高负债发展模式，当时利息成本相对较低，国家政策也比较支持，通过高负债模式做杠杆式的企业并购和扩张；

过去，我们通过引进、消化、吸收国际先进技术的方式来提升国内企业实力……

但这些过去的发展模式在新变局中难以为继。过去企业间的国际合资模式现在大大减少，很多原本正在谈的合资项目都被暂停，因为未来有很多不确定性。

总之，过去我们惯用的发展模式现在遭遇重重掣肘。这促使中国企业必须回到企业发展战略的本质——创新差异化、高效率、低成本。这也是企业唯一可选择的发展模式。

中化、中化工在合并以后坚持"科学至上"这一发展宗旨，追求研发领先，整个企业的26个研究所（院）现在都要全面对接产业，进入全员创新状态。没有创新不投资，没有研发不投资，没有新产品不投资。不能只搞规模的发展，要把创新真正当作唯一的发展动力。

中国企业是被迫适应这些新变化，从过去的弯道超车、超常规发展、引进资金、引进技术，回到探索企业真正的发展本质。

我认为，企业的第一使命是创新和探索未来世界，要将创新、探索作为企业的经营核心和信仰，同时提高效率，把成本压得更低一点，产品做得更好一点，管理更完善一点，因为提高效率也是创新，是低成本的创新。我参加过很多研讨会，听到很多公司的做法，感觉现在大量的国有企业已经对创新、研发、高质量发展有了更深的理解。

实现根本转变

在新变局下，企业面临的根本性转变是什么？

过去我们搞研发、创新，经常是一个新产品做了几十年也没什么进展，而企业的市场占有率却在慢慢变低。这是因为过去我们只是把创新当作对老路径、老产品的一种辅助工具。现在企业的创新研发已经变成生存之路，老产品也要创新、升级与突破。现在创新已经是企业的起点，是每项业务的开始。每做一项投资、一个规划或是一笔预算，都要考虑里面有多少东西是过去没有的，创新成本占多高，新产品销售额占比有多高，创新产品在多大程度上能够发挥技术引领、工艺引领或是环境保护引领的作用。如果达不到这些要求，这样的投资、规划和预算就不能做。

过去，企业搞创新经常只是激励一下研究部门和研究人员，但实际上完全不起作用或是作用不大。现在搞创新，是要改变整个企业而不是某个部门，是要从上到下改变企业的发展思路和商业模式。

现在，创新、研发已经是企业的主业。为此，很多企业甚至可以拥有大大的实验室而只需要小小的生产车间。

另外，企业是否拥有创新文化对企业能否完成创新至关重要。很多企业的创新被自己扼杀，因为企业有短期业绩、短期文化、短期评价要求，很多企业不得不追求短期效益。

再看创新主体，即由谁来创新，这说起来简单但做起来很难。创新主体有几个层面。一家企业不是研究员创新就可以，车间要创新，总部要创新，整个企业都要创新。

管理企业的创新路径也非常复杂，从资源配置、人员配置再到提高效率，都要求企业坚持科学的方式，包括要求企业不苛求过多的短期业绩。事实上，这对企业很难，特别是国有企业每月都要报表、分红，利润只能增长，而创新就要承担更多风险。这个矛盾已经说了十年、二十年也未能解决，只是有些做法在改进，比如研发成本加回等。

综上，中央经济工作会议提出2023年的经济发展总体目标和发展方式围绕高质量发展、创新性发展，包括开放、改革、全球性发展以及很多产业发展，这些都给企业经营提出了很好的思路。对企业而言，不能仅仅考虑一年的规划、战略，要站在大趋势之前去理解企业所面对的经济周期、长期挑战和创新机遇，要顺应周期去配置资源，调整投资方向和发展模式。从经营理念上，企业一定要坚持科学至上、创新发展，一定要回归企业发展战略的本质——创新差异化、高效率、低成本，一定要坚定不移地转向高质量发展。这对企业来讲至关重要。

建设高质量上市公司，
为中国式现代化做贡献[①]

宋志平

（中国上市公司协会会长，中国企业改革与发展研究会会长，
北京大学国家发展研究院实践特聘教授）

党的二十大是在全党全国各族人民迈上全面建设社会主义现代化国家新征程、向第二个百年奋斗目标进军的关键时刻召开的一次十分重要的大会，现在全国上下都在认真学习贯彻二十大精神。二十大报告描绘了建设中国式现代化的愿景，提出高质量发展是全面建设社会主义现代化国家的首要任务，强调要坚持以推动高质量发展为主题，把实施扩大内需战略同深化供给侧结构性改革有机结合起来，增强国内大循环内生动力和可靠性，提升国际循环质量和水平，加快建设现代化经济体系，着力提高全要素生产率，着力提升产业链供应链韧性和安全水平，着力推进城乡融合和区域协调发展，推动经济实现质的有效提升和量的合理增长。

二十大报告为上市公司在今后一段时间的发展指明了方向，是重要

---

① 本文整理自作者于 2022 年 11 月 16 日在"2022 年搜狐财经峰会"上的演讲。

的遵循依据。上市公司是中国企业的优秀代表，是经济的支柱力量，是实体经济的"基本盘"，是经济发展动能的"转换器"，是完善现代企业制度和履行社会责任的"先锋队"，是投资者分享经济增长红利的"新渠道"。走高质量发展之路，助力中国式现代化实现，上市公司责无旁贷。

我国上市公司的发展现状

我国资本市场发展32年，其间经历了由小到大、由弱到强的过程，已成为全球第二大资本市场。这些年，资本市场为我国经济发展做出了巨大的贡献，有力支持了国企的改革发展、民企的快速成长，也有力支持了我国科创事业。现在资本市场又通过深化新三板改革，设立北京证券交易所，大力支持中小企业，特别是"专精特新"小巨人企业创新发展。

据统计，截至2022年11月16日，我国境内股票市场上市公司已达5003家，突破5000家整数的关口。上市公司数量达到1000家、从1000家到2000家各经历了10年的时间，从2000家到3000家经历了6年，从3000家到4000家经历了4年，从4000家到5000家只经历了两年时间。

从控股类型来看，国有控股上市公司（中央＋地方）有1336家，民营上市公司有3164家，其他类型上市公司有503家；从上市板块来看，主板上市公司有3177家，科创板上市公司有486家，创业板上市公司有1217家，北交所上市公司有123家；从市值上看，截至11月15日收盘，境内上市公司总市值是80.57万亿元，其中民营上市公司市值占比44.00%，国有上市公司市值占比43.62%。

2022年前三个季度，全市场新增上市公司300家，首发募集资金超过4800亿元，同比增长29%；注册制下，科创板、创业板、北交所新增上市公司246家，募集资金合计3600余亿元，A股市场注册制上市公司数量已经突破1000家。资本市场对创新科技企业的支持力度进一步加大。

另外，退市制度常态化运行，优胜劣汰、进退有序的市场生态初步形成。2021年我国退市公司数量为28家，2022年前八个月退市46家。

近年来，上市公司整体经营业绩持续向好，在推动研发创新、优化资本结构等方面表现突出。2022年前三个季度，境内上市公司共实现营业额52.37万亿元，同比增长8.51%，占GDP总额的60.18%，实现净利润4.75万亿元，同比增长2.46%。实体营收增速持续高于金融，第三季度非金融上市公司营收同比增长9%。

分板块看：北交所2022年前三个季度营收增速领先，增速达到35%。科创板净利润增速领先，达到24%。

分行业看：19个国民经济门类行业中11个行业前三个季度营收同比增长，9个行业净利润同比增长，电力、热力、燃气、水生产、供应链，批发和零售业等行业第三季度净利润同比增长超过40%。部分前期收益影响较大的行业营收改善，比如：住宿和餐饮业、农林牧渔业回暖，第三季度净利润由负转正；光伏、动力电池、新能源汽车等新兴产业业绩亮眼。

前三季度上市公司研发支出达到0.94万亿元，同比增长20%。创业板、科创板、北交所上市公司研发投入不断加大，研发支出增速分别为32%、54%和43%，研发强度分别为4.59%、8.68%和4.30%。创新成果转化显著，创业板、科创板、北交所1777家上市公司中，720家前三个季度营收、净利润同比双增长。

上市公司依托资本市场加快发展。截至2022年10月，上市公司累计募集资金总金额19.1万亿元，其中IPO募集资金金额4.72万亿元，再融资募资总额达到14.38万亿元。在获得资金支持的同时，上市公司也重视投资者回报，与投资者共享发展成果，上市公司累计现金分红总额10.65万亿元，2021年分了1.55万亿元，股息率接近3%。

此外，上市公司积极承担自我规范、自我提高、自我完善的直接责任、第一责任，强化诚信契约精神，践行"四个敬畏"原则和四条底线的要求，上市公司整体面貌发生了积极变化，晴雨表功能得到更好发挥，有力地支持了资本市场健康稳定发展。

我们在看到上市公司取得巨大成就的同时，也要关注有些地方仍需努力持续提升，公司治理水平有待更大提升，创新能力总体仍不充分、不平衡，等等。

建设高质量上市公司的意义

习近平总书记提出，要建设一个规范、透明、开放、有活力、有韧性的资本市场。[①]刘鹤副总理指出坚持"建制度、不干预、零容忍"，加快发展资本市场。要增强资本市场枢纽功能，全面实行股票发行注册制，建立常态化退市机制，提高直接融资比重。高质量的资本市场离不开高质量的上市公司，上市公司质量同时也是资本市场可持续发展的基石，因此建设高质量上市公司意义深远。

第一，建设高质量上市公司将强化上市公司的资本市场基石作用，进一步增强资本市场活力、韧性和竞争力，不断提高金融服务实体经济

---

① 参见：http://www.zqrb.cn/finance/hongguanjingji/2022-03-02/A1646167252754.html。——编者注

的能力，为发展现代化产业体系提供有力保障，为中国经济行稳致远积蓄更强的动能。

第二，建设高质量上市公司将发挥示范作用，带动上下游关联企业提质增效，助力产业转型升级，推动市场质量整体提升，为经济高质量发展打好基础。

第三，建设高质量上市公司有助于回报投资者和为股东创造价值，有助于增加社会财富和居民消费，对加快形成以国内大循环为主体、国内国际双循环相互促进的新发展格局有着重要意义。

近年来，相关方面针对建设高质量上市公司也开展了一系列工作。

2018年9月，证监会修订并发布新的《上市公司治理准则》，对上市公司治理中面临的控制权稳定、独立董事履职、上市公司董监高评价与激励约束机制、强化信息披露提出新的要求，上市公司在公司治理中要贯彻落实新发展理念，增强上市公司党建要求，加强上市公司在环境保护、社会责任方面的引领作用。

2020年3月实施的新《证券法》专章规定信息披露制度，从更加强调信息披露有效性、扩充义务人范围和具体披露事项、建立自愿信息披露制度、确立公开承诺披露制度、加强对上市公司收购的披露规范等多个方面完善上市公司信息披露基础性制度。

2020年10月，国务院印发《关于进一步提高上市公司质量的意见》，提出包括提高上市公司质量治理水平、推动上市公司做优做强、健全上市公司退出机制、解决上市公司突出问题、提高上市公司及相关主体违法违规成本以及形成提高上市公司质量的工作合力等六个方面十七项措施。

2020年12月，证监会启动上市公司治理专项行动，推动上市公司治理水平全面提高，健全各司其职、各负其责、协调运作、有效制衡的上市公司治理结构，通过专项行动、上市公司治理，内部规章制度基本完备，以公司章程、"三会"议事规则、信息披露、管理制度、投资者关系管理制度为基础的公司治理制度，实现应建尽建。

应该说通过这几年的努力，我国广大上市公司在建设高质量上市公司方面的认识更加深入，工作上取得了明显的成效。我国上市公司群体质量有了普遍的提高。

着重提升上市公司的五种能力

建设高质量上市公司，除了完善外部制度环境，更需要上市公司立足自身、苦练内功，培养提高质量的原动力。

抓基础，巩固治理能力

我国上市公司治理水平这几年已经有了长足的进步，但仍需要进一步巩固和提高。上市公司在取得良好业绩的同时，也要清醒地看到，财务造假、大股东侵害上市公司利益、"双头"董事会治理僵局等情况仍时有发生。究其原因，很多都是上市公司治理制度运行不畅。提升上市公司治理水平，除了依靠监管机构的外部推动，更需要上市公司自身做出努力。

第一，维护上市公司的独立性，保障上市公司和投资者的合法权益。要特别强调上市公司的独立性，强调股权结构不断优化，强调大股东尽职尽责，强调不得损害公司的利益。

第二，促进"三会一层"有效履职。完善股东会、董事会、监事会行权规则，做好所有权和经营权、决策权和执行权的分离，董事、监事和高级管理人员要忠实勤勉履职，充分发挥独立董事、监事的作用。

第三，依规建制。要认真对照《上市公司治理准则》以及其他相关法律法规要求，进一步完善内部治理的结构建设，对发现的问题要及时进行整改。

强主业，增强竞争能力

做实体经济要实实在在、心无旁骛地做好主业，这是本分。没有落后的行业，只有落后的技术和落后的企业。在经济下行的情况下，在竞争激烈的过剩行业里，企业也可以通过市场和产品细分，力争做行业龙头和细分领域的头部企业。企业一定要围绕主业经营，努力深耕细作，这是长久稳健的发展前提。

第一，做强做实主营业务。在内外经营环境不确定、风险进一步加大时，上市公司经营要更加稳健，突出主业，做强主业。

第二，增强核心业务、核心专长、核心市场、核心客户等企业核心竞争力。核心业务是企业存在的基础，核心专长是公司竞争的利器，核心市场是公司开拓的目标，核心客户是公司利润的源泉。

第三，做各自赛道的冠军。大型集团要应对全球一流跨国公司，努力将自身建设成产品卓越、品牌卓著、创新领先、治理现代的世界一流企业。中小微企业则要进行小而深的经营，秉承"宽一米，深一千米"的思维，培育专精特新小巨企业，打造单项冠军，并努力成为隐形冠军。

第四，强化企业经营管理。管理是企业永恒的主题，是做好企业、提高企业竞争力的基础。无论何种企业，如果管理基础不牢、产品质量不好、生产经营成本控制不好，终将败下阵来。强化精细管理不是应急之策，而是持久之功，要用好功法、要长期坚守。我近期去过宁德时代、福耀玻璃、潍柴动力和格力电器等企业，它们的精细管理给我留下了深刻的印象。

育长板，提高创新能力

创新是第一动力，上市公司作为创新要素集成、科技成果转化的生力军，要充分利用好资本市场支持创新的各类工具，进一步提升竞争能力，成为研究创新和新兴技术的重要发源地，解决一些关键核心技术领域的"卡脖子"难题，推动科技、资本和产业高水平循环。

第一，进行有目的、有效和高质量的创新，减少创新的盲目性。在创新过程中，要坚持市场规律、坚持效益导向、坚持深入研究思考，努力提高创新的质量和效应，不断降低创新成本，实现以创新促进企业健康发展。

第二，支持企业开展各种层面的创新活动。既要重视和大力发展企业高科技创新，也要积极支持企业开展各个不同层面的创新活动。高科技创新通常具有高回报，风险也相对大一些。这种创新模式可能更适合少部分有实力的企业去做。虽然大量创新是中科技、低科技甚至零科技，但它们对社会进步的贡献也不容忽视。

第三，用好企业创新的五种模式。自主创新是原始而独立的创新，难度大、投入大，但我们必须持续推进关键技术攻关；集成创新是把各种要素集成在一起，有互相借鉴的，也有自主创新的；持续性创新是指在既有技术的基础上不断地更新迭代；颠覆式创新则是用新技术颠覆传统的技术；商业模式创新看起来似乎没有太多的技术，却创造了新的价值。

增韧性，提高抗风险能力

上市公司要强化风险意识，提升应对危机和防范化解风险的能力。

第一，充分认识风险的客观性。要做好风险管控，构建企业风险管控机制，就是要通过完善的制度体系研究风险、识别风险、防范风险、抵御风险，建好风险的防火墙，实现风险的可控可承担。

第二，充分认识经济和行业的周期性。顺周期安排发展战略和节奏成长，可以结合自身实际探索适度多元化发展，从资本收益、公司战略等角度出发，进入市场潜力大、逆周期或者周期性不明显的细分市场。企业进入具有独特资源和经营能力的产业领域时，要注重业务之间的对冲机制，确保企业不会因为行业波动而面临颠覆性危机，同时可以获得稳定持续的收益。

第三，稳健经营，确保现金流稳定。要量入为出，降低资金杠杆，归集资金使用，压缩企业"两金"，即存货资金和应收账款，重视企业经营活动现金流，追求有利润的收入、有现金流的利润。

第四，重视危机，及早应对。企业要重视危机的及时发现、早期应对，在其萌芽状态就积极化解、妥善处理，防止小危机演变为大危机，处置危机的原则是让企业损失最小化。

重效益，提高回报能力

关注中小股东的利益是上市公司应当牢记的初心，上市公司要坚持长期稳定的分红，使投资者能够进一步提升信心，尤其是让中小股东有获得感、共享企业发展成果。

第一，要树立回报股东的理念。投资者用资金支持企业，企业则回报以稳健经营、业绩良好、价值创造、做优做强的上市公司。上市公司要通过多种途径如路演、反路演等方式加强与股东的沟通交流，提升股东对公司的发展信心。

第二，通过分红让投资者分享企业收益。最近三年，上市公司累计现金分红4.4万亿元，较之前三年增长近50%。此外，上市公司还应该重视社会效益，积极履行社会责任，实现与员工、客户、供应商、银行、社区、环境等利益相关者的良性互动、和谐共生。

第三，改变重融资、轻价值的认识。上市公司要研究资本市场和公司发展的内在规律，以提高上市公司质量为抓手，大力提升公司的价值，回报股东的支持，为股东创造价值。

第四，积极履行社会责任。上市公司要重视 ESG 信息披露工作，树立主动披露意识，做好业绩说明会，积极倾听投资者的声音，做一个让投资者信任、让社会认可和尊重的上市公司。

近年来，中国上市公司协会认真贯彻落实证监会党委部署要求，积极发挥自律管理作用，准确把握工作定位，强化担当作为，以"服务、自律、规范、提高"为宗旨，努力打造"上市公司之家"，围绕建设高质量上市公司，开展了一系列卓有成效的工作。

当前上市公司面临的外部环境正发生复杂深刻变化。围绕促进上市公司高质量发展的新形势，中国上市公司协会将认真落实易会满主席提出的要求，积极发挥"切实成为上市公司与监管部门的沟通桥梁、上市公司自律管理的主要阵地、互学互鉴的交流平台、宣传高质量发展成效的重要窗口"的四项作用，努力优化服务方式，积极反映会员诉求，推动形成上市公司高质量发展的生动局面。

党的二十大报告把高质量发展作为全面建设社会主义现代化国家的首要任务，擘画了中国式现代化新蓝图。经济高质量发展离不开广大上市公司的积极参与，而建设高质量上市公司更需要各方通力合作，形成合力。中国上市公司协会愿与各方一道，共同把我国上市公司质量推上新的台阶，通过提升上市公司发展质量，助力中国式现代化目标如期实现。

浮躁时代，我们为何更需要长期主义？[①]

宫玉振

（北京大学国家发展研究院管理学教授、
BiMBA 商学院副院长兼学术委员会副主任）

我先讲两个故事。第一个是华为关于小灵通与 3G 的战略选择。

20 世纪末，中国电信推出了小灵通，当时的 UT 斯达康和中兴通讯依靠这项业务取得了高速发展。UT 斯达康一年的销售收入曾经达到 100 亿元，在当时这是足以让所有企业都为之动心的数字。

华为管理层当然也看到了这样的机会，所以很快就提交了从事小灵通业务的计划。但是出乎所有人意料的是，任正非否决了这个计划。

任正非否决小灵通的理由是，小灵通注定是一个过渡的、短暂的技术，而 3G 才代表未来，华为不能做机会主义者。在他看来，错过小灵通，华为失去的可能是一大块利润，但这还是可以接受的。如果华为错过了 3G，那就将严重影响华为成为一个伟大企业的进程，那才是一个根本性的失策，是绝对不可饶恕的。

华为因此把大部分人力和财力投入在全球范围内还没有商用的 3G

[①] 本文根据作者于 2022 年 2 月 26 日在北京大学国家发展研究院 MBA 讲坛第 42 讲暨北京大学国家发展研究院 MBA 项目宣讲会上的演讲内容整理。

业务。8年后的2009年，华为终于获得了第一块3G牌照。

从那以后的故事我们都知道了——华为一飞冲天，把所有竞争者都抛到了身后。正是因为当年在3G的豪赌和持续投入，才成就了今天的华为。

至于当时风光一时，占据中国小灵通市场半壁江山的UT斯达康，主流市场上现在已经很难看到这家企业的身影了。

第二个故事是马云与阿里云。

今天的云计算领域中，阿里云排名亚太第一、世界第三。百度按理说在这方面更具优势，可是百度云为什么远远不如阿里云？

当年云计算所需的投入非常大，每年十几亿元，连续几年的时间，这给阿里造成了巨大的资金压力，而且还看不到希望。当时在阿里负责云计算的王坚现在是中国工程院院士，当年一度被认为是个骗子。

那几年阿里每年的战略会都要讨论一个问题：要不要取消这个项目，解散这个团队？云计算团队很长时间都惶恐不安，不知什么时间会被解散。

在最艰难的时候，马云来到了云计算团队，跟他们讲："云计算我们一定要做，而且我要投100亿元。"整个团队的士气一下子就上来了，大家知道没事儿了。

2012年，认为云计算前途无望的百度解散了自己的云计算团队，这个团队后来被阿里完整接收。云计算的最终结局从那一刻基本就已经确定了。

马云讲过一句话：阿里今天做的所有决策，都是为了七八年以后的战略布局。阿里云的最终胜出，靠的就是这种长期主义的战略。

三种类型的胜利

我们都想打胜仗,"打胜仗"在今天已经成为一个热词。但我们究竟应该打什么样的胜仗,应该要什么样的胜利?

北京大学国家发展研究院 BiMBA 商学院原院长陈春花老师关于"打胜仗"有一个非常精彩的观点,她说胜利分三种类型:机会主义者只能得到暂时性的胜利,实用主义者会获得阶段性的胜利,长期主义者才能赢得持续性的胜利。

我非常同意陈老师这个观点。我最早是学历史的,可以从历史上组织兴衰的长远规律来呼应一下陈老师的观点。

从历史上看,从来没有哪一支土匪或军阀的队伍能够真正成事。当尘埃落定的时候人们就会发现,最后胜出的一定是有着清晰的长期理念的那支力量。

这是历史告诉我们的一个基本道理:坚持长期主义才能赢得长久的胜利。

坚持长期主义为什么非常难?

既然长期主义这么重要、这么好,那么问题来了:为什么长期主义者少之又少?为什么我们今天还要谈长期主义?

答案很简单:坚持长期主义非常难。

回顾任正非关于小灵通的决策,今天我们会赞叹任正非的高瞻远瞩、雄才大略,做出了正确的选择。可是有谁知道任正非当时承受了多大的压力?

任正非放弃了小灵通业务,但是小灵通在 2000 年到 2003 年取得了持续的增长。UT 斯达康因此从一个名不见经传的小企业变成了一家明星企业，中兴也在小灵通市场里赚得盆满钵满，而且它们利用小灵通取得的高额利润不断挤压华为的市场。2003 年中兴的销售额一度达到了华为的 80%。

华为是中国通信设备制造商的老大，但在那段时期内几乎没有什么收获。华为失去了瓜分小灵通市场的时机，更雪上加霜的是 3G 牌照迟迟不发放，因此华为在 3G 领域的巨大投入长期得不到任何回报。

2002 年，华为首次尝到了巨额亏损的苦头。那时候很多人对华为失去了信心，认为任正非犯了一个致命且愚蠢的错误。不少人离开华为，选择了在当时看来更好的公司。

任正非后来讲："我当年精神抑郁。为了一个小灵通，为了一个 TD（3G 上网的一种），我痛苦了 8 年到 10 年。我不让做，会不会使公司就走向错误，崩溃了？做了，是否会损失我争夺战略高地的资源？"

我们复盘一下任正非当时的处境：眼前的利益唾手可得，当前的压力实实在在，但是未来的收益却并不确定。如果你是任正非，会怎么办？

焦虑、抑郁、彷徨，中途反悔甚至放弃，这就是长期主义者常常必须面对的现实。

20 世纪 60 年代有一个著名的"斯坦福棉花糖实验"。美国斯坦福大学心理学教授沃尔特·米歇尔选了十几个幼儿园的孩子，让他们坐在房间里的椅子上，要求坐满 15 分钟。面前的桌子上放的是孩子们最爱吃的棉花糖。

实验的规则是，如果马上吃掉糖，就不能获得奖励；如果能等 15 分钟以后再吃，就会额外得到一块糖作为奖励；不愿意等的孩子可以按桌子上的铃。

实验开始以后，研究人员发现一少部分孩子不假思索立即抓起眼前的糖吃掉了，有些孩子30秒以后陆续开始按铃，最后只有30%左右的孩子等到15分钟期满才吃糖。

研究人员对参加实验的孩子进行跟踪，发现那些愿意等待的孩子在后来的人生中取得了更大的成功，包括职业的成功。那些不擅长等待的孩子成年以后体重更容易超标，成就相对较低，而且不少人染上了毒品。

这个实验提出了"延迟满足"的概念。能够做到延迟满足的人总是会取得更大的成就。

字节跳动创始人张一鸣最喜欢讲的一个词就是"延迟满足"。张一鸣的成功也告诉我们延迟满足确实很重要。问题是，道理我们都懂，但是为什么能够真正做到"长远思考""延迟满足"的企业和个人少之又少？为什么长期主义特别难？

这是今天神经科学、心理学、行为经济学等学科都在关注的一个重要研究话题："跨期选择（intertemporal choice）理论"。也就是在大而迟（larger-later，LL）的收益与小而早（smaller-sooner，SS）的收益之间，人们的选择倾向。

所有这方面的研究都得出了同样的结论：相对于未来的收益，人们通常会对当下可以获得的收益赋予更大的权重。直白地说，就是人们更看重眼前马上能够得到的收益。

原因很简单，人类是从动物进化而来的。在进化的过程中，人类虽然发展出了对未来进行计划和规划的能力，但是在跨期选择时，我们同其他动物一样，依然偏好于即刻的奖赏。

一些研究者还探讨了跨期选择的神经机制。2004年，《科学》杂志发表了一篇著名的报告，第一次从神经机制上证明人的大脑有 β、δ 两种不同的评估机制。

β 机制集中于早期进化的中脑边缘多巴胺系统，主要负责加工当前选项，也就是当前马上要做出的决策、当前的诱惑、当前的利益等；δ 系统是相对较晚进化成的额-顶系统，主要负责加工延迟选项，也就是延迟满足的决策。

前者是生存的本能，后者是进化的需要。两个系统的相对激活水平，决定了被试者的选择。选择过程中，如果 β 系统被激活，我们就会选择当前的收益；如果 δ 系统被激活，我们选择的就是延迟满足。

与此相关的，还有一个跨期选择的认知机制理论，即热/冷系统理论。这一理论认为，人脑认知机制中存在热、冷两个系统。热系统与个体的冲动行为有关，是情绪驱动的，表现为简单的条件反射，因而反应速度较快，是较早成熟的一套系统；冷系统则与个体的自我控制有关，它是认知驱动的，比较审慎，因此也比较慢，是较晚成熟的一套系统。

热/冷系统的交互作用决定了个体在延迟满足中的表现。热系统起主导作用时，个体倾向于选择小而早的收益；冷系统起主导作用时，个体倾向于选择大而迟的收益。

在此基础上，学者们还提出了人类跨期选择的多重自我理论（multiple-selves theory）："目光短浅（myopic）的自我"与"目光长远（farsighted）的自我""计划者"（planner）和"实施者"（doer）"老练（sophisticated）的自我"与"幼稚（naive）的自我"等。

理论是枯燥的，我不想过多介绍理论本身。我们感兴趣的是，这些研究结果告诉管理者什么道理？

我们每个人都是一体两面的，我们身上都有短期主义的影子。更看重眼前的收益是人性的组成部分，况且未来有很大的不确定性。

对于普通人来说，面临的当前压力或眼前诱惑越大，短视的一面就相对越容易被激活，就越容易表现出短期主义的倾向。

即使是长期主义者也会有短期行为的冲动，也会中途动摇，每个人都会有内心深处的天人交战。这就是为什么任正非在已经选择了3G这条长期主义赛道后，仍然会为了放弃小灵通而感到抑郁和压力。我相信李彦宏也是长期主义者，百度也是有长远追求的企业，但是为什么会中途一度放弃云计算？也是同样的道理。

这就是长期主义很难坚持的基本背景。

短期主义会带来长远的伤害

长期主义很难，但我们为什么还需要选择长期主义？很简单，因为短期主义会给管理者、给组织带来长远的伤害。

短期主义对于管理的第一个危害在领导力层面。短期主义的领导者个人必然表现出缺乏远见、自私自利的特征。缺乏远见的人注定成不了事，而自私自利的人注定没有人追随。

人都有私心，但是领导者必须让更多的人为己所用，甚至还要用比自己更强的人，这样才能成就大事业。因此，领导者必须走出小我才能成就大我。自私自利的结果一定是众叛亲离。

短期主义对于管理的第二个危害在决策层面。孔子就用两句话很好地揭示了短期主义的危害——"见小利，则大事不成""人无远虑，必有近忧"。

决策就像下棋一样，有些人可以看到三五步之后，甚至更为长远，有些人走一步看一步，只顾眼前。

棋力到了一定程度之后，为什么有些人就是没法成为一流的高手？这是因为大局观薄弱，特别容易陷入眼前和局部的争夺，无法掌控整个棋盘。你可能也会取得局部的胜利，但是并不知道如何利用这些胜利。

什么叫"人无远虑，必有近忧"？没有长远的眼光，人就很容易在复杂的环境中迷失方向，陷入各种纠结之中，陷入各种患得患失之中，企业也是如此，赢了眼前但输掉了长远，赢了局部但输掉了全局。

过于看重眼前的业绩，就会忽略其他更重要的东西，反而会给企业带来更多、更大的问题，伤害了企业的长远发展。

短期主义对于管理的第三个危害在组织层面。习惯了赚快钱的组织就再也打不了硬仗。一哄而上的结果一定是一哄而散。

对组织而言最忌讳的就是胜则一日千里，负则一败涂地。历史上这样的组织非常多。黄巢、李自成、张献忠这样的农民起义军为什么最终成不了事？他们的共同特点就是攻城拔寨、招兵买马、走州过府、随掠而食，哪里粮多就去哪里，吃完了再换个地方。这些人忽略了一个根本，就是组织能力本身的建设，从来没有稳固的根基。这就是所谓的"流寇主义"。

"流寇主义"在商业世界的表现就是赚快钱，比如那些买买买，但是没有自己核心竞争力的企业，比如那些今天这个有机会就做这个，明天那个有机会就做那个，却没有核心优势的企业。

历史上，"流寇"取得的所有胜利都是无根的胜利，注定都只是历史的匆匆过客，永远是草莽英雄，成不了大事。

就根本而言，短期行为表面看来是理性的选择，但从长远来看，其实恰恰是非理性的，因为这种短期行为是以明天为代价换取眼前的利益。

从进化的历史可以清楚地看到：短期行为只是基于生存的本能，长期主义才是真正成熟的标志。不管对个人还是对组织都是如此。

我们不能仅仅生活在本能之中不可自拔，要对未来进行思考和规划，这是人类区别于动物最重要的品质。

是否具备这种未来的取向，以及未来取向的高低，其实也是优秀的人和平庸的人、优秀的组织和平庸的组织之间的区别。我们每个人都有局限和弱点，只有承认局限才能超越局限，只有直面弱点才能跳出短期主义的陷阱。

长期主义的价值

短期与长期的选择其实是一个资源分配的过程。短期行为是将资源投到当前，被动应对环境的变动；而长期主义是将资源投到未来，主动塑造自己的命运。

个人和组织的资源永远是有限的，你的资源分配到什么地方，你就会收获什么样的结果。只有长期主义才能让你跳出一时一地，发展出自己独特的能力和优势，才能从更长的维度把握好自己和组织的方向与命运。

我们究竟为什么需要长期主义？可以从以下几个角度来分析。

第一，从目标感来讲，如果一个人只知投机，那么他即使精于算计、苦心经营也无法走得长远。投机者的路会越走越窄，处境越来越差，更主要的是失去了拥有更好的未来的可能。而长期主义可以为我们的人生提供明确的方向和持续的动力。方向感和动力是人生成功和组织成功所需的非常关键的两个条件。

第二，从认知上来讲，短期主义是以浮躁应对浮躁，以短视应对短期；而长期主义赋予我们全新的认知框架，让我们从更长的时间维度看清哪些是一时的喧嚣、泡沫、杂音，哪些才是真正的大势，从而可以在浮躁多变的时代保持内心的从容、宁静与定力。

《大学》里有一句话："知止而后有定，定而后能静，静而后能安，安而后能虑，虑而后能得。"其实就是从认知到最终结果的全过程。知道未来要什么才能有定力，心定之后才会静，心不妄动才能从容安详，才能展开深层的思考，才会找出解决问题的最佳方法，得到最好的结果。

中国人讲"势利"，"利"和"势"是分不开的，有势就有利，有大势才能有大利。所以不要先求利，而要先取势。如果只盯着眼前的小利，那得到的最多也只是小利。只有取得大势，才会获得大利。

《孙子兵法》讲过，真正的高手是"求之于势，不责于人"，也就是在借势、造势方面下功夫，而不是苛求自己的团队成员或下属。企业管理也是这样，遇到问题时如果没有长远的思考，不能跳出来看问题，就只会在具体的人、具体的事上去争对错。长期主义者会从"势"的角度考虑问题，从根本上解决问题。

这是两种完全不同的认知模式。长期主义才会让你做出基于长期的选择，这是认知的价值。

第三，从行动上来讲，长期主义可以赋予我们眼前的行动以深远的意义，让我们的努力具有一致性和连续性。

长期主义并不排斥短期行为，不排斥眼前的选择。前面讲过下棋，棋当然要一步一步地下。但一个棋子如果没有长远的考虑就是个废子，只有用清晰的战略将棋子联系起来，每个棋子的战略价值和意义才会真正体现出来。

对未来进行长远思考和规划，会使我们更多地考虑当前行为对未来产生的影响，从而把长期目标渗透到眼前的决策中，用长期主义来过滤我们的短期行为。

这样的好处是让我们懂得每一步在做什么，懂得每一个具体目标的实现会如何促成总体、长远目标的达成。这样我们在梳理、筛选眼前的行动时，就不会受短期诱惑的影响，不会掉入短期主义的陷阱，做到有所为有所不为，防止短期行为伤害长远的发展。

这样一来，我们就可以把战术性的机会发展成为战略性的胜利，把眼前的机会发展成为长远的胜利。

第四，从竞争的角度来讲，长期主义是跳出"内卷"式竞争的最好选择。

并不是所有人或组织都会选择长期主义，这就是为什么最后胜出的一定会是长期主义者。

亚马逊的前CEO贝索斯讲过，做一件事把眼光放到未来三年，和你同台竞技的人就很多，但能放到未来七年，和你同台竞争的人就很少了，因为很少有公司愿意做那么长远的打算。

贝索斯曾问过巴菲特："你的投资理念非常简单，为什么大家不会复制你的做法呢？"巴菲特说："因为没有人愿意慢慢地变富。"

长期主义其实是违背人类基于生存的本能的，长期主义并不是所有人都能够做到，也不是所有人都会选择的。但是我们知道，少有人走的路才是最好的路。在长期主义的道路上，你不会遇到多少竞争者。所以长期主义才是跳出眼前"内卷"式竞争的最好选择。

如何成为长期主义者？

首先，长期主义是一种觉醒。

想做到长期主义，必须认识到，我们自身或者我们的组织都有两套系统在起作用，我们身上都有短期主义的一面。

这是我们首先必须认知和承认的现实。因此我们要随时警惕短期主义的冲动，要有意识地选择并不断强化自己的长期主义特质。

长期主义是需要激活，也是可以激活的；是需要强化，也是可以强化的。长期主义是一种价值观，也可以变成一种习惯性的思维与行为模式。

换言之，人和组织都是可塑的。短期主义是像地心引力一样的存在，我们要做的就是始终用长期主义来校正我们的行为，保证我们不会偏离长期主义的主线。古人说"吾日三省吾身"，如果你没有认识到自身和组织的两套系统，就很容易滑向短期主义而不自觉。

其次，长期主义是一种信念。

长期主义是关于未来的选择，而未来是不确定的，并不是现实。所以，一旦失去对未来的信念，人们就会放弃长期主义，追求短期利益。

我和胡大源教授在国发院有一门课，带着学生去实地体验"四渡赤水"，告诉大家在不确定的环境中究竟该怎么做决策、带团队。四渡赤水是长征中的一部分，长征很伟大，但是参加长征的每个人都走到了最后吗？不会的。

有人会离队，有人会叛变，有人会投降，甚至有些早期很有名的人消失了。这些离开的人有一个共同特点——信念出现了动摇。

悲观主义者更容易选择眼前，乐观主义者更容易相信未来。

人只有对未来有信心才会放下眼前较小的回报，去追求长远较大的回报。人关于未来的信念越强烈，做选择时我们就会越倾向于长期主义，就越能忍受寂寞和痛苦。有些人甚至把这种坚持视作一个愉悦的过程，当成一个自我突破和自我实现的过程，从中获得巨大成就感，因为这样是超越了其他人。

作为长期主义者，你必须相信自己的信念，才能实实在在地看见未来，未来才会变成现实。长期主义是个人和组织具有持久和持续发展可能性的唯一支撑点。

具体而言，我们需要有以下六点"相信"。

第一，相信长期的力量。要相信你的长期理性。在大和小之间，要选大不选小；在长和短之间，要选长不选短。长期理性可以让你从更大的框架、更高的视角、更长的时限来思考遇到的问题，这样就会做出最理性的选择。

不要因为短期的理性而导致了长期的非理性，要相信你的长期理性一定是对的。克制与耐心是人类理性最高贵的品质。相信长期的力量，你就可以具备这样的品质。

第二，相信信念的力量。我们前面提到的跨期选择研究发现，积极的希望情绪可以提高个体在跨期选择中的自我控制能力。越积极，越相信，选择过程中的自控性就越强。

所谓信念，就是相信正面的理念一定能够实现。强烈的信念是人和组织最主要的力量来源。无论是在曾经的战争中，还是今天企业的创业，一个弱小的组织最终能取得胜利，核心原因之一就是从一开始就具有强烈的信念，并且相信自己的信念。

"相信信念"这个层面中非常关键的一点是一定要形成团队的氛围，因为组织内部成员的观点和行为可以相互影响，信念可以相互激励。

一个特别有意思的现象是，长期主义的领导会吸引长期主义的追随者，短期主义的领导必然会吸引那些只追求短期利益的下属或者团队成员。从这个角度来讲，其实信念、信任、信心、信仰可以良性地互相促进。

团队内部的相互信任会使得成员都更倾向于相信这个团队的整体信念，一群人在一起相互吸引，相互激发，释放出无穷的潜力，最后把信念变成现实。这就是信念的力量。

曾鸣教授讲过一句话我非常认可：组织的愿景是用来相信的，不是用来挑战的。如果成员怀疑和质疑组织的愿景，事情就根本做不成，必须相信它，它才会变成现实。

第三，相信共生的力量。不管在任何领域里，竞争和敌对意识会影响你的战略和思考。你如果陷入跟对手较劲的死结当中不可自拔，那么即使赢了，也是残局。

如果从现在看未来，你的眼光一定会局限于资源的争夺，眼中全是对手；但是如果从未来看现在，从长期主义的角度回头看现在，你关注的就是如何创造出未来的大局，甚至眼前的竞争者都可以被纳入到你共创未来的大局中。

所以，不要只盯着一时的胜负得失，而要着眼于不断演化的大局。相信共生的力量，你才能超越一时一地的得失。

第四，相信基本面的力量。基本面就是管理中的基本优势，包括人才、文化、战略、组织、领导力、执行。无论是在战争时期还是在商业化的今天，我们常常发现自己处于浮躁的环境中，人和组织很容易在过程中迷失自己。最终是管理中最基本、最简单、最普通、最质朴的常识性要素，以及它们之间的动态匹配程度，决定了你和组织到底能走多远。有了扎实的组织才能更好地打仗，才会取得更大的、持续性的胜利。

我们经常会把眼前的短期业绩跟组织的长远投入对立起来，看重眼前的业绩往往就忽略了组织的长远发展。但是，真正的好组织、真正的长期主义就是通过组织能力的构建、基本面的夯实来给自己创造取得更好更大的业绩的机会。更长远来讲，夯实你和组织的基本面才能夯实组织的根基，才可以在动荡的环境中经历大风大浪而岿然屹立。

第五，相信专注的力量。我们要在一个清晰的方向持续不断地投入和累积。长期的价值创造一定是个持续的过程。只要大方向没有错，只要你愿意在这个大方向上持续不断地投入，最终大赢的可能性反而比四处出击要高出很多。

第六，相信向善的力量。今天的行业和市场一直在不断变化，但是我们看到，人类向善利他的大方向从来没有变过。从进化的角度讲，这是人类生存和发展的需要。因为只有有利于社会整体利益的行为才会得到社会长期的奖励。只有形成合作、利他、向善意识的社会，才能在进化的竞争中生存和发展。

几乎所有世界性的宗教和世界性的思想体系都是教人向善的。其实企业也是如此，企业的终极意义就是创造社会价值，推动人类进步，只有这样的企业才能赢得社会的认同和尊重，才能与社会形成良性互动和正向循环。

企业当然要追求利润，但是缺乏道德感的企业无法走得长远。长期的成功一定是价值观的成功，伟大的企业一定是向善的企业。这是让自己和组织变得强大的精神内核，能够历经任何挫折，实现长期生存和不断发展的根本原则。这就是平庸和卓越的最大区别。

那些为社会创造长远价值的企业，社会最终一定会给它长远的奖励。

长期主义是一场修炼

认识到长期主义很容易，但要做到却非常难。我们必须认知到这个现实，因为人性是有弱点的，我们永远要面对大脑中两套系统的纠结。

知易行难。在长期与短期之间、全局与局部之间、追求使命与追逐眼前利益之间，当这些纠结出现的关键时刻，你究竟如何抉择，最能暴露你深层次的追求究竟是什么，也最能决定你和组织的最终命运。

在坚持长期主义的过程中，你会动摇，会怀疑，也会犹豫，这反而是你和你的组织成长、成熟的过程。

如何成为长期主义者？很简单，做难而正确的事情。管理就是要做难而正确的事情，人生也是要做难而正确的事情。

回到我们的主题：浮躁的时代，我们为什么需要长期主义？因为这是唯一难而正确的事情。

我非常喜欢下面这段话："真正的光明绝不是没有黑暗的时间，只是永不被黑暗所掩蔽罢了。真正的英雄绝不是永没有卑下的情操，只是永不被卑下的情操所屈服罢了。"

套用这段话我想说：真正的长期主义者绝不是永没有短期选择的冲动，只是永不被短期的冲动所动摇罢了。路就在脚下，人是可以选择的，选择什么样的道路，你就会有什么样的人生。

第七章

中国式现代化与人口趋势

如何应对即将到来的人口负增长时代？[①]

蔡昉

（中国社会科学院国家高端智库首席专家）

本文将就"即将到来的人口负增长时代"给大家分享一些最近的观察和研究。看上去没有"金融""财富"这两个词，但是投资、从事金融财富管理行业的人对此应该有观念上的转变。

首先我们来看一看最新的人口数据，它给我们揭示了一个最新出现的人口转折点。过去的人口转折点，呈现这样一些变化——劳动人口在2010年达到峰值，之后会出现劳动力短缺、人力资本积累不足、生产率改善速度放慢以及资本回报率下降，导致经济潜在增长率和实际增长率相应减慢。这是2010—2019年的情况，我们用供给侧结构性改革来应对，所以是供给侧的冲击。我们现在看到的新的人口转折点恐怕会带来新的冲击。

最近几年我们不断地对新的人口数据感到震惊。第一次是2020年第七次人口普查，数据显示，我国的总和生育率已经低到1.3，是世界

[①] 本文根据作者于2022年7月30日在"2022青岛·中国财富论坛"上的演讲整理而成。

上生育率最低的国家之一，显著低于高收入国家的平均水平。它的含义是什么呢？研究人口问题的人对此很清楚，这么低的生育率不是一天出现的，一定是多年、长期的结果。生育率低于 2.1 这个总体水平，也就意味着积累到一定时间，人口惯性过去以后，一定会出现人口的峰值和负增长。2021 年的数据显示，人口自然增长率已经低到 0.34‰，这在统计意义上已经非常接近于零增长了。当然，通过民政部的数据修正可能已经是零增长。同时 65 岁以上人口占比超过 14%，它的含义是什么呢？世界卫生组织有一个定义：老年人口占总人口的比例超过 7% 就叫作"老龄化社会"；超过 14% 就叫"深度老龄化社会"；超过 21% 就是重度老龄化社会，日本现在就是"重度老龄化社会"，我们大概 10 年以后进入这个时期。

这些结果的出现明显早于联合国 2019 年进行的人口预测，实际结果比联合国 2019 年的预测提前数年。从一些数据中可以看到，我国人口达到峰值，老龄化超过 14% 都将早于预期。联合国 2022 年做了新的预测，这个新的预测和现在的情况非常相似。

根据新的预测，大概在 2022 年或者 2023 年，中国人口将达到峰值，随后进入负增长；同时印度的人口将超过中国，而且将来的差距会非常明显，我们第一次不再有"世界第一人口大国"的头衔了。这意味着我们正式进入人口负增长时代，这不是周期性的，不是稍纵即逝的，几乎可以说是永远的。同时，从 2023—2035 年，劳动人口大概每年以 1.5‰ 的速度快速减少，比原来设想得还要快。设想一下，20~45 岁这一最好就业年龄段的人口每年以四五百万的规模在绝对意义上减少，同时老龄化加重，这是一个崭新的情况，我们观察到的情况都证明了这样一个趋势。

前文提到，过去 10 年经历的人口冲击是供给侧的，导致经济增长减速下行，我们把它定义为"新常态"。这个新常态是供给侧的，可以通过供给侧结构性改革推进，当时没有需求制约的冲击，但是这一次，需求特别是居民的消费需求，将成为中国经济的新常态制约。

人口是一个很重要的经济变量，过去不太被重视，因为大部分人关注的是短期的经济波动，即周期性。如果从比较长的时间来看，大概在20年前日本的一个机构预测，长期经济增长的唯一变量（等式右边的变量）就是人口增长速度。日本的经济增长，除了短期的波动，完全是随着人口变化发生的。这一事实也证明了上述预测。

中国人口具有的三个效应对消费产生了不利影响。2010年应对供给侧冲击的时候，我们的需求结构进行了相应的调整，不再过度依赖外需、出口，也不再过度依赖投资、资本形成，逐渐转向了"三驾马车"的消费，特别是居民消费成为最主要的拉动力。

过去，我们的人口和经济增长是减速的，人口总量效应是导致消费低迷的第一个因素，人就是消费者，人口的增长速度慢了或者出现负增长，消费必然会受到影响。第二个是增长效应或者叫收入效应，经济增长速度放慢了，收入水平的提高速度也一定会放慢，这些都直接影响消费。因此，人口的增长、人均GDP的增长和居民消费增长，三者是一致的，都是下行的，未来会出现人口的负增长，GDP的增长率还会更低。这些在相当大的层面上会抑制居民消费。

第三个是人口年龄结构效应。中国和发达国家在这一点上不太一样。发达国家很多老年人的工资水平由其工作年限决定，年纪大了收入水平比较高，退休以后保障水平也还可以，甚至还有财富的收入，因此老年人一般比年轻人收入水平高，但是他们也有不愿意消费的倾向，所以在学界还有一个"退休消费之谜"的说法。中国没有这种现象，因为中国老年人的收入水平总体上低于年轻人。同时他们退休以后还会出现一些后顾之忧，为自己的孩子、孙子辈着想，因此更倾向于储蓄，较少消费，所以消费力和消费倾向都比较低。消费支出水平是随着年龄下降的，剔除医药支出后，老年人是支出水平最低的一个人群。从一个横截面和个体看，老龄化越来越重，老年人的消费不足，总体会出现消费不足的倾向，这就是人口年龄结构效应。

未来，越来越多国家出现人口负增长，特别是新冠肺炎疫情期间，人们的生育意愿不强，短期内不生孩子会成为新常态，因此老龄化——人口负增长或人口停滞——会成为全世界的一个趋势。对于预测，也有不同的观点，查尔斯·古德哈特提出，在人口老龄化、劳动力短缺成为新趋势的情况下，通货膨胀会回来，我们会告别通货紧缩时代。这很难说，现在看到的通胀是有原因的，中国没有出现这种情况，在出现过很高通胀的美国、欧洲及日本也没有，它的根本原因还是供应链的问题，还是由原油价格等问题导致的，因此还有一批学者，比如劳伦斯·萨默斯很重视通胀，对美国的政策会提出批评，还有保罗·克鲁格曼，归根结底，他们还是认为通胀是过渡性的，是短期现象，长期趋势——老龄化——还是让世界经济在较长期处于停滞状态，长期的低利率、低通胀、低增长可能导致高负债，这是全世界的趋势。在中国，从未富先老的特征来看，我们预计消费是未来经济增长主要的、常态的、持续的制约，这是我们必须转变的观念。

相应地，我们可以观察经济形势，也可以观察比较长期的经济增长趋势，从长期与短期、供给与需求两侧、宏观与微观三个维度的两个层面，来看多种组合。实际上，人口冲击可能是长期的需求侧的宏观冲击，我们还要应对眼前的短期冲击，新冠肺炎疫情还在影响经济增长、复苏，这主要是需求侧的。而消费的问题可以从微观层面来看，因此相应的，我们的政策取向应该是不断扩大内需特别是消费，这会成为我们保持未来经济增长合理区间的一个主要矛盾方面。过去10年，我们的主要任务是如何提高和稳定我们的潜在增长率，今后10年、20年的最主要任务是如何让需求侧因素来满足潜在增长率，在实现潜在增长率的同时，应对短期冲击也非常重要。

当把长期和短期的举措放在一起观察时会发现，它实际上和人口负增长时代是一个衔接点。

在人口负增长时代，国家的政策、企业的决策、个人的选择都会发生一些关注点的转变。我们都知道，人口在资源的动员、资源的配置中是一个很重要的催化剂，人口的波动最终反映为不同的形态，因此人口负增长也就意味着资源动员的增量减少。经济发展越来越依赖于资源的重新配置，我们讲财富管理、讲金融，过去可能是为了做大蛋糕，而未来则是为了更好地分配蛋糕；过去是为了动员，现在是为了配置以及重新配置。经济增长的常态制约——从供给侧到需求侧的转变，也是一个崭新的挑战，这个挑战也让我们在很多重大决策中做出新的转变。

为什么我们也关注短期？因为短期会影响长期，短期不是冲击性的、一次性的，也不是不留痕迹、不留疤痕的，而是很可能会留下伤痕，进而影响长期的常态。很多人在研究周期问题、危机冲击问题的时候，发现了一个效应叫作"磁滞效应"，这是从物理学中借鉴来的。该效应是指每一次冲击都会造成伤痕，这些伤痕使你回不到冲击之前的常态，从而处于新的轨道上，这个新的轨道通常是一个较低的新常态。很多历史上的重大转折、长期趋势都是这么变的，一次偶然的冲击就可能让变化提前到来，过早进入新常态，让你没有时间应对。

当前，新冠肺炎疫情干扰了我们的就业、居民的收入和消费，而这种消费的不足也恰好遇到了消费成为经济增长新常态制约的关键点，两者一交汇就会留下疤痕，这个疤痕会导致磁滞效应。现在讲应对政策、讲33条，比较多的还是着眼于市场主体。市场主体不仅仅是生产者，还有消费者，还有家庭，后者是决定需求能不能回升、经济复苏和长期增长可不可以持续的关键因素。

同时，为了应对当前的家庭消费不足、收入不足，为了应对长期的需求制约，归根结底，政府要发挥更大的作用，也要调整政府作用的结构和方向。这些都要求政府有新的、更大规模的支出。

在一段时间内，我比较关注政府是不是应该增大支出占GDP的比重，是不是应该增大社会支出占总支出的比重。我发现一个规律，从各个国家来看，随着人均收入水平的提高，政府支出占GDP的比重确实是提高的。早在多年以前，德国经济学家阿道夫·瓦格纳就得出这个结论，即"瓦格纳法则"，并将其当作应该遵从的一般规律。根据相关研究得出的结论，政府支出占比提高最快、达到它应有的水平是人均GDP达到12000~24000美元。这个区间就是中国从现在到2035年的目标，我们2021年人均GDP超过了12000美元。这13年的时间，我把它叫作"瓦格纳加速期"，在此期间我们应该显著地提高政府支出占GDP的比重，同时调整政府支出的结构，从直接的经济活动中减少一些，更多放在社会保障、社会供给、社会福利方面。从一定意义上说这也叫作"福利国家的建设期"，特别是从短期来看，给居民直接发钱、发消费券也是合理举措，它本来就是政府履行这个时期特定职能的应有之意，也就是说，如果不能够让居民消费回归正常，就难以实现真正的复苏。

那么，这对于金融发展有什么含义？我虽然回答不了这个问题，但是通过对前文分析进行归纳可以看出有以下几个崭新的变化，这是今后我们的金融发展、发展模式、运行机制、产品的创新等都应该考虑的新因素。

第一，供给侧的制约到需求侧制约的变化，哪怕设计最简单的一个产品也都要考虑这一点。我们的金融创新已经达到了极高的水平，2008年次贷危机之前发生的事告诉我们，正面的、负面的都可以做到。随着信息技术、数字经济的发展，我们的能力进一步显著提高，因此不论发展方向如何，我们都能够有应对的办法。但是你判断方向之后，可能使的劲越大，失误的可能性越大。

第二，财政的作用相对于货币政策在将来会更加重要，财政的支出方向也会发生变化。也就是说，财政的支出更贴近民生，更贴近社会福利。这些也会影响我们的金融和财富管理。

第三，市场主体本位——生产者经营者的生产主体到家庭本位——的变化。家庭是我们人口再生产的基础单位，是消费的基础单位，影响需求因素，因此这个变化可能也会对我们有所启示。

最后一点，依据过去较大的收入差距，很多财富管理者把目光集中在中等收入群体上，但未来的中等收入群体相对中国14亿人口来说还是较小的群体。如果从更长远一点的角度看，未来这十几年时间是我们实现基本现代化的关键时期。在这个时期，老年人、刚刚脱贫的农村人口、农民工等特殊群体，都面临着从低收入群体转变为中等收入群体的过程。这个转变的过程也应该成为我们金融和财富管理的对象和盈利来源。

老龄化带给经济增长的压力与动力[1]

赵波

(北京大学国家发展研究院经济学长聘副教授)

人口老龄化受到经济增长的影响,可以理解为一种经济增长的"烦恼",出现人口老龄化的国家大概率是高收入国家。数据显示,人均收入越高的国家,其老年人口在总人口中的占比通常越高,因为这些国家的医疗条件、健康状况都会得到更好的改善。另外,人均收入越高的国家,总和生育率通常较低,因为生育和养育孩子的机会成本会随着收入的增长而上升。

人口既会受到经济的影响,也会反过来作用于经济发展。本文将从劳动力市场、资本积累、全要素生产率、经济结构四个方面谈一谈人口对经济增长的影响。

劳动力市场

大家的直观感受是,人口老龄化极大地影响了国家的劳动供给。

---

[1] 本文根据作者于2021年5月16日在第152期朗润·格政论坛上的演讲整理而成。

2020年第七次全国人口普查显示，劳动年龄（16~59岁）人口为8.8亿，比2010年第六次人口普查时减少了4000多万人，占总人口的比例下降6.8个百分点。我国劳动年龄人口呈现先上升一段时间再下降的趋势，表明拐点已过。

劳动年龄人口不代表实际工作人口，所以就业人数也是需要考察的指标。数据显示，我国就业人数在2017年左右也出现了拐点。

这两个指标告诉我们相同的信息，即以劳动年龄人口数衡量的人口红利已经消耗殆尽，这会对我们的生产造成负向影响。

资本积累

影响产出的另一个重要因素是资本积累。一个国家的经济增长靠高速投资拉动，投资很大程度上来自国内储蓄。人口结构恰恰会影响储蓄，因为人退休之后收入减少，但消费没有立刻减少，伴随着储蓄率降低，资本积累放缓。因此，老年人口占比高的国家，储蓄率会持续下降。如果想维持高速增长的投资，就需要维持足够的储蓄率。

对于我国的挑战体现为，储蓄率在2010—2022年十年间下降了5个百分点，而且人口老龄化将进一步加深，如果储蓄率不能上升，我们可能需要通过国际收支调整来维持强有力的投资增长。这意味着，过去长期积累的顺差可能会慢慢消失，甚至可能出现逆差，需要从国外吸引资本来帮助我们实现国内的高速投资增长。

全要素生产率

全要素生产率度量的是投入劳动、资本、土地等要素的生产效率。

能否成功应对人口老龄化带来的挑战，取决于能否提高全要素生产率，其中最重要的两个环节是技术进步和人力资本。

技术进步可以在一定程度上弥补劳动力不足，甚至能够实现对一些低技术含量劳动力的替代。人力资本积累方面，可以通过提高教育水平推动劳动力素质的提高，使得劳动力创造的价值更高，变"人口红利"为"人才红利"。

我们的研究发现，老龄化严重的国家，的确有更大的动力去增加技术研发投入并增加人力资本积累。老年人口数量与国家的研发投入占GDP比重以及人力资本指数都有很强的正相关性。人口老龄化程度越高的国家，在研发投入和人力资本积累方面的优势也更明显。

我国第七次人口普查结果显示，16~59岁劳动年龄人口平均受教育年限从2010年的9.67年提高至2020年的10.75年，文盲率从2010年的4.08%下降到2.67%，这是非常好的消息。

经济结构

老龄化带来的另一个影响通过经济结构施加。不同年龄段人群的消费结构不同，分析全国居民消费构成可以发现，越是人口老龄化，对于医疗等服务品的消费需求越大。消费结构的变化将进一步影响我国产业结构。

老年人的消费需求以非贸易品为主，包括医疗服务、财富管理、养老等。如果不能通过贸易获得，就必须增加本国供给。随着老龄化的发展，对于这类服务品的需求会大量增加，导致相对价格上升，进而吸引生产要素逐渐从第一、二产业转移到服务业，最终导致服务业增加值占比和就业人数增长，经济从工业化主导转向服务业主导。

虽然发达国家都经历了这样的过程，但并不代表这是完美的路径，在这个过程中要警惕"鲍莫尔病"（Baumol's cost disease）。这是指，在发达国家，技术进步缓慢的部门，如服务业，通常吸引了大量生产要素，产品价格却居高不下，比如医疗费用不断攀升。当技术进步较慢，难以规模化复制的服务业部门占比又很大的时候，会拖累整体经济增速。

尽管第三产业中也有进步很快的领域，但平均来说，第三产业的技术进步和增长率低于第一、二产业，特别是教育、城市服务、医疗保健等。"鲍莫尔病"会使得一旦经济过早去工业化，整体技术进步率会被拉低太早。由于长期决定人均收入的是技术进步率，所以经济总体增长率会随之下降。我国"十四五"纲要中首次取消了服务业增加值比重的目标，提出要保持制造业比重基本稳定，在我看来这是一个很好的指导方向。

老龄化既是挑战，同时也是改革的机遇。针对以上四个方面，我们可以：全面放开生育限制来改善劳动力市场；完善金融市场、吸引外资流入以促进资本积累；促进创新、加大研发和教育投入来提高全要素生产率；升级服务业内部同时避免过早去工业化，并始终维持强劲出口优势，以优化经济结构。

我国老龄化的突出特征与人口政策建议[1]

雷晓燕

（北京大学国家发展研究院学术委员会主任，
教育部长江学者特聘教授）

第七次全国人口普查结果公布以来，大家对"老龄化与人口政策"话题已有很多讨论，本文将从数据的角度分享一些观察到的趋势。

我国人口老龄化现状

人口总量与结构

我国人口总量与结构，为了让其相对可比，本文只用五次人口普查（1982年、1990年、2000年、2010年、2020年）的数据，没有用历年的千分之一样本调查数据。观察图7-1可以有以下几点发现。

---

[1] 本文整理自作者于2021年5月16日在第152期朗润·格政论坛上的演讲。

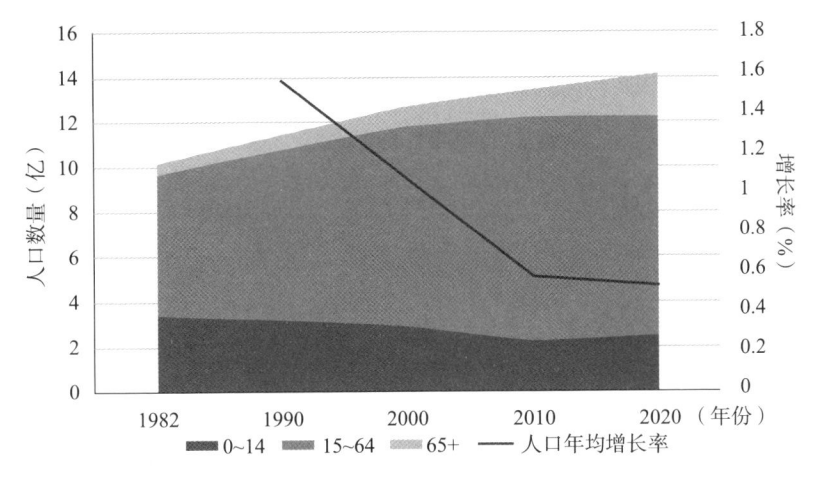

图 7-1　人口总量与结构

第一，我国人口总量保持一定程度的持续增长，2020年已经达到14.1亿。

第二，人口增速在放缓，从1982—1990年间的年均增长1.56%降低到2010—2020年间的0.53%。

第三，老年（65岁以上）人口的数量和比例呈持续上升趋势，2020年达到1.91亿，占全国总人口的13.5%，已非常接近深度老龄化指标（14%）。

第四，少儿（0~14岁）人口在近10年略有上升，可能得益于生育限制放开的政策。

抚养比

抚养比即非劳动年龄人口占劳动年龄人口的比例。根据1982—2020年五次全国人口普查的数据：作为抚养比分母的劳动年龄人口近10年有所下降，2020年为9.68亿；总抚养比（老年抚养比和少儿抚养比之和）从 2010 年开始上升，到 2020 年，10 年间从 34.2% 上升到 45.9%；总抚养比上升主要是由于老年抚养比的上升幅度较大，从 2010 年的 11.9% 上升到 2020 年的 19.7%。少儿抚养比上升幅度略小，从 2010 年的 22.3% 上升到 2020 年的 26.2%。

生育状况

根据官方公布的数据，我国总和生育率长期低于 1.6，处于低位，并在不断下降，政策放开后出现短暂回升，后继续下降到 2020 年的 1.3；育龄妇女（15~49 岁）数量从 2011 年开始持续下降。两个因素结合，导致我国新增人口数近年出现明显下降趋势（如图 7-2 所示）。

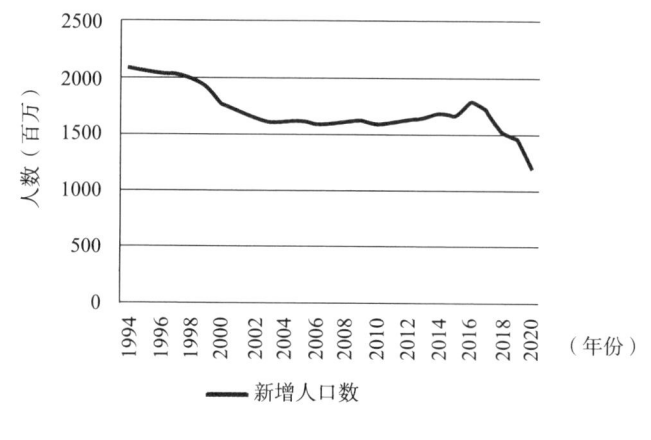

图 7-2　新增人口数

同时，我国生育率还呈现出明显的城乡差异，城市生育率低于镇生育率，更低于乡村生育率。全面二孩政策实行之后，城乡生育率都有所提升，但是随后又全部出现一定程度的下降，尤其是城市的下降速度更快。

生育率趋势还呈现明显的孩次差异。分孩次来看，从 2000 年到

2019年，一孩生育率一直保持下降趋势；二孩生育率在生育政策放开之后有过上升，但随即下降。三孩及以上生育率略有上升，但是这部分的比例非常小。

城乡生育意愿方面，根据中国人民大学中国综合社会调查（CGSS）的数据，2010—2017年，育龄妇女（15~49岁）希望生育的子女数为1.7~1.9个。其中城市女性的生育意愿很低，长期低于1.75个。同时，农村女性的生育意愿也只有1.9个左右，并且2021年有明显的下降趋势。

如果分出生组看看60后、70后、80后、90后女性的生育意愿，会发现越年轻的群体希望生育的子女数量越少。80后和90后的生育意愿近年都开始出现下降，90后的下降幅度尤其突出。

分孩次和分城乡分析生育意愿可以发现，虽然希望生育子女数为0（不想生孩子）的女性人数比重不大，低于5%，但近年有上升趋势，其中城市中不想生孩子的女性比例增长更快。希望生育一个孩子的女性比例以前呈下降趋势，近年出现上升，城乡都是如此。虽然仍有超过2/3的女性希望生育2个或以上子女，但是近年该比重在城市和农村都出现下降。

分孩次和出生组看生育意愿的结果非常值得关注：90后不想生孩子的女性比例远远高于60后、70后、80后群体，而且近年这一比例上升非常快。80后和90后女性中希望生育1个孩子的比重在上升，而希望生2个及以上孩子的比重都在下降。

最后看生育意愿与实际生育的差异。分析实际生育，就不能直接看15~49岁的育龄妇女，因为年轻群体还没有生孩子，所以我们把人群限制在35~49岁。CGSS在2017年调查了同时有生育意愿和实际生育子女数的信息，我们可以用来做比较。总的来看，生育意愿跟实际生育之间存在很大差异，实际生育子女数比希望生育子女数平均要少0.42个，这反映的就是心里想生但实际并没有生的平均子女个数。这个差值的城乡差异也很明显，农村女性的差值是0.33个，而城市女性的差值高达0.62个。

综合上述数据，我国人口现状可以简单概括为以下几个特点：人口快速老化，抚养比上升，劳动年龄人口减少；生育率下降、新增人口减少；生育率和生育意愿都呈现明显城乡差异，城市最低；越是年轻的群体，生育意愿越低且有降低趋势；实际生育数远低于生育意愿，而且在城市中差距最大。

政策建议

2020年《政府工作报告》中对生育方面提出了"优化生育政策，推动实现适度生育水平，发展普惠托育和基本养老服务体系"[①]的要求。关于生育政策的调整，大家也有很多讨论。针对上述数据呈现的我国人口现状，我提几点政策建议。

第一，生育政策应适时调整。建议全面放开生育，不用担心放开会生很多孩子，因为并没有那么多人想要生3个及以上的子女。

第二，降低生育成本。为什么生育意愿这么低？为什么很多人虽然有生育意愿，但实际上没有生育？成本是很大的原因。成本包括生育成本、养育成本、教育成本等。生育成本目前主要由女性承担，所以，要降低生育成本就需要调整女性和男性对于生育成本的承担，比如，除了给女性产假，也应该给男性陪产假，并且要加大力度深化落实。生育津

[①] 《政府工作报告——2021年3月5日在第十三届全国人民代表大会第四次会议上》，参见：http://www.gov.cn/gongbao/content/2021/content_5593438.htm。——编者注

贴方面，我国现在有生育保险提供，但力度远远不够。

第三，降低养育成本。建议加大 0~3 岁托幼服务，这是非常高的成本。同时，可以考虑将学前教育纳入义务教育，这也是女性担心的一个大问题。

第四，增加教育投入。目前我们在子女教育方面非常"内卷"。解决办法中最重要的是从国家层面增加教育资源的投入，并且分配更加均衡。如果各个层面的学校质量差异不是那么大，大家就不需要那么激烈的竞争。

个人养老金制度的意义和挑战[1]

赵耀辉

（北京大学博雅特聘教授、国家发展研究院经济学教授）

2022年4月21日，国务院办公厅印发《关于推动个人养老金发展的意见》（以下简称《意见》），主要有三大原则：一是政府政策支持，二是个人自愿参加，三是市场化运营。《意见》非常清楚地定性了个人养老金私有财产的属性，我认为这是最大的亮点。

私有财产属性主要体现在四方面。

一是占有权，主要体现在"个人养老金实行个人账户制度，缴费由参加者个人承担，实行完全积累"。在这段表述中，"个人账户"是关键。

二是收益权，主要体现在这个账户封闭运行，权益归参加者所有，除另有规定外不得提前支取。此外，参加者可以用账户里的钱买银行理财、储蓄，也可以买基金和投资金融产品，自己承担风险。

三是处分权，主要体现在个人养老金账户内的资金可转移、可更换投资机构，也可以转移到别的账户。这是一个突破，类似的操作在以前

---

[1] 本文整理自作者于2022年4月24日举办的第156期朗润·格政论坛上的演讲。

是不允许的。

四是使用权，达到领取年龄，参加人个人养老金账户里积累的钱只供自己使用。

在我看来，虽然个人养老金不是百分之百的私有财产，但已经非常接近。除了"另有规定外不得提前支取"这一条，其他部分已经相当于私有财产。

《意见》中也明确了对个人养老金制度的定位，与基本养老保险、企业（职业）年金相衔接，实现养老保险补充功能。我们的养老保险体系已有两大支柱，第一支柱是基本养老保险，包括城镇职工养老保险和城乡居民养老保险；第二支柱是企业补充养老保险，这在一些效益好的大机构才会有，覆盖面不大。

在我看来，个人养老金制度的意义绝不仅限于是对第一、第二养老保险支柱的补充。

我国养老金制度面临的问题

习近平总书记在 2022 年 4 月 16 日出版的第 8 期《求是》杂志上发表《促进我国社会保障事业高质量发展、可持续发展》一文，高度关注我国养老金制度和社会保障制度面临的问题，其中就包括养老金制度。

随着我国社会的主要矛盾发生变化以及城镇化、人口老龄化、就业方式多样化加快发展，我国社会保障体系仍存在不足。这些不足大致有以下几类。

第一，社会保障的统筹层次有待提高，制度整合没有完全到位，制度之间的转移衔接不够顺畅。

第二，平衡地区收支矛盾压力比较大，有些地方社保基金存在

"穿底"风险。

第三，部分农民工、灵活就业人员、新业态就业人员等人群没有被纳入社会保障，存在"漏保""脱保""断保"情况。

第四，城乡、区域、群体之间的待遇差异不尽合理。

以上可以看作为个人养老金制度出台做的铺垫。因为存在这些问题，所以我们出台了个人养老金账户制度。

接下来，我就目前我国养老金制度存在的问题展开论述。

各自为政带来的转移衔接问题

目前，我国职工养老保险制度和居民养老保险制度相互分割。不仅如此，每种制度在不同地区间执行的是属地化管理，不同地区之间没有打通。多年来，我们一直希望能提高以上两种养老保险的统筹层次。目前，职工养老保险的省级统筹已经基本实现，正向着全国统筹的方向推进。居民养老保险则正朝着市级统筹的方向努力，因为居民养老保险是从县级单位开始的。

我国有334个地级行政单位，简单计算下来，至少有33个职工养老保险资金池和300多个居民养老保险资金池，大家各自为政。人口流动和劳动力流动已经成为社会的大趋势，因此一个人可能从居民养老保险进入职工养老保险，也可能反向流动、跨地区流动。在职工养老保险的范畴内，流动转移已经比较方便，然而居民养老保险的异地转移，以及职工和居民养老保险之间的转移流动都尚未实现。以前曾有过一些解决方案，但对参与者来说都不是最划算的方案。

不同地区的养老金压力差异巨大

关于养老金，有个专业术语叫"养老保险的抚养比"，意思是退休后领取养老金的人数与正在缴费的企业职工人数之比。在广东省，这一比例为9∶1，意思是9个在职的企业职工负担1个退休职工的养老。但在吉林省和黑龙江省，只有约1.2个人负担1个退休职工，养老压力非常大。

毫无疑问，这反映了劳动力流动的结果。通过2020年的人口普查结果，我们不难看出劳动力的流向，比如广东等发达省份基本是人口净流入。我认为养老金压力的地区差异不是生育率差别导致的，而是经济发展不平衡导致人们离开收入低的地方，前往收入高的地方。其后果是人口大量流出的省份面临社保基金赤字"穿底"的风险。

因此，《意见》中提到的解决方案非常合理。在我看来，这样的赤字风险不该由各省各自为政来解决，而应该全国统筹。比如说黑龙江省出现赤字，不应该由黑龙江省完全负担，因为这里的年轻人很多都跑到了广东省。

统筹解决的想法在20世纪90年代末就已经提出，如今30多年过去了，我们仍在为实现全国统筹的最后一步而努力，可见这件事的难度有多大。

全国统筹的困难主要包括以下两点。

一是地方利益构成巨大阻力。一旦统筹政策落地，黑龙江省这样的人口流出地可能会非常愿意，但广东、浙江、上海、北京这些人口流入地可能不愿意。

二是道德风险。一旦政策落地，那些已经出现赤字的省份肯定希望短期内可以有钱入账，弥补赤字。很多地方之前出台过一项"允许补缴社保"的政策，即只要补交几万元的社保费用，就能在退休后继续领几十年退休金。因涉及道德风险，这项政策已经被制止。

漏保、脱保、断保等问题层出不穷

新的经济业态在发展，灵活就业越来越多。目前我国灵活就业人员已达2亿，占全国就业人口的1/4还多。与我们生活息息相关的外卖骑手这类灵活就业者就有8400万之多，占全国劳动力的1/10，这一数字还在不断增加。

通过平台灵活就业的这部分人群，绝大部分没有参加职工养老保险，这在网络上也是一个热点话题。前几年，我国曾推行社保不再由社保部门收缴，而是由税务部门收缴，相当于给许多企业施加了压力，让它们为职工投保。在新的形势下，过去常用的强制推行保险的做法不再有效，即使税务部门施压，也无法保障平台灵活就业者参加职工养老保险。大量的人员因此被排除在社会养老保险之外。这样产生的后果是民众没有养老保障，特别是现在的年轻人老了以后没有养老保障。

在我看来，出台个人养老金制度的初衷是帮助这部分缺乏保障的人，不让他们漏保，而不是为了保障那些高收入人群。

待遇差异很大

如图7-3、图7-4所示，横轴代表不同的社保类型，纵轴代表保险覆盖率，不同颜色的柱形代表了从2011年到2018年发布的数据。从图中不难看出：城镇和农村户口社保覆盖率已经接近100%；但城镇户口的居民主要参与的是职工保险，覆盖率约为66.8%；农村户口的居民主要参与的是新农保，也就是农村居民的保险。

居民保险能够提供的资金非常少，因此，几种主要养老保险的年养老金额度差异非常大。

如图7-5所示，灰色的柱形代表职工养老保险养老金额度的中位

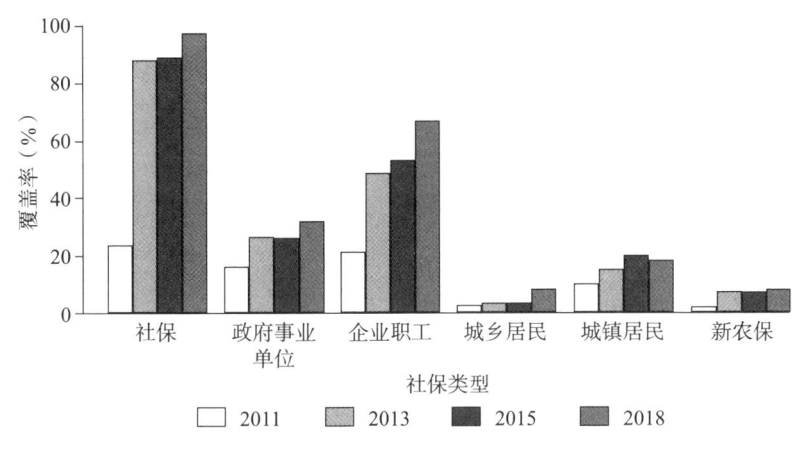

图 7-3 城镇老年人口社会养老保险覆盖率

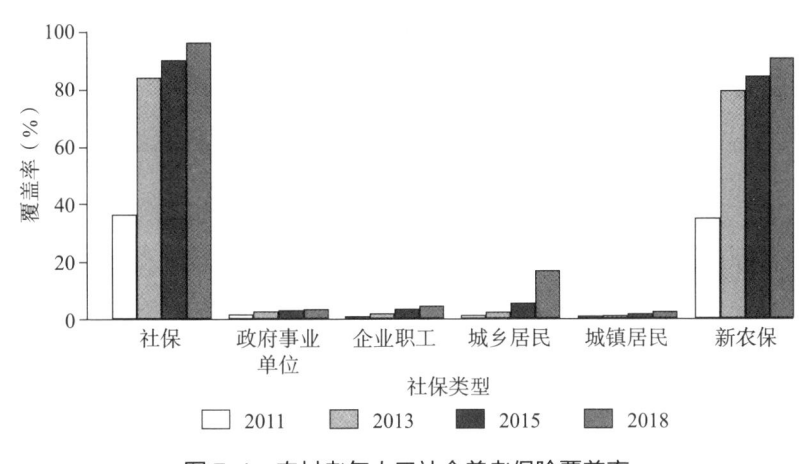

图 7-4 农村老年人口社会养老保险覆盖率

数，2018 年约 32000 元。深灰色柱形代表的是农村居民养老保险养老金额度的中位数，一年大约 1000 元，两者差异非常大。如此大的差异，主要由保险类型不同所导致。

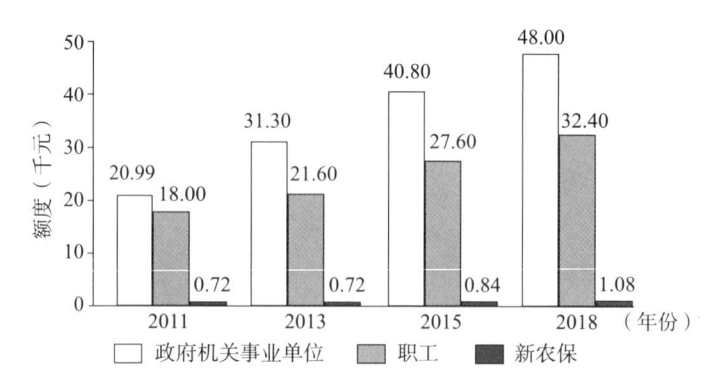

图 7-5 主要养老保险年老金额度（中位数）

这样的养老金水平是否足够养老？表 7-1 是 2015 年时我们做的简单计算。我们选取的样本是尚未退休的、年龄为 50~60 岁的一部分人。

表 7-1 即将退休人群退休后的贫困情况

	农业户口	城镇户口	女性	男性	总体
社保财富	88.8	36.5	75.8	72.9	74.4
社保财富+耐用消费品+生产性固定资产+流动资金	73.8	29.2	65.3	57.6	61.5
+土地变现	63.2	28.1	57.6	49.2	53.5
+住房变现	46.4	17.7	42.8	33.9	38.5
+土地和住房都变现	38.1	17.0	36.8	27.5	32.3
注：50~60 岁，假设了折现率和增长率，加权数字（比例：%） 实现以房养老将对降低老年贫困起到重要作用 家庭仍将是重要的经济来源；在政府发挥更大作用的同时，要重视保护家庭在养老中的作用					

首先看他们当下有多少财富，再把预期的社保养老金折现到当下，以贫困线为标准，测算这部分人退休之后不再工作，养老金能否保障其生活水平高于贫困线。测算之后发现，如果只靠社保，农业户口居民中

约有88%的人，退休后将生活在贫困中。加入其他财富后，这一比例会降低。即使这样，也有约38%的农村户口居民退休后将生活在贫困中。这意味着现在即将步入老年时代的这部分人口只靠养老金是不够用的。这是一个很大的问题。如果现在的年轻人退休时仍没能攒够社保，也会面临同样的问题。养老金不够用，老年人会迫于生计不停地奔波挣钱。

养老保险制度建立历程

城镇职工养老保险始于20世纪50年代，在20世纪80年代迎来一场改革——企业和机关事业单位的养老保险制度分开。2015年，机关事业单位的养老保险并入城镇职工保险。

居民养老保险始于2009年。从2009年开始，新型农村养老保险覆盖农村居民。2012年，城镇居民养老保险随之展开，很快覆盖了城镇无保障和无业人员。2014年，城乡居民保险开始合并，2020年完成。此后，凡是中华人民共和国的居民，只要愿意加入，都可以拥有一种基本养老保险。

职工养老保险制度设计

然而，职工养老保险制度的设计存在很大问题。在20世纪60年代到1986年这段时期内，按照这项制度是单位负责养老，随着国有和集体企业出现破产，需要转向社会养老。

从1986年开始，国有企业开始实施养老统筹，包括行业统筹和地域统筹。从1991年开始，实施个人缴费。

1997年，《国务院关于建立统一的企业职工基本养老保险制度的决定》出台，确立了养老金采取统账结合的共识和缴费领取公式。"统"的部分由单位缴费，最高比例为20%，现在逐渐降低到16%；有的地方则是单位缴费比例为14%，个人缴费8%。

统账结合制度设计的初衷

所谓"统账结合"，即一部分是统，一部分是账。其设计的初衷是通过个人账户赋予大家缴费的积极性。但是个人账户并非个人财产，资金没有积累，空账运行，个人也没有收益权，资金不可转移。此外，按照这套制度的设计，养老金中20%都进入统筹，与个人利益脱节，我认为这是导致居民参保积极性低下的关键原因。

参与的积极性对于养老保险十分关键，对此我们早有研究。我和徐建国教授早在1999年就曾发表两篇论文，指出"当前的转轨模式回避了缴费动机问题，导致了大量的拒缴和偷逃行为"，并建议要走市场化的路。具体措施包括：界定养老金的隐性债务，以账户方式分配到个人；养老基金账户要转为实账，要移交市场管理；等等。这实际上就是个人账户新制度所做的。

2001年，我们又发文仔细分析了激励机制的问题。经过仔细计算，我们得出结论，"激励机制设计的关键是减少'大锅饭'成分，把企业和职工对养老金的贡献都存入个人账户，交由职业投资机构管理，以获得既安全又不低于个人投资收益的合理回报"。"在合理的假设下，用1%的GDP就可以在50年内清偿现在的养老金债务，这相当于5.6%的工资税。而向个人账户贡献总共为10.2%的工资就可以实现个人账户的全额积累，并且提供替代率为60%的养老金收入。这两项加起来一共才占工资的15.8%。"由此可见，积极性有多重要。

与职工养老保险不同，居民养老保险从一开始就是完全基金积累的个人账户制。所有的钱,包括自己的缴费以及政府为吸引缴费而给的补贴,都进入个人账户。然而这跟我们今天讲的个人账户还是有本质差别的。居民自己不能控制账户,这主要体现为不能自主选择投资管理机构、利率由政府决定、不能携带等问题。所以居民养老保险虽然是个人账户、基金积累,还可以查余额,但仍不能提高居民参保的积极性。我认为,积极性不足的主要原因是没有给予个人对自己账户充分的控制权和安全保障,导致人们对居民养老保险信任度不足。

新形势下,缴费积极性愈发重要

在今天新经济蓬勃发展的形势下,提高养老保险缴费积极性愈发重要。灵活就业、平台就业比例增大,年轻人大量地脱离职工社保体系,而我们的职工社保体系里面已经有大量的退休人员,需要不断有年轻人来承担老年人的养老金。

目前我国约有8400万平台灵活就业者,占劳动力的10%。如果大量年轻人转向灵活就业,大量人员离开社保体系,谁来养目前的这些老年人?到时候社保基金的赤字一定越来越大,整个系统的抚养压力也会越来越大。

同时,对年轻人来说,在挣钱最多的时期没有为自己攒下养老钱,退休后如果社保缺失,会非常没有安全感。

此外,社保压力过大也会加速就业非正规化。政策缴费包含养老、医疗、失业和生育,加起来占比约为36.8%,公积金最低占比10%,最高占比24%。上述项目加在一起,总占比约为46.8%。如果企业认真缴费,用工成本非常大。这意味着,企业每发1000元的工资,就要附加约400元的社保。

这样的情况正在加速就业的非正规化。平台就业本来可以正规化，但因为缴费压力过大，不得不变成非正规的就业。因此，企业实际缴费率远远低于政策缴费率，通过压低工人数量、压低工人的工资额等方式降低缴费水平。这种行为无疑是劣币驱逐良币，惩罚了遵纪守法的企业和员工。针对这种情况，增加监管和稽查等手段都不太奏效，必须考虑提高参与者的积极性。人是理性的、自利的，要让参与者觉得划算，从而有积极性，这是经济学界的第一大法宝。

养老保险的制度选择

养老保险有两大类型，一个是确定收益型（defined benefit，DB），另一个确定缴费型（defined contribution，DC）。前者是指在缴费前就知道参保人退休后每个月拿多少钱。后者指参保人知道自己要合计投入多少钱，至于退休后能拿到多少钱，取决于回报。DC基本上属于个人账户制度。

DB和DC制度又可以分别细分为"有基金积累"和"无基金积累"两类。比如无基金积累的DB类似现收现付制度，简单说就是不积累，在职工退休时，如果需要钱再从现在的职工手里收，这叫现收现付。

个人账户制度，又分名义账户和实际账户。名义账户就是现在的职工往账户里存了100元，然后这100元马上用来给现在的退休职工发钱，资金并没有真正在账户里留存，但仍然能看到账户里有多少钱。实际账户制度，意思是账户里的钱是看得见、摸得着的。

制度选择需要考虑的问题

我国选择何种养老保险制度需要考虑以下几方面。

一是考虑是否有利于应对人口老龄化。大量的转轨需求源自人口老龄化，这里面暗藏着年龄结构变化的风险，是否鼓励延迟退休也是要考虑的。

二是要考虑是否能提高参与积极性。很多制度没有考虑积极性问题，无论是现收现付制还是基金积累制，大部分国家都强制要求参与。为什么会强制要求？主要是预防短视。有些人只顾现在不管将来，这会令其在老年陷入贫困，终究还是社会为他买单。正因为最终社会都会买单，有些人会利用社会的同情心，故意不存钱，把钱花光。因为他们知道，老了以后即便是陷入贫穷，国家和社会都会管他们。但是，强制参与在很多国家难以实行。

三是要考虑是否有利于共同富裕，不能造成过大的贫富差距。

哪种制度更能抵御老龄化？

先来看现收现付制度。在这种制度下，老年人的退休金完全靠年轻人缴费，当抚养比情况变差时，年轻人的负担就会加重。图7-6是我们国家人口抚养比变化图，主要看60岁以上人口每人需要几个20~59岁年龄段的人来缴费。不难看出，近些年抚养比恶化得非常快。2000年时这一数字为5.5∶1；2020年时下降为3∶1；2050年，大概会下降到1.2∶1。

因此，如果采用现收现付制度，并预设大家在60岁退休，意味着当时缴费的人需要拿出一半的钱给已经退休的人养老，这非常不可持续，不利于鼓励大家工作的积极性。

再来看个人账户制。如果采用名义账户制，意味着钱无法积累，基本等同于现收现付制。如果采用基金积累制，老年人靠自己的储蓄生活，不靠年轻人，那就不会有这方面的顾虑。因此，基金积累制更优，更有

图 7-6　1950—2050 年我国的人口抚养比

利于老龄化。在我看来，这也是很多地方都在推行基金积累制的主要原因。

哪种制度鼓励延长就业？

当人口的预期寿命得到很大提升时，国家必须考虑延迟退休。否则一直按照 60 岁的标准来退休，抚养比会很快达到 1∶1，这肯定不可持续。假设人口预期寿命达到 90 岁，将退休年龄延到 70 岁，抚养比马上就会得到改善，这也是绝大部分国家应对人口老龄化最主要的法宝。

在现收现付制度下，参保者会认为养老金是自己的"应得权利"。如果国家中途改变相关规定，参保者会认为国家不守信用，因此可能抗拒延迟退休。如果采用个人账户制度，情况就会不一样。个人账户是个人财产，选择提前退休就意味着用有限的这些钱支撑更长时间的老年生活，平均每一年拿到的钱会变少。如果延迟退休，就意味着退休时能够有更高的年收入。因此，如果人口预期寿命延长，人们可能会更愿意延迟退休。从这个角度看，个人账户制更优。

发达国家通常采用现收现付制度。许多发达国家正面临人口老龄化的冲击，财政上出现很大赤字。这些国家在设计养老金制度时，还没有出现人口老龄化现象，没想到今天有如此多的问题。如今这些国家在延迟退休年龄的问题上举步维艰，各种政治势力在选举拉票时都打着"不能让大家延迟退休"的旗号，承诺一定保证退休者的福利等。因此，发达国家采用现收现付制，已经吃足教训。

目前，美国通过发展补充保险，已经大大降低了社保作为第一支柱的重要性，即企业养老金成为越来越强的第二支柱，已经超过第一支柱。美国也很想改革，共和党和民主党为此争斗多年，希望能够实现私有化的社会保障。虽然目前这一目标尚未实现，但美国已经通过扩大第三支柱的方式，实现了养老金制度的较大转变。

哪种制度鼓励缴费？

在现收现付制度之下，缴费是为了获得领取的权利。多缴不会多得，所以只要缴费年限达到一定标准，参保者就能拿到养老金。这种制度容易鼓励最低标准的缴费行为，以此来"占便宜"。只达到最低缴费标准，整个分配制度对低缴费人群有利，高缴费人群的钱会被拿来补贴低缴费人群。这样的制度虽然能鼓励大家都参与，但是不会鼓励大家多缴费。

而在个人账户制度下，账户是个人财产，多缴多得，可以让参与者的积极性最大化。所以这种制度不仅鼓励缴费，而且鼓励多缴费。

哪种制度有利于共同富裕？

乍看，可能大家认为是现收现付制。现收现付制度有再分配的功能，可以补偿低收入参与者。个人账户制度则没有再分配功能。表面上看现收现付制度有利于共同富裕，但由于很多人不参与，或者是以最低水平参与，使得其实际积累的养老金权益可能更低。参保者只得到最低层次的养老金，或者干脆就不参与，没有养老金。因此，在现收现付制度下，反而会造就更多低收入者。

个人账户制虽不完美，但可以辅以配套措施。

第一，要搭配最大化参与的激励措施，预防老年贫困。鼓励所有人去参与缴费，即使参保人收入不高，依然可以缴费。这样的措施可以帮助每个参保人预防老年贫困。

第二，要对终生低收入者有扶贫措施。

这两项功能不可混在一起，即扶贫不要扭曲养老保险对参与者的激励。

个人账户养老金的吸引力

如果个人账户做得好，实际上可能减轻贫困。这一论断的基础就是"人有天然的储蓄动机"。人老之后，挣钱能力下降，消费需求上升。终有一日，个人收入将没有办法支持消费，因此必须有储蓄的安排。

或许大家会问，我自己的钱可以放在自己的储蓄账户，为什么要存在政府的账户里？这主要是因为个人储蓄的收益有限，散户很容易被"割韭菜"。而投资机构是专业的，知道如何获得最大的投资回报，但这样的机构一般都设有最低投资额要求，低收入者很难达到这一标准。因此，一般情况下老百姓理财只能靠银行。但在个人账户养老金制度下，会有来自很多人的小笔资金汇集到一起，交给机构投资者理财，收益自然也更高。对老百姓而言，这是个人账户养老金吸引人的地方。

为什么会有老年贫困？

老年贫困可能是导致个人账户养老金制度失败的主要原因之一。一生都属于低收入群体的人，其老年陷入贫困的概率也比较大，即使按时缴费也无法满足其老年生活需求。在这种情况下，我认为这部分人的养老需求应该由政府救济来承担，而不是靠养老保险来负担。新加坡有个 Workfare 项目，该项目在补贴低收入群体的同时也鼓励就业。那些积极就业的人能拿到更多补贴，这些补贴中有相当大一部分直接进入个人账户，帮助这些低收入者未来养老。

我认为这是非常好的一种安排。那些一生都不缴费的人，一般也是被社会保障制度"遗漏"的人，他们多数是自我雇用的灵活就业者。一般的强制性保险不会覆盖到他们，因为很难确定他们的收入是多少，征缴也非常困难。相比之下，发达国家的自雇比例小，较容易实现强制性社会保险。然而中低收入国家普遍存在大量的自雇人群，这其中也包括农民。如何吸引自雇者参保？这非常重要。智利和新加坡分别采取了两种不同的方案，结局也大不相同。

智利养老保险

智利在 1981 年就设立了完全积累的个人账户制度，这是对之前现收现付制度的革命性改革。之前的现收现付制度早已面临危机。1971 年，智利养老金支出的 GDP 占比高达 17%，当时有 100 多种资金池子，错综复杂的利益使改革无法推行。因此，智利政府提高了储蓄率，推动了金融市场发展，促进了经济的发展。

图 7-7 中实线代表智利人均 GDP，虚线代表南美人均 GDP。不难看出，自 20 世纪 80 年代的改革后，智利出现经济的奇迹，实现经济腾飞，与拉美国家拉开很大距离。智利也因此成为世界银行推崇的典范。

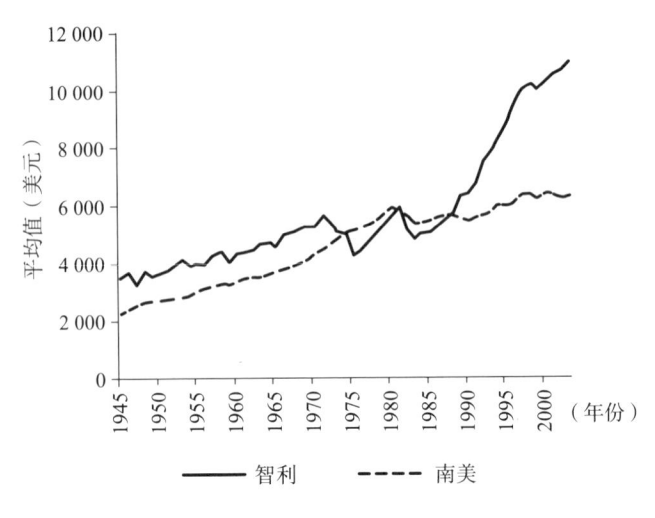

图 7-7 人均 GDP 的平均值（1945—2003）

在 20 世纪 90 年代，包括阿根廷、秘鲁、哥伦比亚、乌拉圭、墨西哥、波兰、俄罗斯和印度在内的很多国家，纷纷推行与智利相同的养老金模式。不可否认，智利的制度在当时的确是成功的，成为全世界仿效的对象。

然而现在看来，智利的制度有两大设计缺陷。一是参保率低。南美国家有大量自雇人群，几乎 1/3 以上的人都是灵活就业者。这些人不进入正规社保体系，不进入强制缴费的范畴。20 多年后，智利政府发现几乎一半的人口都没有参保，即便参保的人，也有一半是低水平参保，根本没有持续缴费。许多智利人发现，他们退休后能拿到的养老金非常少。

智利在 2008 年设立"互济养老金"（solidarity-based pension），向未参保和保障水平低者提供最低养老金。然而这一养老金覆盖了近 60% 的人口，这不是救困，而是拿参保者的钱去普遍地发福利。2015 年，智利再次大幅提升保障水平，远超贫困线。这样的举措大大挫伤了参保者的积极性，越来越多的人不愿参保，因为参保反而可能导致拿不到钱。

在新冠肺炎疫情期间，智利大量参保人要求政府归还先前缴纳的养老保险费用。智利政府也曾多次允许参保者取现。毫无疑问，这些钱一旦出去就不会再回来。

因此，智利的个人账户养老金制度目前面临解体，很多拉美国家也是如此。多数拉美国家顺势解散了个人账户制度，重新回到现收现付制度。

新加坡养老金制度

1955年，新加坡建立了自己的养老制度——中央公积金制度。从时间上看，这一制度建立于其受英国统治期间。英国不想承担殖民地老百姓的养老问题，就把这件事情交给殖民地老百姓自己负担。

就目前情况来看，新加坡采取的这种制度非常具有生命力，受人口老龄化的影响小，运行非常好。

这一制度的关键是受雇者强制性缴费，是完全基金积累制的个人账户。参保人可以自主决定投资机构，也可以自主选择由政府担保的无风险投资。在20世纪50年代，新加坡也有大量自雇人群。新加坡政府对于低收入或者自雇者没有强制，而是通过利息补贴来吸引这部分人参保。根据笔者最近查到的数据，新加坡人的个人养老金账户只要有6万新币，国家就会补贴1个点利息。与此同时，政府通过免税的方式，鼓励子女为低收入的父母缴费。

此外，新加坡政府只会出面救助那些无赡养人并且一生收入都很低的老年人。对于有赡养人的低收入老年人，新加坡政府主张强化子女赡养责任。救助方式并不是简单发钱，有时候是以提供医疗、子女免费上学等实际的方式来进行。在我看来，新加坡政府的成功之处在于强调个人和家庭的责任，通过一种非常聪明的设计，让政府仅仅起到了兜底作用。

个人账户制度还有哪些优势？

综合来看，提高社会保障统筹层次、制度之间转移衔接、解决地区压力不平衡以及待遇差异，这些问题和目标都可以在个人账户的框架下得到解决。

比如提高统筹层次这个问题，如果把个人历史上积累的养老金权益落实到个人账户，然后把账户转移到中央社保机构统一管理，参保人的养老账户控制权就不再受制于地方政府。同时，居民养老保险的余额也可以直接并入个人养老金，因为这个余额定义得非常清楚，如果能够直接并入个人养老金账户，参保人的这一财产也不再受地方政府支配。

前两项解决以后，转移也不再是问题。至于待遇差异问题，主要由缴费差异导致，需要个人为自己负责。

综上，个人账户制度不是简单的第三支柱，而是具有潜在革命性意义的一种制度。

养老金个人账户制度通过强化个人责任并提高积极性，有利于防范人口老龄化风险，提高养老金保障水平。如果开始这几年运行顺利，可以为下一步做实基本养老保险个人账户打下基础，实现全国统一。

推出个人养老金制度后，居民养老保险最适合尽快地并入。如果能够把职工养老保险也逐步并入，则可以一次性解决转移接续、统筹层次、参保积极性等长期困扰社保的问题。

需要强调的一个原则是，个人账户制度需要老年人最低生活保障制度来兜底。当然这里面还有隐性债务的问题，这是另外一个棘手的、需要我们高度重视的问题。

此外，我认为应该有一些额外的激励措施。个人养老金账户制度主要是为未参保或者参保层次低的这些灵活就业人员设计，然而这部分人由于个人投资选项少，本身就没有太多的钱可以存入账户。目前居民养老保险是有缴费补贴的，有些地方存 1500 元，最高可得到 100 元补贴以及利息补贴。这些收益加在一起，已经远远高于实际的三年期定期存款利息。

我认为这些补贴可以转为针对个人养老金账户的利息补贴，而不是现金补贴。我们可以参照新加坡的做法，补贴前面一定的量。比如说这个账户里 10 万元是参保人的投资额，政府可以针对这一部分给予补贴。这样的话，至少每个人在退休前，可以有固定的 10 万 ~15 万元的账户余额来保障其退休之后的基本生活。此外，针对高收入人群，可以允许参保人为其他低收入家庭成员缴费，比如可以为家中不工作的配偶和低收入父母缴费，以此获得税收优惠等。

最后，鼓励参与也有其他一些必要条件，最主要的是信息要透明。人力资源和社会保障部可以建一个平台，提供各个可选基金管理机构的历史投资成绩单，让投资者了解不同类型风险-收益组合，做出自己的选择。针对个人账户，参保人要随时可以查询余额、查询投资回报，最好在手机端就可以操作。

目前，针对资金管理的细节还需要敲定，比如如何降低管理费，如何规定账户移动频率、有效控制基金管理公司风险以及为风险耐受力低的人提供购买国债的优先权等等，这些都是可以考虑的问题。

我们也要开展全民投资知识普及。个人养老金账户好比是突然出现的一个投资选项，如何用好这一选项、管理好风险，相信大家都需要一定的启蒙教育。

第八章

中国式现代化与城乡发展

城市化 2.0 与乡村振兴的内在逻辑[①]

姚洋

(北京大学国家发展研究院院长、BiMBA 商学院院长、
南南合作与发展学院执行院长)

本文和大家分享"十四五"期间一个很大的主题——新型城市化,也称为"城市化2.0",以及乡村振兴。

首先看看城市化对于中国经济的贡献。

城市化意味着中国的结构转型,从劳动生产率低的部门向劳动生产率高的部门转移,城市还有集聚和创新的效应,这样的转型能自动带来经济增长。根据我个人计算,过去三四十年里,我国城市化对经济增长的贡献是 10% 左右。

城市化对消费的贡献也很大,因为城市居民的人均消费是农村居民的 2.3 倍以上。到 2035 年,城市化率达到 75%,由此带来的消费增加足以弥补老龄化带来的消费下降。

2020 年十九届五中全会上,习近平主席在关于"十四五"规划的报告中把"城市化"和"城镇化"两个词并用,这在我的印象中是第一

[①] 本文根据作者于 2021 年 3 月 18 日在"中国经济观察"第 56 期报告会及 20 日在"新形势、新战略、新硬仗:2021 企业战略落地论坛"的演讲综合整理而成。

次。这是一个非常重要的信号，代表了一个新的方向。以前的官方文件中一般只提"城镇化"，不说"城市化"。因为我们一直担心大城市扩张太快，人口过于集中，会产生所谓的"大城市病"等问题。

习近平主席在《国家中长期经济社会发展战略若干重大问题》中提出，我国未来的城市化有两个趋势：一个是东部沿海地区人口向中心城市区域再集中；另一个是我国现有1881个县市，农民到县城买房子、向县城集聚的现象很普遍。[①] 关于第二点，我认为未来可能会实现县城和村庄的融合。

趋势一：人口再集中

第一个趋势"人口再集中"，指的是人口从三、四线城市向一、二线城市集中，然后到了城市化区域里又进行分散。这个趋势在世界很多国家都发生过，我把它称为人口的"大集中、小分散"。

比如，美国的地理面积跟中国差不多，人口3亿多，但是摊开美国的地图，会发现美国人口集中在少数几个地方，包括东海岸、西海岸、五大湖地区，以及佛罗里达州，其他地方人口较少，中西部经常开车一个小时见不到一户人家。此外，哪怕是国土面积很小的日本，人口集中也非常显著，东京-名古屋-大阪这个高铁旅程不到两个小时的狭窄区域里，集中了日本60%~70%的人口。

我国未来也会形成一些城市化区域。国家已经宣布了九个中心城市名单，包括北京、天津、上海、广州、重庆、成都、武汉、郑州、西安。围绕这九个城市将形成七个大的城市化区域，包括珠三角、长三角、长江中游地区、四川盆地、西安咸阳、郑州开封、京津冀地区。可以预见，

---

① 习近平：国家中长期经济社会发展战略若干重大问题，参见：http://politics.people.com.cn/n1/2020/1031/c1024-31913885.html。——编者注

到 2035 年，我国城市化率将达到 75% 以上，全国 60% 以上的人口将集中在这七个城市化区域里。

这种发展趋势对中国经济的意义是非凡的。

第一，进一步集聚会带来更大的效益。粤港澳大湾区将成为中国乃至世界的一个新的增长极，深圳极有可能成为与硅谷并肩的高科技创新中心。

第二，经济地理会发生大调整。城市化区域的经济比重会增加，非城市化区域的经济比重会下降。

第三，对房地产业产生影响。虽然预计我国总人口将在 2025—2028 年开始下降，我国总体房价不会有大的增长，但是新的城市化道路给城市化区域带来人口的持续增加，可能导致这些中心城市的房价得以维持，甚至有所上涨，而非城市化区域的房价要维持住就很难，特别是那些人口流出城市。

由此，我们需要一些配套措施，比如户籍制度改革、公共服务均等化、高考改革等。户籍制度改革已经讨论了很多年，从 2012 年春天就开始提出，到 2013 年十八届三中全会重申，但都没有成功执行。没有执行的重要原因之一是户籍制度改革方案太激进，比如让县级及以下城市全面开放，只要有稳定的工作、稳定的居所就可以申请户口。这在全世界都没有先例，连美国都有户籍制度。所以我们可以采用的方式是用居住证代替户口登记，弱化户口所附带的公共服务属性。在这个过程中，要把公共服务拉平，公共服务的均等化也是"十四五"期间一个非常重要的方向。高考是户口最大的福利，我们主张把地方高考和全国统考结合起来，全国统考面向那些户籍和学籍分离的学生，这将有利于大城市地区开放户籍的执行。

趋势二：县域经济的发展

城市化 2.0 的另一个趋势是农村居民向县城集聚，这一现象越来越普遍，因此县域经济变得越来越重要。如图 8-1 所示，自 2014 年以来，劳动力流动趋于平稳，跨省流动人数基本停止增加，开始了返乡创业的潮流。我们从这一现象中也要看到乡村隐性失业在增加，因为我国统计失业只统计城镇，不统计乡村。

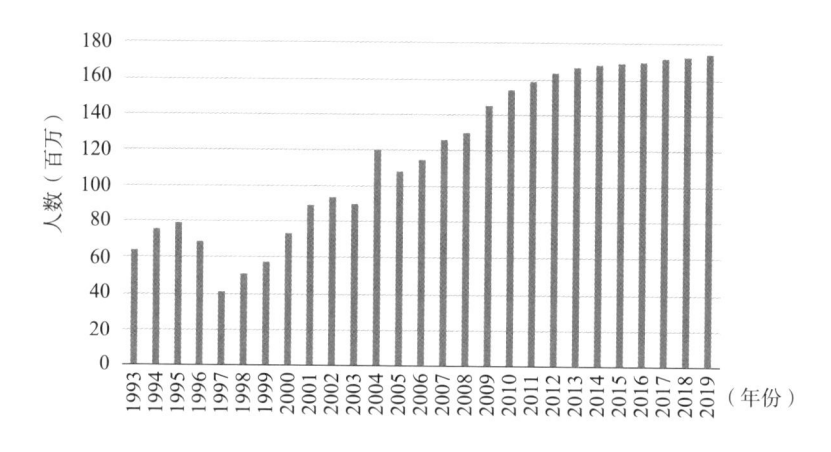

图 8-1 我国进城务工人员数量

资料来源：《中国统计年鉴》

2020 年我国脱贫攻坚取得了决定性胜利，下一步就是不能让这些脱贫的人再返贫。因此，我们今后的目标要从脱贫攻坚转到全面乡村振兴，使农村继续发展。到 2035 年，我国仍将有 1/4 的人居住在农村，这在中国是一个巨大的数字——三四亿人。我国城市化即使最终完成了，我估计全国还有 1/5 的人口生活在农村地区。所以，中央提出乡村振兴战略，在我看来是一个非常正确的决策，我相信历史也将证明这一点。

乡村振兴的核心在哪里？不是发展农业，因为农业只占我国 GDP 的 8%，15 年前我国农民的主要收入已经来自非农业。未来要想全面实现乡村振兴，核心必须是为农村居民提供较高质量的非农就业机会。

在中西部地区，主要应该实施人口就地城市化，劳动密集型产业仍然应是主力。举个例子，我的老家江西省新干县在过去十年实现了飞速发展，近十年，江西省在全国 GDP 的排位上升得非常快，从垫底省份基本上到了中游，这与它加入"长三角一体化"以及大批人口返乡创业有关系。

我的老家新干县现在有 35 万人，支柱产业是箱包和灯具，都属于中低端产业，其中箱包产业占到全国中低档箱包的 80%。箱包的利润很低，一个箱包只赚 5 元左右，但对当地老百姓来说是个福音，因为到工厂里去干活，基本上四五千元的月收入有保障，勤快一点收入上万元也有可能。这些年我们村里老百姓的生活水平大幅度提高，很多人家开始买小轿车。农村居民买小轿车是富裕的标志之一，因为小轿车不能跑运输，完全是消费品。

类似这样发展水平中等偏下的县，通过产业转移可以实现快速发展，劳动密集型产业在这些地方仍然应该是主力。所以，有了产业我们的扶贫成绩才能有保证，乡村振兴才有基础，我们才能实现"城乡一体化"。

最终，乡村将成为中国很多人未来的宜居之所，进县城买房与留在村庄居住将形成平衡。收入水平提高之后，交通也将更加便利。农村地区单体房屋的卫生条件也可以实现自来水、下水系统、抽水马桶等基础设施的普及。如果能把农村变成宜居之所，我们的乡村振兴战略也就实现了。

乡村振兴的政策抓手[1]

蔡昉

(中国社会科学院国家高端智库首席专家)

我们在成功打赢"脱贫攻坚战"之后,马上转入了乡村振兴战略,但是,也有些地方不知道该怎么抓乡村振兴,特别是一些基层的领导干部习惯于贯彻直接带着"硬抓手"的政策,所以要真正看到抓手才知道怎么推进工作。

乡村振兴包含非常广泛的内容,他们会觉得使不上劲儿,有时也会导致一些做法表面化,比如把重点仅仅放在改变乡村的物理面貌上。这些领域工作都是对的,都是乡村振兴的内容,但是仅仅抓一个或者两个方面过于狭窄。因此,本文将重点探讨乡村振兴应该把握住哪些政策抓手。

---

[1] 本文由财新网根据作者在"2022年财新夏季峰会"上的演讲整理而成。

推进乡村振兴需把握的几个要点

在我看来，下面几个要点，有助于我们把握乡村振兴的方位或时点。

第一，乡村振兴是一个长期的过程，我们已经讲了多年，而其最新起点就是在实现脱贫攻坚与巩固脱贫攻坚成果的衔接处。也就是说，既要巩固住既有成果，又要更上一层楼。

第二，乡村振兴的最终目标就是实现农业农村现代化。中国到2035年要基本实现社会主义现代化，相应地，乡村振兴也对应着基本实现农业农村现代化的目标。

第三，乡村振兴的显示性特征是农业强、农村美、农民富。也就是说，乡村振兴最终要用这几点来判别：农业强，这是产业兴旺的一个要求；农村美，包括基本公共服务供给，也包括村庄面貌建设；农民富，这是共同富裕的根本要求。

第四，乡村振兴的基本路径是消除城乡二元经济和社会结构。乡村振兴有很多路径，我认为比较高度概括的基本路径，应该是消除城乡二元经济结构和二元社会结构。二元结构是困扰我们多年的问题。改革开放以来，这种极大的结构反差大大减轻了，但还没有根本消除。今后十几年是消除城乡二元结构的一个窗口期。

按我的分析，比照中国2025年和2035年预期达到的人均GDP目标，处于人均GDP 12000~24000美元区间的国家，在一些发展指标上，可以作为我国缩小与基本现代化目标之间差距的参照系。

我们确立的2025年目标是进入高收入国家行列，2035年目标是成为中等发达国家。它们对应的数量要求分别为，2025年人均GDP超过12000美元，2035年人均GDP达到24000美元。按照世界银行的标准，人均 GDP 达到 12600 美元是目前进入高收入国家的门槛。这一目标我们已经基本达到。随着进入高收入国家行列，中国 2035 年目标对应的中等发达国家，就是在把高收入国家分成三等份情况下的中间那个收入组。这个收入组的门槛值是人均 GDP 达到 23000~24000 美元。因此，今后这十几年，中国的发展正是处在人均 GDP 从 12000 到 24000 美元的区间。相应地，位于这个阶段上国家的平均水平或一般水平（并不是某一单个国家），便可以作为参照系，就是我们要直接赶超的目标。

同时，我在研究中也发现，人均 GDP 在 12000~24000 美元这个发展区间，还有一个突出的特征，就是它同时也是政府推进现代化力度最大、公共支出及占比增长最快的发展阶段，可以称为"瓦格纳加速期"（见图 8-2）。

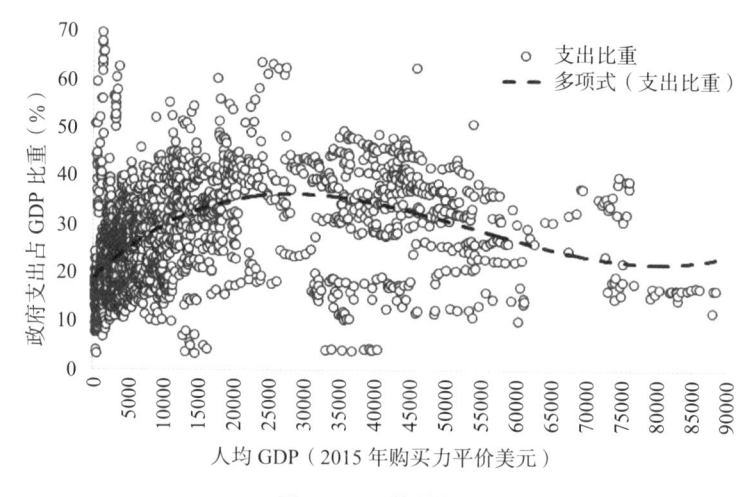

图 8-2 瓦格纳加速期

瓦格纳定律和瓦格纳加速期

瓦格纳定律指随着人均收入水平的提高，政府支出，特别是政府的社会性支出，即用在社会保护、社会共济、社会福利上的支出，占GDP的比重是逐渐提高的；同时，它在不同阶段的提高速度不尽相同。

正是在人均GDP从12000美元提高到24000美元的区间，政府支出比重的提高速度最快，也达到了社会福利支出的基本要求。也就是说，实现了这个区间要求的增长速度，达到了这个阶段的基准比重，总体上就建成了福利国家，所以这个区间叫作"瓦格纳加速期"。中国从现在到2035年的发展，正处于瓦格纳加速期。因此，这个区间是我们的一个重要路标，整个国家基本实现社会主义现代化要以此作为参照，乡村振兴也应该以此为参照。

借鉴国际标准，持续帮扶低收入群体

打赢了脱贫攻坚战之后，我们接下来要做的最重要的事情，就是不能有规模性的返贫。那么，现在应该做的就是：借鉴一些国际标准，扶持帮扶低收入群体。要巩固脱贫攻坚成果，我的主张是用积极的策略。积极策略的含义是什么呢？就是"取乎其上，得乎其中"。也就是说，不仅要保证不发生规模性返贫，而且要着眼于这部分低收入人群，比如说国家统计局农村居民收入分组中收入最低的这20%的人，把针对性的政策举措集中瞄准他们，促使他们的收入持续增长。在把防止返贫作为最低标准和底线的基础上，更积极地扩大中等收入群体，才能达到尽可能高的目标。

农村居民可支配收入五等分组的平均增长率，从高到低的各个农村收入组，前四组2021年的增长速度分别为11.8%、10.9%、12.5%、

11.5%，均达到了两位数的增长。但是，最低收入群体的收入增长是3.7%。也就是说，这个组实现正增长，对于确保不发生规模性返贫是重要的。但是，我们想要的结果是"取乎其上"。也就是说，要把这部分低收入群体（至少其中很大一部分）尽快提升为中等收入群体，至少需要使他们的收入增长速度不低于其他收入组，甚至应该更高，各组之间的收入差距才会缩小。目前，由于新冠肺炎疫情的冲击，很多农村劳动力不能外出打工，低收入组的收入增长更易于受到冲击，这个群体仍然是一个相对脆弱的群体。因此，我们应该用更加积极的措施推动他们的收入增长，这样才能达到预期的目标。

巩固脱贫攻坚成果，国际上也有一些标准可以供我们借鉴。

第一，我们脱贫攻坚采用的贫困标准，是高于世界银行原定的每人每天1.9购买力平价美元（国际贫困线）的，这保证了我国的脱贫成就是有足够成色的。不过，世界银行于2022年已经把贫困标准提高了，预计11月就会采用新的标准，即对于低收入国家，国际贫困线从每人每天1.9美元提到2.15美元；对于中等偏下收入国家，从原来每人每天3.2美元提到3.65美元；对于中等偏上收入国家，从过去每人每天5.5美元提到6.85美元。这种调整是根据新的条件变化来的，我们在实现脱贫攻坚后同样面对的是新条件，所以新标准对我们也具有参考价值。

除此之外，OECD国家普遍采用相对贫困标准，即把居民中位收入的50%作为相对贫困线。如果借鉴这个标准，农村居民的相对贫困标准，即农村居民中位收入的一半，大约为8451元。最低收入组整体上处于这个水平之下，也就是说，我们还有相当大规模的低收入群体。值得注意的是，OECD相对贫困标准是以中位收入作为参照的，着眼于解决相对贫困问题，与我们意欲扩大中等收入群体的目标是一致的。也就是说，按此标准扶助低收入群体，可以产生扩大中等收入群体的效果。

推动新型城镇化，促进农业劳动力转移

乡村振兴的一个重要抓手应该是推动新型城镇化和促进农业劳动力转移。这里应该强调的是，推动乡村振兴，一方面固然涉及每一个参与者，即每个农民、每个打工者、每个基层干部的努力，另一方面还需要制定相应的公共政策，而公共政策是一种公共品。因此，下面我着眼于相对宏观的层面进行讨论。

我们有一句话，是说要让农业成为有奔头的产业，让农民成为有吸引力的职业。要做到这两个"让"，就必须达到第三个"让"，也就是让农业有合理的比较收益，成为自立的产业。从目前来看，还很难说农业能够获得合理的比较收益。我们需要看看，为什么农业的相对收益始终那么低？

有一个描述性统计指标，叫作相对国民收入，也可以叫作比较劳动生产率，也就是三个产业中每一个产业的增加值占比与劳动力占比的比率。改革开放以来，我国农业劳动生产率大幅度提高，劳动力也得到大规模转移，但是，农业的相对国民收入始终处于低位，归根结底是由于太多的劳动力只生产了较小份额的产业增加值，这就注定了农业很难得到堪与其他产业匹敌的收入。很显然，既然是过高的劳动力比重造成了农业比较收益的持续低下，根本出路自然还是要继续推动农业劳动力的转移。

转移农业劳动力，就是要推进以人为核心的新型城镇化，包括让农业剩余劳动力以农民工的身份继续外出和进城，以及让进城农民工尽快成为市民。

下面，我们借助前述参照系，观察一下推进城镇化和促进劳动力转移的紧迫性。如果画一个图，横坐标中国家和地区的排列从中国开始，

所有人均 GDP 高于中国的国家都排在坐标的右边，从中可见我国的农业就业比重在这组国家中处于最高的水平，同时我国的城镇化率也显著低于其他国家的平均水平。即使不与更高收入的国家比较，而是仅与人均 GDP 在 12000~24000 美元之间的国家进行比较，平均来说，中国与其在城镇化率上也有 5.5 个百分点的差距，但在农业就业比重上，中国比这些国家的平均水平高出 18.2 个百分点。此外，我们还有一个跟自身比较需要缩小的差距，就是在户籍人口城镇化率和常住人口城镇化率之间 18 个百分点的差距。这都说明，通过进行户籍制度改革从而推进城镇化以及加快劳动力转移，既可以显著增加劳动力供给，继续获得资源重新配置效率进而支撑生产率的提高，同时也有利于农民工工资的提高和农户收入的增长，大大有助于增加他们的消费。

OECD 专门研究中国经济的团队做了一项研究，表明农村劳动力转移出来并进城务工后，即使其他条件不变，他们的消费也可以提高 30%；再进一步，他们进城以后如果再得到城市的户口，解除了消费的后顾之忧，消费可以再提高 30%。可见，供给侧和需求侧都有足够大的改革红利，表明缩小城镇化和劳动力结构方面的差距有多重要。

扩大土地经营规模和提高劳动生产率

制约农业比较收益提高的因素还有一个，就是土地规模过小。劳动力没有充分转移出去，耕地的流转性也不够强，因此现行的土地经营规模偏小，劳动生产率也就比较低。

根据世界银行提供的数据，我们的农业劳动生产率，也就是每个劳动者创造的农业增加值，是高于世界平均水平的，也高于低收入国家的平均水平，高于中等偏下国家的平均水平，但是，仍然显著地低于中等偏上收入国家的水平，更不用说与高收入国家的平均水平相比，仅相当于中等偏上收入国家平均水平的 77% 和高收入国家平均水平的 12%。中国已经基本迈入了高收入国家的行列，因此，至少要显著缩小与这两个组别在农业劳动生产率方面的差距。总的来说，中国的农业科技和装备水平并不低。也可以看到，特别是在平原地区，虽然农户规模还比较小，但基本是以租赁和雇用的方式实现了机械作业。可见，农业劳动生产率低的原因归根结底还是农业就业比重太高、经营规模太小。

我国农业中户均土地规模应该说是世界上最小的之一，而且 40 多年来变化不是非常显著，保持在大约 0.67 公顷的水平。每户土地还分散在若干位置，分散为五六块甚至更多，耕种地块的经营规模更小。世界银行曾经把土地规模不到 2 公顷的农户定义为小土地所有者，而我们实际的水平只相当于小土地所有者的 1/3。根据最近一次农业普查的数据，大约 80% 的农业劳动力的耕种规模在 0.67 公顷以下。这种狭小的土地规模制约了劳动生产率的提高，使得我们不能获得规模经济。

缩小城乡间收入和基本公共服务差距

目前来看，我们的城乡收入差距仍然存在，幅度也偏大。过去十余年间，全国的基尼系数是下降的，城乡收入差距也有所下降，但是按合理的标准来比较，两者都还偏高，特别是基尼系数始终高于参照组中各国的水平，而且城乡收入差距对整体的收入差距做出接近一半的贡献。这就意味着，推进共同富裕，把基尼系数实质性缩小，就必须借助再分配手段，同时也要靠城乡收入差距的缩小。未来加强再分配力度，需要遵循瓦格纳定律或者瓦格纳加速期的一般规律。

同时，二元经济结构既是一种体制安排，也是这种体制运行的结果。长期的二元经济结构最后就从体制机制上固化为二元社会结构。仍然存在的户籍制度，从统计意义上造成常住人口城镇化率和户籍人口城镇化率之间的巨大差别，其现实表现是在诸多基本公共服务的供给上，城乡之间存在差别，在进城农民工与城市户籍居民之间也有差别。即便与城市中未就业或者非正规就业群体相比，农民工享受的基本公共服务也较少。

城乡之间以及城镇内部的二元结构，特别是不同人群尚未享受到均等的基本公共服务，可从许多事例中清晰地看到。目前，由于社会养老保险不同项目之间的保障水平差异，占全部56.6%的社会基本养老保险领取者所领取的养老金总额只占全部的5.9%。此外，尚未在城镇落户的农民工群体，在子女教育、社保、低保等基本公共服务方面均有不充分的情况。也就是说，虽然我们的基本公共服务覆盖率明显扩大，保障水平也有所提高，但与均等化要求的差距仍然很大。因此，破除二元经济结构迫在眉睫，我们要抓住未来十几年这个机会窗口。

以公共品供给的方式实施乡村振兴

既然城乡二元结构是一个旧体制的遗产，改革越来越是一个有赖于顶层设计的公共政策调整过程，因此，我们应该注重以公共品供给的方式消除城乡二元结构。相应地，实施乡村振兴不能仅仅指望参与者各显神通就能奏效，这也不是一个可以完全通过市场机制调节的过程。我们既要让市场机制在资源配置中发挥决定性的作用，也要最大限度地调动每个参与方的积极性，但是，作为更好发挥政府作用的重要方面，公共政策决策至关重要，并且能够给我们提供必需的抓手。

第一，产业振兴的根本制约不是资源不足，也不是因为农业是一个天生弱质的产业，而是由于市场回报不够高，导致激励不足。农业市场回报低的根本原因是农业劳动生产率低，导致相对收益低。这就要求政府进行顶层设计并且承担必要的支出责任，通过户籍制度改革加快农业劳动力转移和土地流转，扩大农业经营规模。对这一点我们应该有清醒的认识，既不能把农业置于不能在市场竞争中自生的产业地位，也不能使政府公共品供给职能缺位。

第二，公共品供给的相关领域改革和政策调整并不是零和博弈，而是能带来实实在在、报酬递增的改革红利，即从供给侧提高中国经济潜在增长率，从需求侧提高支撑经济增长的保障能力。这种改革红利应该成为持续推动改革的动力，因此我们要抓住机会，在那些改革红利最多、最明显的领域加快改革速度，加大改革力度。

第三，消除城乡二元结构的核心是实现基本公共服务均等化。要想做到这一点，一方面，政府要主动消除一系列不均等公共服务供给的体制基础；另一方面，显著提高政府在社会保护、社会共济和社会福利上的支出。作为一种必要的公共品供给原则，城乡之间基本公共服务均等化并不与市场机制相冲突。

第四，农业劳动生产率不仅是农业农村现代化的必然要求，也是整个经济的必要基础。当年我们学习马克思政治经济学的时候，熟记了农业劳动生产率是国民经济的基础这个论断。如今这个论断并没有过时，而且农业在整体经济中的比重越小，农业劳动生产率的基础性作用就越强。因此，没有农业生产率的提高就没有农业农村的现代化，不仅使中国的现代化不完整，而且削弱了整个经济的韧性。

全面落实乡村振兴战略，
需扎实稳妥推进乡村建设[①]

黄季焜

（北京大学新农村发展研究院院长，中国农业政策研究中心名誉主任，发展中国家科学院院士）

乡村建设事关农民切身利益、农业现代化和农村长远发展，全面落实乡村振兴战略需扎实推进乡村建设。2022年中央一号文件[②]更加强调乡村建设要扎实推进，对乡村建设实施机制、农村人居环境整治提升、重点领域基础设施建设、数字乡村建设、基本公共服务县域统筹等做出具体部署。

健全乡村建设实施机制

扎实稳妥推进乡村建设必须有健全的实施机制。只有实施更加适合本地实际需求的乡村建设项目，并充分发挥农民和村庄在乡村建设中的

[①] 本文首发于《农村工作通讯》2022年第5期。
[②] 即《中共中央 国务院关于做好2022年全面推进乡村振兴重点工作的意见》。——编者注

积极性和能动性，乡村建设才能事半功倍。因此，健全的实施机制是有效推进农村人居环境整治、农村基础设施建设、数字乡村建设和基本公共服务供给的重要保障，只有建立健全乡村建设实施机制，才能落实乡村建设为农民而建的要求，确保乡村建设的建设成效和有序推进。

为扎实稳妥推进乡村建设，2022年中央一号文件特别强调乡村建设的实施机制。与往年的中央一号文件相比，2022年更加关注农民需求，特别强调"乡村振兴为农民而兴、乡村建设为农民而建的要求"，明确提出"自下而上、村民自治、农民参与"的实施机制。在实施上，特别指出要"加快推进有条件有需求的村庄编制村庄规划"，并明确提出"启动乡村建设行动实施方案""防范村级债务风险""推进村庄小型建设项目建议审批""明晰乡村建设项目产权，以县域为单位组织编制村庄公共基础设施管护责任清单"等具体措施。在保护传统村落方面，提出2022年的重点工作是实施"拯救老屋行动"。

虽然近年来各地乡村建设都取得了显著进展，但我们也发现不少建设项目与农民的迫切需求还存在较大的差异。根据北京大学中国农业政策研究中心于2022年1月在5省169个行政村对1768户农户的调查（简称北大调研），农民认为本村最迫切需要建设的前5个项目依次为道路交通、养老、医疗卫生、教育和饮用水，但2019—2021年实际实施的项目除道路交通外（占乡村建设总经费的46%），其他项目同农民需求相差甚远。即使道路交通建设项目总体上与农民需求意愿排序一致，但农民最希望的前3项建设项目（依次为通村公路、通村公交站点和组内道路）与实际的建设项目也存在较大差异。当然，不同地区的农民需求也存在很大差异。

为落实"乡村振兴为农民而兴、乡村建设为农民而建"的总体要求，乡村建设项目需因地制宜，要与当地农民的迫切需求有机结合起来。

因此，充分考虑农民实际需求，充分发挥农民积极性，秉承"自下而上、村民自治、农民参与"的原则，科学规划短期和中长期适合各村庄的乡村建设进展极其重要。这要求各地政府在乡村建设项目规划和实施上，改变以往"从上到下"的运行机制，总结推广农民群众参与乡村建设项目的有效做法。

接续实施农村人居环境整治提升五年行动

建设美丽宜居乡村是全面推进乡村振兴的重要任务之一，事关广大农民的根本福祉，是缩小城乡差距、实现城乡融合的重要举措。但由于农村基本公共服务供给有限，优先用于与生产生活密切相关的基础设施建设，导致长期以来人居环境基础设施供给不足。虽然近年来加大了投入力度，农村人居环境也在不断改善，但整体上仍处于较低水平。

加强农村人居环境整治是近几年中央政策的着力方向之一。继2018年《农村人居环境整治三年行动方案》之后，2021年的中央一号文件提出"实施农村人居环境整治提升五年行动"，继续关注农村厕所、污水、黑臭水体、生活垃圾、村庄清洁和绿色行动几方面。在此基础上，2022年中央一号文件明确指出"接续实施农村人居环境整治提升五年行动"，明确了2022年的工作重点：在改厕方面，重点强调"从农民实际需求出发"；在污水处理方面，"优先治理人口集中村庄"；在生活垃圾方面，强调"生活垃圾源头分类减量，推进就地利用处理"；在村庄清洁美化方面，"深入实施村庄清洁行动和绿化美化行动"。

从北大调研看，虽然近年来农村人居环境整治提升行动效果显著，人居环境整体上得到明显改观，但仍存在部分整治不充分、区域差异大等现实问题。至2021年底，有90%的农户使用了卫生厕所，95%的农户集中处理了生活垃圾,基本形成"村收集—乡镇转运—县处理"的模式,村容村貌有明显改善。但区域差异较大,有些地区农村厕所不符合农民需求,粪污资源化利用程度低,村容村貌治理过程中仍存在"重面子、轻里子"的情况。大多数地区仍存在尚未建立生活垃圾源头分类、生活污水治理进行缓慢、黑臭水体治理难度大等问题。

为接续落实农村人居环境整治提升五年行动,需要因地制宜推广满足当地自然条件和农民需求的人居环境设施。在厕所方面,要根据实际情况"宜水则水、宜旱则旱",整改现存问题;在污水方面,有条件有需求的地区要纳入城市污水管网或自建污水管网设施,不适宜集中处理的推行小型化生态化治理方案;在垃圾方面,推进生活垃圾源头分类减量;在黑臭水体治理方面,要明确治理目标;在村庄清洁绿化方面,要真正从农民需求出发,发挥村民自治能力,将清洁绿化美化落到实处。

扎实开展重点领域农村基础设施建设

完善的农村基础设施是促进乡村振兴和农业农村现代化的必要条件。加强农村基础设施建设是农业农村发展的有力支撑,是缩小城乡差距实现共同富裕的重要举措。习近平总书记特别强调,"要把公共基础设施建设的重点放在农村,推进城乡基础设施共建共享、互联互通,推动农村基础设施建设提挡升级"[1]。2021年中央一号文件已明确将农村道路畅通工程、农村供水保障工程、乡村清洁能源建设工程、数字乡村

---

[1] 《谱写农业农村改革发展新的华彩乐章——习近平总书记关于"三农"工作重要论述综述》,参见:http://www.xinhuanet.com/mrdx/2021-09/23/c_1310204090.htm。——编者注

建设发展工程和村级综合服务设施提升工程作为"十四五"时期补齐农村基础设施短板的突破口。

2022年中央一号文件特别强调要"扎实开展重点领域农村基础设施建设",提出的重点领域、要求和措施更加具体。例如,除继续强调较大人口规模自然村(组)通硬化路以外,还明确提出"有序推进乡镇通三级及以上等级公路"建设,"实施农村公路安全生命防护工程和危桥改造",以及"扎实开展农村公路管理养护体制改革试点,稳步推进农村公路路况自动化检测"。同时,特别提出要"配套完善净化消毒设施设备",继续强调"深入实施农村电网巩固提升工程"并新增"推进农村光伏"建设;提出"实施农房质量安全提升工程"并"加强对用作经营的农村自建房安全隐患整治"。

虽然近年来我国农村基础设施建设得到快速发展,但还有不少需要补短板的重点领域,地区间差异也很大。北大调研显示,到2022年1月,到乡级公路距离在1公里以内的村占比已达80%,农户自来水普及率近70%,农户对生活用水水质的满意度达87%。但部分西部村庄和山区村庄的发展水平较低,还存在很大的短板。在生活能源方面,仅有25%的农户将电力作为最主要的炊事能源。此外,46%的农户住房建于2000年以前,部分省份超过60%,因此提升农房质量安全是当务之急。

扎实推进农村基础设施建设需要因地制宜、突出重点。要立足各地的现有基础,尊重农民意愿,确定适合各地的农村基础设施建设的重点领域和优先顺序,尤其在道路、供水、能源和农房等方面,要将好事办实、将实事办好。与此同时,在建设和维护上要有创新思路,建立健全农村基础设施建设和管护的体制机制保障。

大力推进数字乡村建设

以数字技术驱动乡村生产方式、生活方式和治理方式变革，对提升农业农村生产力、优化城乡与区域要素流动和配置、推动农业高质高效发展、促进乡村治理能力和治理体系现代化均具有重要意义。乡村的数字基础设施、经济数字化、治理数字化和生活数字化是当前数字乡村建设的重要内容。要充分发挥数字技术促进农业农村现代化的作用，必须以市场需求为导向，补足乡村经济数字化发展短板，提高农民数字素养与技能，加快乡村治理与公共服务数字化转型。

为此，2022年中央一号文件专门以整段篇幅提出"大力推进数字乡村建设"。文件强调"着眼解决实际问题，拓展农业农村大数据应用场景"，确立了以市场需求为导向的建设方向。继续强调"推进智慧农业发展，促进信息技术与农机农艺融合应用"以弥补经济数字化发展的短板。首次提出"实施'数商兴农'工程，促进农副产品直播带货规范健康发展"，并强调"加快实施'快递进村'工程"和"推动互联网＋政务服务"向乡村延伸覆盖。与此同时，文件还特别指出"加强农民数字素养与技能培训"。为探索数字乡村建设的规范标准及评估体系，文件首次提出"加快推动数字乡村标准化建设，研究制定发展评价指标体系，持续开展数字乡村试点"。

推进数字乡村建设要关注发展鸿沟和如何使农民成为受益主体。北京大学新农村发展研究院联合阿里研究院编制的《县域数字乡村指数（2020）》研究报告显示，我国县域数字乡村已有较好发展基础，尽管受到疫情冲击，2020年继续保持了6%的稳步增长。但研究也指出，要高度重视区域差异和发展鸿沟问题，特别是乡村经济数字化区域平衡发展问题。北大调研也证实，乡村数字基础设施得以不断完善，99.9%的受访村庄实现了 4G 网络全覆盖，23% 建有电商服务站，35% 实现快递进村，37% 建有一站式服务平台且提供线上服务。但在农民层面，数字技术惠民程度还有待提高，到 2021 年底只有不到 1% 的农民在网上销售农产品。《数字农业农村发展规划（2019—2025 年）》提出，农产品网络零售额在农产品总交易额中的占比要从 2018 年的 9.8% 提高到 2025 年的 15%。

为此，在大力推进数字乡村建设上，需要坚持突出重点和补足短板并重，需要特别关注农民从数字乡村建设上获益。数字乡村建设要分阶段地有序推进，要采取更具包容性和公平性的区域发展策略，要充分发挥政府公共职能与市场配置资源作用。要把农民作为数字乡村建设的重要主体，让更多的农民特别是低收入农民参与"数商兴农"工程，通过培训等措施，提高他们在"电商大饼"中的占比。在农产品流通新业态发展过程中，要有创新的体制机制，让广大农民从农产品供应链中上游增值中获得更多利益。

加强基本公共服务县域统筹

加强基本公共服务是政府的重要职能，是保障全体公民生存和发展的基本需要，同时基本公共服务提高与经济社会发展水平紧密相关。在目前我国城乡基本公共服务差距较大的情况下，加强农村基本公共服务建设极其重要。但基本公共服务发展需要一定的过程，现阶段强调县域内统筹是非常务实可行的。

2021 年中央一号文件分别部署了"提升农村基本公共服务水平"和"加快县域城乡融合发展"这两大任务，2022 年中央一号文件将其整合提升为"加强基本公共服务县域统筹"，充分考虑了阻碍我国城乡融合的双重户籍约束和财政分权体制掣肘的现实问题。文件继续强调医疗卫生领域的补短板问题，更加关注"一老一少"领域的公共服务问题，特别强调"实施新一轮学前教育行动计划"和敬老院等公共服务供给。与此同时，首次提出"推动基本公共服务供给由注重机构行政区域覆盖向注重常住人口服务覆盖转变"，凸显了"十四五"期间由"空间城镇化"向"人的城镇化"转变的趋势；继续强调"扎实推进城乡学校共同体建设"，并提出"实施村级综合服务设施提升工程"。

虽然近年来农村基本公共服务投入逐年持续增长，在基础教育、医疗卫生、综合服务等方面要实现城乡均等化还任重道远。例如，北大调研显示，有小学和幼儿园的样本村分别只占54%和43%，而有公立幼儿园的样本村仅占28%；虽然医疗卫生基础设施得到很大发展，村诊所覆盖面已达到96%，但也有16%的样本村没有标准化集体诊所；老年活动中心等养老设施缺乏，仅20%的样本村有养老院。

为解决农村基本公共服务供给不充分和不平衡问题，在现阶段从县域层面统筹发展极其重要。要构建从覆盖"行政区域"转变为覆盖"常住人口"的公共服务均等化体系，进一步合理规划，瞄准农民需求加强基本公共服务均等化进展。在目前我国城乡基本公共服务差距过大的情况下，加强农村基本公共服务建设极其重要。在加强基本公共服务县域统筹背景下，中央、省（市）和地区政府要特别关注和加大对欠发达县的基本公共服务建设投入的支持力度。

第九章

中国式现代化与生态文明

理解"碳达峰、碳中和"目标的三个维度[①]

徐晋涛

（北京大学博雅特聘教授、国家发展研究院经济学教授、
环境与能源经济研究中心主任）

2015年，巴黎缔约方大会产生了较有约束力的全球协议《巴黎协定》。我认为该协议有两个关键成果。

第一，参加大会的所有国家都接受，到21世纪末，将全球表面升温控制在2℃甚至1.5℃的水平。这意味着关于气候变化的科学争论以及政治争论告一段落。

第二，主要碳排放大国都提出自主减排承诺。这非常不简单，因为此前，或说2009年哥本哈根大会之前，发展中国家和发达国家的立场非常不同。有了自主减排承诺，意味着中国、印度等国的立场有完全的转变，全球气候协作才成为可能。

不过，这两个成果也有遗憾之处，即排放大国自主减排承诺加在一起产生的结果，与1.5~2℃目标相比还有非常大的鸿沟。如果仅满足

[①] 本文根据作者于2021年4月17日在"迈向碳中和新时代：产业变革与资本机遇"北京大学国家发展研究院长三角论坛上的演讲整理而成。

自主减排承诺，21世纪末地球表面升温不可能是1.5~2℃，而可能是3~6℃。所以大会提出，2020年主要排放国要重新盘点自主承诺，加起来能与1.5℃目标接轨。

中国2020年在自主减排承诺方面有巨大改进，国家主席习近平在联合国大会一般性辩论上向全世界郑重宣布——中国"二氧化碳排放力争于2030年前达到峰值，努力争取2060年前实现碳中和"[1]。这与此前的承诺相比，文字差别不是特别大，但实质内容差异非常大。

对于碳中和，这是第一次明确提出终点条件。我们研究资源经济学、动态规划，都知道终点条件的变化影响整个规划期内各阶段的行为。确定碳中和的终点目标，排放轨迹就要发生很大变化。如果仅有2030年碳达峰这一目标，企业会想：2030年之前是不是还是高碳行业的增长窗口期？

而设定碳中和目标后，则意味着利用2030年之前的窗口期进一步发展高碳行业的可能性会小很多。投资界、企业界会注意到，要到21世纪中叶实现碳中和、近零排放，2030年之前一定会更加强调低碳工业、可再生能源和非化石能源。

关于"碳达峰、碳中和"目标，如下三个维度都值得关注。

第一，能源结构必将深刻调整。

过去，能源部门对能源结构调整已经有一些布局，着重发展了一些可再生能源，但由于可再生能源发电不稳定、空间分布也不均匀，所以又发展了火电厂为可再生能源调峰。当然，也有一些地方一直依靠传统动能发展经济，如今提出"双碳"目标，对于化石能源的发展就需要进行比较深刻的再思考。

---

[1] 《习近平在第七十五届联合国大会一般性辩论上的讲话》，参见：https://www.ccps.gov.cn/xxsxk/zyls/202009/t20200922_143558.shtml。——编者注

从国家战略角度看，可再生能源发展应该会迎来非常大的发展机遇。习近平主席在参加中央财经委员会会议时专门提出"十四五"期间要致力于构建以可再生能源为主的能源体系。

五六年前，我在参加一次能源会议时请教过相关专家：2050年非化石能源能否在能源消耗中占据绝大多数？专家认为可能性不大。但现在确立了这样的目标，必将对此后的行动、规划产生深远影响。

虽然只过了五六年，但站在今天的时点上看，中国已经越来越具备这方面的条件，技术和成本上都已经取得巨大进步。2012年，我在世界银行一次会上听到德国绿党首席经济学家讲德国能源前景——2050年基本实现以可再生能源支撑经济发展，基本退出化石能源，完全退出核能发展。当时这是非常令人震撼的能源发展目标。他讲完后，世界银行欧洲部首席经济学家补充说道，德国目标雄心勃勃，但不要忘了，要实现此目标，背后的基础是中国技术，因为德国可再生能源如光伏、风能设备皆来自中国。

国发院校友所在的企业金风科技——全球第三大风机生产厂，其销售覆盖全球30多个国家和地区。可见我们自己的技术、设备已经在支撑多国绿色低碳发展，没有理由不成为中国绿色低碳发展的主力军。我们目前的技术条件，加上企业的努力，成本已经在不断下降，而且已经足以占据竞争优势。2021年以来，可再生能源补贴退坡，说明其已经具备市场竞争力，经济上也更加可行。

但不可否认，可再生能源发展还面临多重阻力。要想使可再生能源快速成为中国能源体系的主要能源，体制上还需有几个突破。

一是建设全国统一的市场。过去学习能源体制改革，专家一般认为中国能源体制的问题是国家电网一家垄断，需将其分成几个小电网。今天看起来又不同了。我们的调查发现，可再生能源发展的真正阻力恰恰是地方封锁。因为中国的可再生能源分布不均，尤其是经济欠发达地区的可再生能源反而丰富，发了电却接不到足够的远程订单，需要克服地区封锁问题。国家发改委前几年也针对此问题出台了政策。

二是要建立分布式能源。对于华北地区能源改革，国家支持力度应大一些，屋顶光伏发展更快一些。农村家户都有屋顶产权，推进光伏发电没有产权障碍。如果国家支持力度大些，可弥补煤改气、改电工作中遇到的不足，也许对中国能源结构改革助益良多。在能源结构改革方面，技术、成本已经不是主要问题，下一步要重点克服体制问题。

第二，碳减排要与自然碳汇方案并举。

世界上有些发展中国家，像巴西承诺30%、40%二氧化碳减排是从减少毁林和森林退化实现的，因为森林退化会排放二氧化碳，而不是吸碳。这方面我国做得最好。2019年中国在全球绿化发展中贡献最大，占世界的70%~80%。

中国人工种植林发展很快，每年新增的碳汇为国家减碳排放强度贡献5%~10%极有可能。碳中和就把基于自然的解决方案提上议事日程，森林碳汇有可能变成特别主流的二氧化碳减排工具。这对中国来说是比较重要的事情，对中国乡村振兴、区域经济发展的影响也特别大。

过去，我们不重视生态系统贡献，好多政策看似环保，但拖了气候行动的后腿。比如，东北在计划经济时期大量砍树，20世纪80年代出现"两危"问题（资源危机和经济危困）。此后国家不断出台政策，2016年实行了天然林全面禁伐。环保人士都很高兴，认为我们在保护生态环境、防治水土流失方面又进了一大步。

从碳汇角度看，不是少砍树就好。健康的森林生态系统才可能是碳汇，不健康的森林可能变成碳源。我国很多天然林都是退化的森林，很可能已经变成碳源，需要积极地人工干预，提升森林生产力，这样才会对国家碳中和目标做出贡献。

比如中国的东北地区，需要重新考虑开放天然林经营，但前提是要积极实施体制改革，因为它是传统国有林区，类似东北老工业区，积淀了很多制度问题。实际上，地方在过去二三十年积累了很多改革创新经验，所以我认为应尽快解除全面禁伐，重新启动东北国有林或全国国有林体制改革，引入市场机制，按"双碳"目标积极经营国有森林，这对国家气候行动会有特别大的帮助。

此外，在积极经营森林过程中，不断给国家生产绿色材料，可以助力其他领域的替代。森林里有大量能源，潜力非常大。如果天然林保护政策能放松，有一定扶持，来自森林的生物质能源应该有很大的发展潜能。东北自然条件和北欧、加拿大很像，没有理由比那些国家做得更差。瑞典30%的一次能源来自森林，我们应积极学习。

国家每年在化石能源、钢筋水泥行业还有很多补贴，这些应尽快去掉，用来扶持可再生能源和资源。所以中国要追求碳中和，一是把生态系统的贡献提升上来，二是为国家实现低碳绿色发展找到低成本蓝图。如果不利用生态系统功能，完全依赖化石能源减排，成本必然较高。

第三，政策影响难免全球联动。

中国搞环保、能源结构改革，习惯于依赖行政及中央政府资源，对市场机制、经济政策利用得不够充分。

现在这些条件一个个具备了。比如2018年环境税率还是定得太低，不足以改变企业、地方政府的行为。要想实现节能减排目标，环境税率可以定得更高一些。2020年开始，我国宣布推出全国性碳市场，主要涉及电力行业。碳市场会出现碳价，使二氧化碳减排有了机会成本的概念。

现在有几个因素对碳价格、投资、产业结构有很大影响。

近期欧盟出台边境调整政策，加速气候行动，碳价格肯定会上升。若碳价格上升非常快，欧盟的企业就会要求对进口产品按欧盟市场碳价征收碳关税，如从中国进口风机、光伏，就要根据二氧化碳排放情况征税。这就倒逼中国提升国内的碳价格，直接的方案就是中国也收碳税。

碳交易也是产生碳价的机制，但目前还是在电力行业。电力本身不出口，出口产品怎么出现碳价格？国家级碳市场就要快速地从电力部门扩展到所有行业，但究竟能不能跟上欧盟、美国边境调整政策出台的步伐？我认为压力还是挺大的。

最简捷的方法是，中国在出口产品上实施碳税。以前碳交易试点最高也就 70 元人民币，即 10 美元左右。假定未来执行 20 美元的碳税，碳成本会上升很多，对传统行业影响较大，当然也利于新兴产业。全球最大贸易国是美国，美国会不会调整边境政策？这个可能性在增强。

拜登竞选纲领里特别重要的内容之一是要搞气候政策，拜登政府下一步会不会把 2009 年的能源法案捡起来？他在美国国内最大的阻力是国际贸易中的不平等竞争。美国如果有了碳价格，自然也会实施边境调整措施，对进口品征收碳关税，逼迫出口国在国内征收碳税。

在中国，我认为政府已经在着力逐渐铺开碳交易机制。因为欧盟、美国一旦实行边境调整政策，对中国出口导向的产业影响会非常大。2021 年，我国的 GDP 增长主要靠出口带动。如果将来欧盟、美国都要开始征收碳关税，对中国气候政策就会形成倒逼。在我看来，碳税是相对容易实现的机制，在中国有可能重新提上日程，变成决策者考虑的工具，对未来经济、投资、产业结构都将产生极大影响。

碳中和与转型金融[1]

马骏

(北京大学国家发展研究院宏观与绿色金融实验室联席主任，
北京绿色金融与可持续发展研究院院长)

大家过去听到较多的是"绿色金融"，如今"转型金融"亦成为热门话题。本文将从以下三个部分进行分析：

一是转型金融的背景和市场实践；二是G20层面所讨论的转型金融框架的五大基本要素；三是目前国内转型金融的进展以及下一步目标。

转型金融的背景

北京绿色金融与可持续发展研究院能源气候中心对"碳中和"行业的各项政策做了研究综述，其中涉及能源、交通、建筑、工业等领域的现有政策以及碳中和情景下应当推出的政策，这些政策将有助于我国在2060年之前实现碳中和目标。该研究还梳理了实现碳中和的技术措

---

[1] 本文整理自作者于2022年7月10日在北京大学国家发展研究院举办的承泽论坛第3期上的演讲。

施，包括有关部委印发的文件内容以及业界专家、机构和行业协会提出的建议。

从政策角度来讲，有两类非常重要：一类是经济政策，另一类是非经济政策（以行政干预类为主）。

按经济学家的说法，经济政策主要是通过市场化机制配置资源，从而推动"双碳"目标实现的相关政策，包括财政、税收、碳市场和金融政策等。其中财政支出政策是指通过绿色补贴、绿色担保、绿色采购、政府产业基金等措施支持行业向绿色低碳转型。碳税政策，现已覆盖一些大排放企业，很多中小企业是不是也应该被覆盖，目前还在讨论之中。碳市场政策，除了位于上海的碳排放权交易市场，我国还有 7 个地区性市场与即将重启的国家核证自愿减排量（CCER）自愿碳市场。建立这些重要的市场化机制是为了鼓励、激励低碳企业，同时对那些减排不努力的企业施压。金融政策，主要指我国在过去七八年里建立起来的绿色金融体系中的内容，包括绿色与转型金融标准、披露要求，还包括央行支持碳减排的货币政策工具，即央行拿出低成本的资金支持绿色低碳项目，并要求大银行对高碳产业做风险分析与管理，同时推动绿色金融产品创新。

经济政策之外，另一类是行政手段。通过行政手段，将全国碳排放总量目标一层一层往地方分解。

经济政策和行政手段之间需要建立起协调机制，二者也还在磨合当中。

绿色低碳投资需求

在前述背景下，从金融角度来看，我国到底存在多大的绿色低碳投资需求呢？

2021年12月，中国金融学会绿色金融专业委员会（以下简称"绿金委"）课题组发布《碳中和愿景下的绿色金融路线图研究》。该报告的结论是，在碳中和背景下，我国未来30年的绿色低碳投资累计需求将达到487万亿元人民币（按2018年不变价计）。这一结论比其他机构的预测结果大很多，主要区别是统计口径不同，绿金委主要基于金融口径，其他机构主要是低碳能源口径。

这么多钱到底要投向何处？主要是能源、交通、建筑和工业领域。

以能源领域为例，依据清华能源研究所张希良教授的研究结果，2045年我国电力行业使用的能源中有95%为可再生能源，还有一小部分为煤电CCS，这表明我国未来20多年里对新能源的投资会非常大。

在交通领域中，新能源汽车肯定是投资亮点，也是实现低碳和零碳的主要技术路径。据北京绿金院绿色科技中心预测，我国在2030年前新能源汽车销量还会大幅上升。

绿色建筑也是重点。建筑物的能耗和碳排放占全球总量的40%。国务院已经提出，未来10年绝大多数新建筑都必须是高标准节能节水的绿色建筑。当然，建筑物的绿色标准并不意味着建筑物减排会有很大幅度提升，因为很多达到星级标准的绿色建筑的减排提升幅度仍有限。未来，会有更多符合近零排放要求的建筑。从行业可持续性角度来讲，零碳建筑在大城市具备经济性。

绿色低碳投资在工业、负排放、材料、数字化等领域亦有巨大机遇，只是这方面的技术还不够成熟，需要很多能够容忍风险的投资机构参与，比如PE或VC。北京绿金院与高瓴研究院联合发布的《迈向"碳中和2060"：迎接低碳发展新机遇》报告对各领域的投资机遇做了较详细分析，其中提到工业领域中的工业电气化、废铁利用、电弧炉利用、水泥石灰石替代等技术都需要投资。

转型金融的意义

经过大概 7 年的发展，我国的绿色金融体系已经非常庞大，中国已是全球最大的绿色金融市场。截至 2022 年 3 月底，我国的绿色信贷余额已经达 18 万亿元；绿色债券在过去 6 年累计发行大约 2 万亿元，目前我国已拥有全球第二大绿债市场；据不完全统计，我国已有 700 多只绿色基金以及很多创新的绿色金融产品，如 ABS、ETF、绿色保险、碳金融等。

总之，我国的绿色金融成长很快，尤其是在 2021 年，绿色信贷增长 33%，绿色债券发行量增长 170%。

为什么还要发展转型金融？理由是，在传统的绿色金融框架下，转型活动没有得到充分支持。

首先，传统的绿色金融注重支持"纯绿"或"接近纯绿"的项目。以气候变化领域为例，绿色金融支持的一些典型项目为清洁能源、电动车，以及这些产业核心项目的投入品，比如电池等。

其次，在现有体系下，高碳行业向低碳转型的经济活动得不到充分的金融支持，因为绿色金融目录中并没有完全容纳转型类经济活动。调研发现，属于"两高一剩"行业的许多企业，不管能否转型，其授信都被压降，哪怕这些企业有转型意愿以及很好的技术路径来实现转型。目前，已经被纳入或将要被纳入碳交易市场的八大高碳行业为发电、石化、化工、建材、钢铁、有色、造纸、航空。此外还有很多行业也有较高的碳排放，如老旧建筑、公路交通等。所有这些行业都需要在"双碳"目标背景下逐步减碳。

高碳行业向低碳转型如果得不到金融支持，会产生几个不良后果。

第一，转型失败或延迟。高碳行业减碳需要资金，否则就有可能转型失败或者转型进程被延迟，最终影响"3060 双碳目标"的实现。

第二，企业破产倒闭导致金融风险。高碳行业企业因为得不到资金支持而破产倒闭，对银行而言意味着坏账，对股权投资者而言将是投资资产的估值大幅下降。

第三，企业倒闭裁员影响社会稳定。如果这些高碳行业由于得不到金融支持而出现倒闭、裁员，将成为社会不稳定因素。

实际上，转型活动比纯绿活动的规模要大得多，因此也需要更多的金融支持。目前，我国全部信贷活动中大约有10%被贴标为"绿色信贷"，而银行体系又是为整个经济提供融资的主体，因此绿色经济活动占到全部经济活动的10%左右，其他经济活动都可以被称为"非绿活动"。

非绿活动又可分为可转型的非绿活动和不可转型的非绿活动。可转型的非绿活动是指活动主体有转型意愿、能力和技术路径，得到金融和政策支持就有可能转型成功。不可转型的非绿活动也很多，活动主体没有转型意愿和能力，若干年后会退出市场。对那些可转型的非绿活动，应该通过建立转型金融框架，尤其是通过明确界定标准、披露要求和提供政策激励等措施，引导更多的社会资金支持其向低碳与零碳目标转型。

转型金融的市场实践

最近几年，国际市场上比较典型的转型金融产品叫作"可持续发展挂钩贷款"（sustainability-linked loans，SLL）。SLL的主要特征为：借款方承诺努力实现可持续目标（减碳目标），目标实现情况与融资成本挂钩；不对募集的资金做具体的用途规定；对借款方有严格的披露要求，主要依靠贷后评估披露，让金融机构与市场了解借款方是否具有实现承诺目标的能力，以确保产品的透明度。

另一个典型的转型金融产品叫作"可持续发展挂钩债券"

（sustainability-linked bond，SLB）。SLB 的主要特征与 SSL 类似，包括借款方承诺实现可持续目标，融资成本挂钩绩效实现情况；对募集到的资金不规定具体用途；要求每年对关键绩效指标（KPI）进行第三方认证。但 SLB 比 SLL 的影响力更大。截至 2021 年，全球 SLB 累计发行规模达到 1350 亿美元，占所有可持续债券市场的 4.8%，参与的主体包括非金融企业、金融机构和政府支持主体等。

除 SLL 和 SLB 之外，国际市场上的转型金融产品还包括气候转型基金，目前数量还不多，通过股权投资的方式来支持转型活动。

自 2021 年起，转型金融产品在国内兴起，包括可持续发展挂钩贷款、可持续发展挂钩债券、转型债券以及低碳转型（挂钩）债券。最新的案例包括中国建设银行发放的 SLL 支持绿色建筑项目、中国邮政储蓄银行发放的 SLL 支持电力企业减碳项目、国电电力发行的 SLB 支持风电装机容量扩充项目等。中国银行和建设银行已发布转型债券框架——《中国银行转型债券管理声明》（2021 年 1 月）和《中国建设银行转型债券管理声明》（2021 年 4 月），明确界定了可支持的领域和转型活动。此外，中国银行间市场交易商协会 2022 年 6 月也发布了《关于开展转型债券相关创新试点的通知》（中市协发〔2022〕93 号）。而转型债券与可持续发展挂钩债券的不同之处在于，转型债券对募集资金的具体用途做出了要求。

转型金融虽然在国内外市场发展很快，各方参与的积极性很高，但也面临着几方面问题。

第一，从全球范围来看，缺乏权威的对转型活动的界定标准（方法），容易导致"洗绿"（假转型），或者金融机构由于担心"洗绿"而不愿参与。

第二，缺乏对转型活动披露的明确要求，或者提出信息披露框架的各主体要求各异。

第三，现有的转型金融工具比较单一，主要还是债权类工具，股权、保险类工具较少。

第四，政策激励机制缺位。

第五，"公正"转型的理念没有得到市场实践的足够重视。

转型金融框架前瞻

目前，G20可持续金融工作组正在起草G20转型金融框架，这一框架包括转型金融的五大核心要素：界定标准、信息披露、政策激励、融资工具和公正转型。

要素一：界定标准

界定标准是确定转型活动边界的方法，包括原则法和目录法两大类。

原则法对转型活动只进行原则性表述，要求这些转型活动主体用科学的方法确定符合《巴黎协定》要求的转型计划，并且获得第三方的认证。原则法现在被国际资本市场协会（ICMA）、日本金融厅和马来西亚央行使用。换句话说，原则法并不告诉你哪些活动属于受认可的转型活动，需要主体花费较高费用请第三方专业机构给予认证。

目录法是以目录（清单）方式列明符合条件的转型活动（包括技术路径和对转型效果的要求），类似中国的绿色金融目录。目录法已被欧盟使用，欧盟可持续金融目录中明确包括了"转型活动"，如果把这些活动单独列出来就可成为"转型目录"。目前，五六个国家的金融监管部门正在编制转型目录。中国银行、中国建设银行和星展银行

(DBS)[①]等国内外金融机构已经编制转型目录，明确几个主要高碳行业中的一批转型活动，然后为它们融资。转型目录一般以清单形式列明符合条件的转型活动，其中包括对技术路径和转型效果的要求。

转型活动的界定标准主要应该达到以下几个目标：一是降低对转型活动的识别成本和"假转型"风险；二是至少覆盖企业和项目两个层面的转型活动；三是根据技术、政策变化进行动态调整；四是要求转型主体（企业）有明确的转型方案，包括短期与长期实现净零目标的行动计划；五是转型目标必须基于科学方法编制，并与《巴黎协定》目标相一致；六是转型活动遵循"无重大损害"（DNSH）原则，如不能增加环境污染或破坏生物多样性等；七是明确在哪些条件下应该获得第三方认证。

要素二：信息披露

对转型活动的信息披露要求包括，转型主体（企业）的转型目标、计划和时间表；以科学为依据的中长期转型路径；企业的范围一、范围二温室气体排放数据，以及与转型活动相关的范围三排放数据；企业落实转型计划的治理模式和具体措施，如碳排放监测、报告体系和内部激励机制；转型活动的进展情况和减排效果；转型资金的使用情况；各种保障措施，如DNSH的落实情况。

要素三：政策激励

政策激励包括：财政手段、碳交易机制、政府参与出资的转型基金、金融政策激励和行业政策杠杆。具体而言，金融政策激励包括货币

---

① 原名为新加坡发展银行，是新加坡最大的商业银行。——编者注

政策工具、贴息和金融机构考核评价；行业政策杠杆包括为新能源项目提供土地等；财政手段包括补贴、税收优惠、政府采购等措施。

我们为支持绿色金融发展已经实施了很多金融政策激励措施，像央行有支持碳减排的政策工具，地方政府为绿色贷款提供担保、贴息，中央和地方层面的政府背景的基金等。未来，这些工具中的大部分都要用到支持转型金融上。

此外，还有行业政策杠杆激励机制，比如，很多企业要用绿电才能够减碳，政府就要给它们提供新能源的指标；如果它们要自建新能源设施，还要给它们提供土地。这些激励机制构成了整个政策激励框架。

要素四：融资工具

目前已经有很多债务型融资工具，以后还要大力推动股权类融资工具，包括转型基金、PE/VC基金、并购基金等，以及保险和其他风险缓释工具、证券化等。对各类转型融资工具的使用，都应该要求融资企业明确转型的短期、中期、长期转型目标与计划，披露转型活动的内容与效果，并设置与转型效果相关的KPI作为激励。

要素五：公正转型

备受关注的问题是，某些转型活动可能会导致失业、能源短缺和通胀等对经济社会的负面影响。要缓解转型活动产生过多的负面影响，就应当做一些配套安排。具体包括，要求企业在进行规划转型活动时评估对就业产生的影响；如果转型活动可能导致严重失业且社保体系无法提供充分保障，应要求转型企业制定应对措施（包括再就业、再培训计划），帮助失业员工找到新的工作；披露转型对就业的影响和应对措施；考虑金融融资条款挂钩的KPI。

国内转型金融的进展

国内在构建转型金融框架方面主要有以下进展。

第一，人民银行正在研究转型金融的界定标准和相关政策。

第二，发改委等多部委已出台一系列与转型路径相关的指导性文件，可作为转型金融目录的编制依据。

第三，绿金委设立了"转型金融工作组"，组织业界力量开展转型金融标准、披露和产品方面的研究，以支持监管部门的工作。

第四，一些金融机构包括主要的银行，正在开展转型金融体系建设，争取对高碳行业的企业做到"有保有压"，在风险可控前提下，精准支持转型活动，而不是像过去那样用"一刀切"来压降对"两高一剩"行业的贷款。

第五，在地方层面，浙江省湖州市已经出台我国第一份地方版的转型金融目录，启动第一批转型项目，对转型项目提供了激励政策；其他一些地区也在编制转型金融目录，推进示范项目。

以下是转型金融的典型案例，包括转型主体的转型路径和预期效果。

案例一，某市石化行业减排。通过能效提升，能源结构调整，外国能源低碳化、碳捕获、利用与封存（CCUS）等技术路径，该市石化行业碳排放情景的预测结果为，成品油 2025 年达峰，氯气替代、乙烯等基础化石原料需求在 2035—2040 年之间达峰，该市石化产业 2060 年前实现碳中和。

案例二，某煤电转型企业融资。目前，这家企业煤电大概占 90%，计划到 2050 年可再生能源与安装 CCUS 的煤电发电占比达 99%，在 2055 年前实现碳中和。该企业的转型技术路径包括现有煤电设施的改造、CCUS 技术的使用、扩大光伏和风力发电、发展储能等。该企业的融资方案列出了 2022—2030 年的累计融资需求，其中涉及 40% 的股权融资、20% 的商业银行转型贷款等。

案例三，宝武钢铁公司转型。通过一系列技术路径，宝武力争在 2050 年实现碳中和，同时已经发起设立宝武绿色碳基金，其中相当部分的资金是投资到宝武产业链上的减碳活动。

对地方政府的建议

作为地方政府，如何推动转型金融？我认为至少有以下几个方面内容。

第一，选取重点行业建立地方转型金融项目标准（目录）。在国家层面的转型金融目录出来之前，如果地方政府想要提早将转型落地，可以先建立自己的转型金融目录。

第二，将转型项目纳入绿色项目库与金融对接平台。完善绿色项目库管理制度，将转型项目纳入绿色项目库，支持转型企业对接金融资源。通过绿金平台，对接银行、保险、基金等机构的融资服务以及政府激励措施。

第三，启动转型示范项目，建立转型基金。在重点高碳行业选择一批转型示范项目，以展示在本行业如何实现更加有效的低成本转型。建立低碳转型引导基金，为部分转型企业补充资本金。

第四，为转型项目提供激励机制。运用绿色金融现有的激励机制构建重点支持转型项目的创新型激励机制，包括担保、贴息、新能源指标、土地使用甚至实行差异化电价等措施。

我国双碳目标的背景、产业逻辑与政策原则[①]

王敏

（北京大学国家发展研究院经济学长聘副教授、
环境与能源经济研究中心副主任）

双碳目标的时代背景

全球气候变化的基本事实

2021年，联合国政府间气候变化专门委员会（IPCC）发布第六次报告，公布了以下几个基本数据：自工业革命以来，全球气温上升了1.1℃；全球二氧化碳排放从1850年的2.08亿吨增长到2019年的362亿吨。这意味着目前全球大气二氧化碳浓度和地表温度分别为200万年内和12万年内最高。根据过去两千年全球平均气温趋势图，工业革命之后全球气温急剧上升。根据IPCC的报告，如果2050年全球实现碳达峰，21世纪末全球气温将上升2.1~3.5℃，这是一个非常高的水平，将带来以下两方面的影响。

一是极端气温、极端气象情况增加。近年来全球极端气象愈发频

[①] 本文根据作者于2022年5月28日在北京大学国家发展研究院MBA讲坛第46期上的演讲整理而成。

繁，比如2021年7月，我国河南省郑州市连遭暴雨袭击；差不多在同一时段，整个欧洲西部也遭遇了有历史记录以来最严重的一次洪水；北美洲西部也在2021年遭遇历史最高气温。此外，据印度气象局表示，在2022年4月，印度西北部和中部遭遇了122年来同期最热天气，新德里有两个地区的气温分别达到49.1℃和49.2℃，气温最低的地区也达到了45.5℃。印度气温高，湿度也高，可能给社会带来更大影响。

二是自然生态和人类经济活动会受到巨大影响。过去70年，全球的冰山下降了约33米。气候变化对人类社会经济的影响是方方面面的，不但给农业生产带来负面影响，而且提高死亡率，降低劳动生产率和企业投资，降低经济增长速度，特别是会影响一些贫困国家的经济增长。比尔·盖茨曾提过，气候变化的影响可能比疫情的影响大得多。全球气候变化的主要原因是1850年工业革命以后全球碳排放形成的"温室效应"。图9-1展示了自1850年以来全球的碳排放数据。从1850年到2019年，全球二氧化碳排放量已从2.08亿吨增长到362亿吨。过去150年全球平均气温上升1.1℃，主要源于碳排放的增加。

图9-1　1850—2019年全球二氧化碳排放总量

数据来源：世界资源研究所（World Resource Institute, WRI），碳排放数据包含农业生产、森林砍伐等非化石能源的碳排放目前，中国是全球最大的二氧化碳排放国。从图 9-2 可以看出，2019 年中国的二氧化碳排放量约为 110 亿吨，美国约为 53 亿吨，欧盟约为 29 亿吨，印度约为 25 亿吨。我国的二氧化碳排放量相当于后面几大经济体二氧化碳排放量的加总，在国际上也因此承受了较大政治压力。也有观点认为，中国是后发国家，工业革命之后的二氧化碳主要由发达国家排放贡献。从 1850 年到 2019 年，美国、欧盟和中国分别累计排放二氧化碳 4332 亿吨、3012 亿吨和 2028 亿吨，占同期全球累计总排放量的 26%、18% 和 14%。因此，从历史累计排放量看，中国也是第三大排放经济体，面临的压力也不小。很明显，中国 2002 年入世后二氧化碳排放量急剧上升，在 2007 年超过美国，成为全球最大碳排放国。也正是从那时开始，中国在气候变化问题上开始面临较大国际压力。

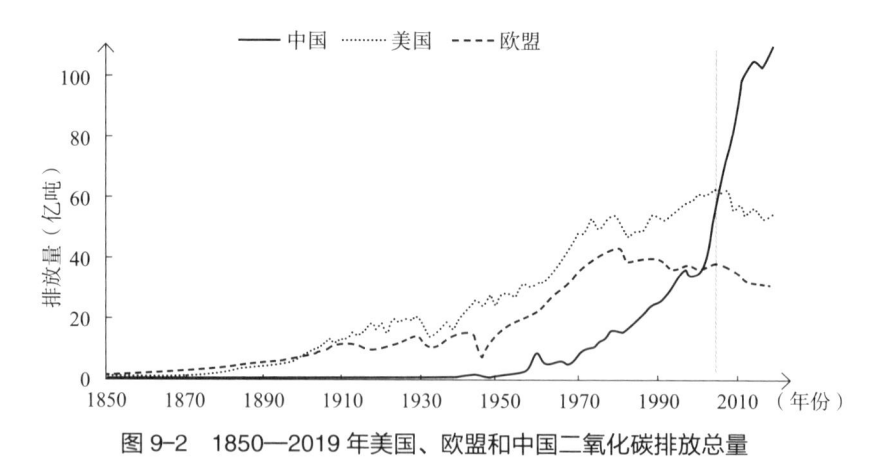

图 9-2 1850—2019 年美国、欧盟和中国二氧化碳排放总量

2009 年哥本哈根气候会议

在 2009 年哥本哈根气候变化会议上，我国首次在国际上做出承诺：在 2020 年实现非化石能源占比 15%，"到 2020 年单位国内生产总值二

氧化碳排放比 2005 年下降 40% 至 45%"[1]。为了完成这一目标，我国做出了很多努力。根据我们的研究测算，我国在风电、光伏这类新能源行业投入的总补贴金额超过两万亿元。这是一个非常可观的数目。

2020 年联合国大会

2020 年目标完成了，但气候变化和二氧化碳排放量过大问题仍然存在。下一阶段怎么办？这也是习近平主席在 2020 年 9 月第七十五届联合国大会一般性辩论上提出"双碳目标"的一个重要背景。因为碳排放量还在增长，习近平主席提出："中国将提高国家自主贡献力度，采取更加有力的政策和措施，二氧化碳排放力争于 2030 年前达到峰值，努力争取 2060 年前实现碳中和。"[2] 这一目标非常紧迫，压力很大。按 2010 年美元计价，美国、日本和欧盟这三大主要发达经济体，分别在人均 GDP 达到 5 万美元（2007 年）、4.6 万美元（2007 年）和 1.97 万美元（1979 年）时实现碳达峰。根据我们的增长模型预测，同样按 2010 年美元计价，中国的人均 GDP 到 2030 年预计为 1.4 万美元左右。这意味着中国要在一个相对较低的人均收入水平实现碳达峰，压力显然非常大。更大的挑战来自我国体量庞大的碳排放总量和全球气候变化形势的愈发严峻。在上述大背景下，我国不得不设立一个比较积极的政策目标。

我国应对"双碳"目标的现状

2020 年后，"双碳"目标在具体操作层面大致落地了两类政策。一

---

[1]《温家宝在气候变化会议领导人会议上的讲话》，参见：http://www.gov.cn/ldhd/2009-12/19/content_1491149.htm。——编者注

[2]《习近平在第七十五届联合国大会一般性辩论上的讲话》，参见：https://www.ccps.gov.cn/xxsxk/zyls/202009/t20200922_143558.shtml。——编者注

是行政命令政策。2021年出现的"拉闸限电"是这类政策的典型代表。在我们的集中体制下，行政命令政策往往是依赖中央定目标、各级地方政府逐层分解并采用一票否决制的办法去实施执行。2021年不少省份正是因为难以完成能耗目标，不得已才拉闸限电，这是原因之一，另一层原因则是电价机制问题。二是市场化的价格政策。比如我国在2021年启动全国碳排放权交易市场，主要是通过碳排放权交易形成碳价，并通过碳价引导企业节能减排。这是一个全国性的市场，第一批就将全国近2400家火电企业纳入，而我国火电企业的碳排放量在总碳排放量中的占比约为40%。

经济发展规律和碳排放的关系

2019年，在我国大约110亿吨二氧化碳排放总量中，化石能源的二氧化碳排放约有99亿吨。从经济学基本原理来看，化石能源二氧化碳排放总量主要由四个因素决定：经济总量、产业结构、技术水平和能源结构。到2030年这四个变量将发展到何种水平？从这一点切入，我们可以大致估算2030年时化石能源二氧化碳的排放总量。

经济总量

经济总量是影响碳排放的最重要因素。北大国发院"中国2049"课题组曾对此做预测研究，在2021—2030年间，我国潜在实际GDP年均增长率在5%左右。这意味着到2030年，中国GDP总量约为170万亿元，是2020年GDP总量的1.67倍；到2060年，中国GDP总量约为420万亿元，是2020年GDP总量的4.12倍。在上述假设下，给定其他三个因素不变，化石能源二氧化碳排放总量将从2020年的约99亿吨增长至 2030 年的 152 亿吨，约增加 53 亿吨。

产业结构

产业结构也是影响化石能源碳排放量非常重要的因素之一。工业部门是化石能源"大户"，这意味着在 GDP 总量相同的情况下，工业部门占比越高，碳排放量越多。

第一，产业结构变迁规律。产业结构有其自身发展变化规律。无论从历史看，还是从经济发展理论看，随着经济持续发展，工业 GDP 占比继续升高，当人均 GDP 达到 1.5 万~2 万 2017 年国际购买力平价（PPP）美元时，工业 GDP 占比会达到 40% 的最高峰，然后开始下降。上述工业 GDP 占比最高的发展阶段，美国约在 20 世纪 50 年代完成，欧洲约在 20 世纪 60 年代完成。目前大部分发达国家经济体的工业 GDP 占比为 15%~20%。德国、日本和韩国这类工业制造力较强的国家，其工业 GDP 占比为 25%~33%。产业结构变化的背后有两大驱动因素：一是需求结构变化。收入比较低时，人们的需求主要以食品为主；随着收入增长，车子、房子等工业消费品开始进入人们的消费；当收入实现进一步增长，人们的需求将聚焦在好的教育、好的医疗服务、旅游休闲等服务性商品上。因此随着收入增长，国民经济需求结构会发生变化，导致产业结构随之发生变化。二是生产成本发生变化。人均收入比较低时，劳动力成本也比较低，这时一国的优势往往集中在劳动密集型制造业。随着经济增长，人均收入上升，劳动力成本也会不断上升。此时，工业部门的生产会通过增加使用资本或机器人来实现对劳动力要素的替代。因此工业部门的生产不但有规模经济特性，而且技术水平进步率较快，这就导致随着经济增长，工业产品价格不断下跌。比如今天的笔记本电脑跟几十年前的笔记本电脑相比，价格大幅下降，但质量不断提高。相比之下，服务性商品的主要投入要素就是劳动力，其成本会随着经济增长和劳动力成本的上升一直上升。行业 GDP 占比是以价值进行核算的，所以即便服务品和工业品产量不变，上述价格变化会导致随着经济增长，服务业 GDP 占比上升，工业 GDP 占比下降。此外，生产成本变化也会导致经济体在全球贸易中的生产比较优势发生变化，从而影响产业结构。

第二，过去 10 年我国产业结构调整。过去 10 年，我国产业结构发生了巨大调整。2011 年我国人均 GDP 约为 1 万 2017 年购买力平价美元，工业 GDP 占比约为 46.5%；2020 年我国人均 GDP 约为 1.6 万 2017 年购买力平价美元，工业 GDP 占比约为 37.8%。不难看出，10 年间我国工业 GDP 占比下降了近 9 个百分点，速度非常快。工业 GDP 占比从最高点下降同等幅度，发达国家经济体基本上用了 30 年时间，而中国仅用 10 年就完成，这在一定程度上引发中国过早去工业化的讨论。

这种现象背后有很多原因。一是劳动力要素变化。我国的劳动人口数量在 2013 年到 2014 年间达到顶峰，此后一路下降。在 2014—2020 年这段时间内，我国劳动力人口减少了约 4000 万。过去这些年，经常有机器人代替工人、农民工工资上涨这类新闻见诸报端，说到底这也是劳动力人口减少带来的结果。劳动力人口数量减少导致劳动力价格上升，服务业价格随之上升，产业结构也随之发生变化。二是近年来我国采取了诸如"去产能"、环境治理等强行政干预政策，这对工业增长形成一定制约，进而影响产业结构变化。

第三，不同行业的碳排放。目前我国碳排放量最大的是火电、钢铁、水泥和交通四个行业，其碳排放量占比分别为 44%、18%、14% 和 10%。火电为整个国民经济服务；我国钢铁和水泥的产量约占全球产量的 57%，虽然产量非常大，但出口量很少，主要是满足国内需求。其中 65% 的钢铁产量用于建筑业，水泥则几乎全部用于建筑业。由此不难看出，中国钢铁业和水泥业产量如此高、碳排放量如此高，主要是由建筑业的强大需求驱使。

第四，超高速城市化下的建筑需求和交通运输需求。为何建筑业的需求如此高？我们需要参考另一个数据——城市化率。1990 年我国的城市化率约为 26.8%，2020 年这一比率上涨到 63.80%。这意味着 30 年时间内，我国城市化率增长近 40 个百分点。自 2000 年以来，我国的城市化率几乎是以每 10 年增长 13.6 个百分点的速度迅猛推进。这意味着，在我国 14 亿人口中，每 10 年就有两亿多人进城。毫无疑问，这必定会带来强劲的建筑需求和交通运输需求。2000 年，我国房屋施工面积约为 6.6 亿平方米，这一数字在 2020 年已增长到约 93 亿平方米，增长了超过 13 倍。汽车保有量也是如此，2000 年约为 0.22 亿辆，到 2020 年已增长到 3.5 亿辆。房屋施工面积和汽车保有量的高速增长，说明我国已经进入高速城市化的发展阶段。每个发达经济体都会经历快速城市化的发展阶段，但一旦城市化率进入 70%~75% 这个区间，增速就会慢下来，建筑业的需求也会大幅下降。目前，我国的城市化率已达 64%。按照上述发展规律，在 10 年的时间内，我国将步入城市化增速回落的发展阶段，城市化进程也会随之慢下来。

在我看来，我国目前的城市化发展轨迹与韩国比较接近。韩国同样是后发达国家，城市化的速度非常快，甚至要快过以前所有的发达国家。图 9-3 中的数据比较直观地反映了韩国的城市化发展轨迹。1960—1992 年，韩国城市化以每年平均新增 1.5 个百分点的速度，连续 30 年一路高歌猛进。1991—1992 年，韩国城市化率达到 75% 后，增速开始回落。此后 7 年内，韩国城市化增速从每年新增 1.5% 下降至 0.2% 左右。韩国走过的城市化进程再次印证了城市化的基本规律，对我国也是一个非常重要的启示。在我看来，我国的城市化拐点可能来得更早。图 9-4 是 1991 年到 2021 年间，中国的城市化率增速情况。从 1996 年到 2016 年，我国城市化率每年新增约 1.5 个百分点，连续 20 年都在高速增长。这样的情况与韩国非常相似。然而从 2016 年、2017 年开始，我国城市化率增速开始回落，2021 年城市化率只增长了 0.8 个百分点。

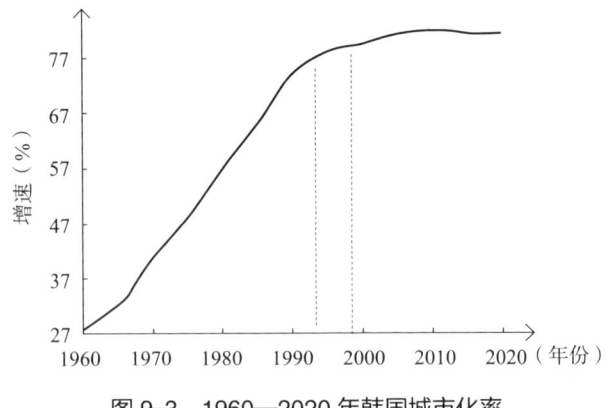

图 9-3 1960—2020 年韩国城市化率

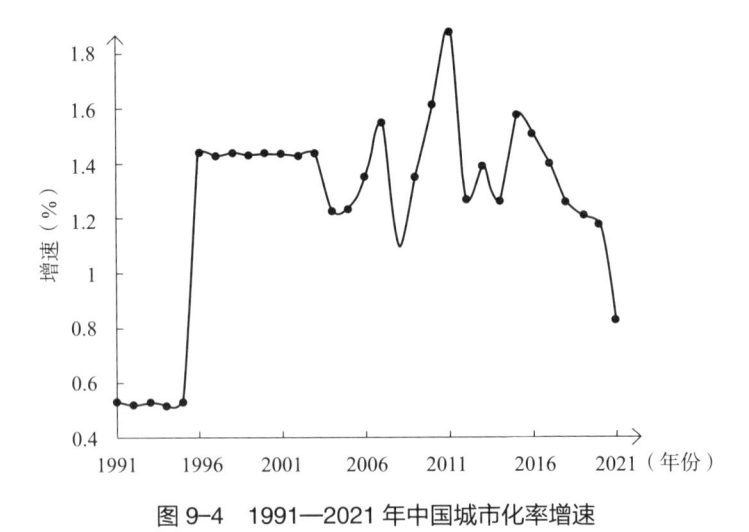

图 9-4 1991—2021 年中国城市化率增速

这背后的原因很多，需要长期观察。在我看来，主要与疫情管控有关。但与此同时，城市化增速下降也可能反映了整个人口结构或人口总量的巨大变化。图 9-5 是 1991—2021 年间，中国新生人口变化情况。得益于二孩政策放开，2017 年的新生人口数量在连续多年下降后再次上涨。然而在这次上涨后，断崖式下降接踵而至。2021 年的新增人口仅有 1000 多万。

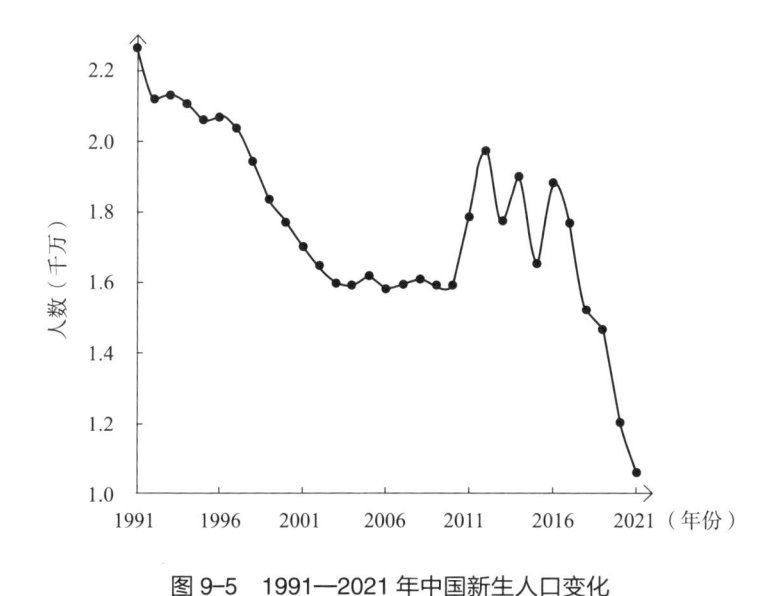

图 9-5　1991—2021 年中国新生人口变化

此外，我国的人口总量也出现一些结构性变化。2022 年我国人口增长大概率为负，这可能是过去四五十年来我国人口增长首次为负。这一情况对我们理解未来经济发展至关重要。在人口总量和城市化率增速双双下降的背景下，建筑与交通的需求随之回落。未来 5~10 年，钢铁、水泥行业的需求或将发生巨大变化。2022 年房地产销售不景气，这固然与宏观经济"去杠杆"有关，也可能与城市化增速大幅回落有关。虽然在一些核心地区和黄金地段，房价依然坚挺，但从全国平均水平看，特别是在城市化率和人口总量变化的大背景下，房地产市场或将再也无法回到过去那种高速增长的时代。基于以上原因，我认为到 2030 年，工业 GDP 占比仍会下降，保守估计是从 38% 下降到 32% 左右。仅产业结构变化这一项，可能带动化石能源的碳排放量下降 18 亿吨。

技术水平

我国许多高碳排放行业的技术水平，其实已经位居世界前列。比如水泥行业基本采用新型干法生产技术。2020 年年底，全国实现超低排放的燃煤机组达到 9.5 亿千瓦，占煤电总装机容量的 88%。重点统计钢铁企业吨钢综合能耗从 2006 年的 640 千克标煤下降到 2020 年的 545 千克标煤。这样的能耗水平与日本差不多。放眼未来，我国还有一定的潜在技术进步空间。这些高碳排放行业都有潜在技术可替代。比如煤电的技术替代有天然气、核电、水电、风电和光伏等；钢铁业有电炉炼钢、氢能炼钢；水泥则有工业垃圾、生物燃料和电力来替代。交通运输方面，新能源汽车的发展超过想象。2022 年新能源汽车的销售量可能占汽车总销售量的 20% 左右。以前有许多预测认为到 2025 年才能达到这一水平，目前看 2022 年就能实现这一目标。GDP 单位能耗由经济产业结构与技术共同决定。假定 2030 年单位 GDP 能耗相比 2020 年下降 24% 以及未来 10 年 GDP 增速每年约为 5%，一次能源的总消费增量将维持在平均每年增长 2.2% 左右的水平。在上述基础上，工业技术进步带来的化石能源二氧化碳排放或将下降约 12 亿吨。

能源结构

碳排放主要来自化石能源，因此在整个能源结构中，清洁能源或非化石能源占比就额外重要。2020年，煤炭、石油、天然气、核电、水电、风电和光伏在我国一次能源总消费量中的占比分别为56.6%、19.6%、8.2%、2.2%、8.1%、2.8%和1.6%。在这些能源中，非化石能源占比为15.7%。2020年，全球、美国和欧盟的核电占一次能源总消费的比重分别为4.4%、8%和11%；天然气占比分别是25%、34%和24.5%。相对全球水平，我国煤炭占比过高，天然气和核电的占比过低。能源结构转型主要是从化石能源转向清洁能源。目前，我国可再生能源主要面临发电不稳定的巨大挑战。一旦遭遇干旱和恶劣天气，水电、风电、光伏都可能断供，短期很难支撑整个电力体系。因此想要替代化石能源，短期还得靠核电和天然气。核电方面我国具备一些优势。天然气方面，我国没有足够的资源储备，主要依赖进口。目前我国的核电技术，包括第三代核电技术，在全球位居前列。核电面临的最大挑战来自政策领域。出于对核泄漏的担心，我国几个核电站都建在沿海地区，比如秦山核电站、大亚湾核电站。相比之下，法国的核电站基本建在内陆，美国的核电站也是如此。实际上，我国的核电技术安全系数较高，我认为至少可以先从项目论证层面，考虑在内地部署一些核电站。

由于不同能源之间都存在一定替代性，决定能源结构的主要因素是能源的相对价格。这意味着哪种能源价格低，其占比就高。我国的资源禀赋是煤多、油和气相对不足，因此煤价相对便宜，其在整个能源结构中的占比也相对较高。传统化石能源的优点是供给稳定，缺点是污染排放和碳排放太高。核电的优点也是供给稳定，缺点是民众对核安全有恐惧心理以及发电成本也比较高。放眼未来，新能源生产具有规模经济优势。2010年到2020年，全球光伏电站、陆上风电、海上风电、光热发电和电动车电池成本分别下降85%、56%、48%、68%和89%。随着技术的不断进步，成本还将进一步下降。很多研究报告已将新能源列为实现碳中和的主要能源品种之一，这也从一个侧面反映出新能源的光明前景。目前，性能不稳定是新能源面临的主要挑战之一，这一问题最终还是要依靠技术解决。2010—2020年，我国非化石能源占比上升约7个百分点。其中核电、水电和风光电分别贡献1.56%、1.67%和4%。在过去10年，我国清洁能源发展主要以风电和光伏为主。未来10年随着风电、光伏的技术进步和成本进一步下降，2030年我国非化石能源的占比或将从2020年的15.4%增长至25%，减少化石能源二氧化碳排放约13亿吨。

2030年碳排放展望

基于以上所有测算，到2030年，我国经济总量可能增加约53亿吨的二氧化碳排放；产业结构调整可能减少18亿吨二氧化碳排放；工业部门的技术进步可能减少12亿吨二氧化碳排放；能源结构调整可能减少13亿吨二氧化碳排放。到2030年，化石能源二氧化碳排放量约为109亿吨。考虑到人口和产业结构的趋势性变化，2030年我国减排的宏观环境相对宽松。在此我想特别强调一点，实现"双碳"目标是一项长期性任务，在落实相关政策时，我们需要尊重经济发展规律，采取适宜的减排政策，尽量减少对经济的影响，努力实现经济发展与低碳生活的有机结合，不宜急于求成。

2060年碳中和展望

在我看来有几大趋势非常重要。第一，2030年以后，随着城市化增速逐步放缓，能源消费增长也会随之大幅度下降。1961—1979年间，城市化增速快速攀升，欧盟国家的能源消费年平均增长是4.14%，美国为2.94%，在之后的40年里，这两个数字分别降至0.58%和0.83%。

从 2001 年到 2011 年，中国能源消费年均增长 9.4%，这一数据在 2012—2020 年间已下降至 2.9%。考虑城市化增速与人口总量下降的大背景，在 2030 年后中国能源消费年均增速不会高于 1%。第二，在能源总需求下降的背景下，进一步依靠三方面的低碳技术：清洁能源替代、碳捕捉技术和农林碳汇。若能做到"三管齐下"，我认为我国具备在 2060 年实现碳中和的潜力。之所以要在 2060 年实现碳中和，这其中也有战略层面的考量。所有的发达经济体，比如美国和欧洲，全部提出要在 2050 年实现碳中和。实现碳中和主要靠技术。如果发达经济体能如期实现目标，就意味着届时诸如储能、氢能、新能源汽车、碳捕捉等技术已经相对成熟。基于我国强大的工业制造能力，在 10 年时间内，针对这些成熟技术进行规模化生产，以此实现碳中和是完全有可能的。倘若发达经济体无法如期实现碳中和目标，那它们也不能要求中国在 2060 年实现碳中和。因此，无论从哪个方面考虑，实现"双碳"目标都没必要在短期内急于求成，更不需要把控制能源需求作为实现"双碳"目标的达成手段。

可供选择的政策思路

从经济学的角度看，碳排放本身就是一个外部性问题和市场失灵问题。所谓"外部性问题"，指的是碳排放引发气候变化，对整个人类的生态、健康和经济增长带来损害和成本，但排碳的生产部门或个人却没有因此支付任何成本。所谓"市场失灵问题"，指的是如果碳排放本身没有价格，就会引发市场失灵，因为市场配置资源主要靠价格机制。因此，想要解决碳排放问题必须有政府的参与或干预。从理论上来讲，在全社会范围内进行碳减排的最优策略就是坚持边际减排成本原则。具体来说，哪个经济主体或哪家企业的边际减排成本低就该多减排，边际减排成本高的就少减排，直到所有企业的边际减排成本相等。这样一来，边际减排成本相等的资源配置状态就能在整个社会范围内实现成本最小化的减排安排。实现上述原则主要靠两大类政策，一是行政命令，二是市场化价格政策。实现双碳目标也是如此。

行政命令政策

我国行政命令主要是依赖中央设定政策目标、地方层层分解落实。比如停止审批或直接关停高能耗、高污染企业，设置强制性减排目标，强制安装减排设备，设置排放标准等。行政命令政策的优点是责任清楚、见效快，缺点是无法解决信息问题。前文我们提到"最优减排基于边际减排成本原则"，由于企业的信息分布非常分散，政府很难全盘掌握。倘若将目标层层分解，分解到地方政府这一层时，很难按照"成本低的多减排，成本高的少减排"这一原则开展工作。无奈之下，地方政府只能以一些看得见、摸得着的具体指标为落脚点，进行强制减排。装机容量、钢炉的容量、企业规模大小等指标都可能成为地方政府执行行政命令政策的落脚点。这就很容易导致"一刀切"，简单粗暴且社会综合成本过高。通过研究我们发现，政府的环保政策通常让民营小企业"最受伤"。国民经济是个有机的系统，之所以会取得如此大的成就，靠的是市场分工，而分工背后则是系统的协同。某些"一刀切"的行政命令可能会破坏系统的协同，而且治标不治本。

行政命令控制主要有三大类做法。一是通过控制产出实现减排，比如去产能、拉闸限电、停止"两高"项目审批等。二是通过控制能源使用量来进行碳减排，比如能耗"双控"。三是直接控制碳排放的量，比如设立排放标准和强制性的减排目标。环境经济学的研究发现，上述三大类行政命令措施，实施效果最差的就是控制产出，控制能源使用量次之，效果最好的是直接控制碳排放量的政策。道理很简单，同为行政命令，这三种政策给予企业的减排选择空间是依次增大的，从而使对企业生产经营的负面影响也依次递减。倘若我们要采用行政命令政策，最优选择还是直接对碳排放进行控制。2021年12月举行的中央经济工作会议也强调，创造条件尽早实现能耗"双控"向碳排放总量和强度"双控"转变，加快形成减污降碳的激励约束机制。

市场化价格政策

市场化价格政策的本质就是给碳排放定价，从免费排放转为有价排放。有了价格，企业就可以根据碳价自行决定如何投资减排设备、如何降低生产能耗、如何缩减产能以及是否应该关停、退出市场。这样做的好处是，单个企业最优减排的策略是边际减排成本等于碳价；当所有企业面临同一个碳价实施减排活动，就能在理论上实现所有企业边际减排成本相等，从而最小化全社会碳减排成本。这就有助于形成碳减排的长效机制。此外，碳价政策也可以为清洁能源替代和低碳技术研发创新提供市场激励。给碳排放定价主要有碳税和碳排放权交易两种方式。从理论实践看，欧盟主要采用碳排放权交易，搭配一定比例的碳税。碳税具体标准由各个国家自己制定，欧盟层面没有碳税。美国则是部分州建立了碳排放权交易市场。碳税和碳排放权交易各有优劣势。碳税是先由政府定碳价，再由市场决定最终碳排放量。碳排放权交易则是先由政府定碳排放总量，再由市场决定碳价。综合来看，"双碳"目标旨在控制总量，跟碳排放权交易更为契合，但碳排放权交易也容易引发数据造假、交易成本高、市场垄断、地方政府缺乏激励等问题。

政策思路小结

给定前面的分析，包括2030年前后我国经济发展的背景，总体上看，我国实现碳达峰的宏观环境比较宽松。但与美国等发达国家相比，目前我国人均GDP水平较低，在经济低水平时就进行高水平的减排，压力其实很大，因此也绝不能掉以轻心。在我看来，我国不应采取不计成本、"一刀切"的泛行政化方式进行运动式减排。在充分尊重经济发展和碳排放发展规律的前提下，我国应首选利用市场和碳价政策来解决能耗和二氧化碳排放过快增长的问题。如果退而求其次，一定要选择行政命令政策，我认为应首选碳排放控制政策，不需要也不应该考虑利用产出控制政策和能源使用控制政策进行碳减排。

第一，统一共识，确立以碳排放权交易和碳价机制为主导的政策思路，建立部门间"双碳"政策的协调机制。目前我国的"双碳"政策缺乏部门间协调机制。各个部门各种"双碳"政策"叠加"也导致企业政策性负担过重。要解决碳排放问题还是要依靠市场和碳价机制。如果能在中央层面对此形成共识，就可以考虑取消"两高"项目审批、能耗双控等效率过低且易破坏市场经济运行的强行政命令政策，把实现"双碳"目标的政策重心放在碳排放权市场交易和碳税这样的碳价机制上面。

第二，逐步扩大全国碳排放权交易市场范围，适时实施碳排放权总量控制。在2025年前，将钢铁、水泥、石化等"两高"生产性行业纳入碳排放权交易市场。在"十五五"期间，适时将交通运输、建筑用暖等直接涉及民生的碳排放行业纳入碳排放权交易市场。与此同时，我们应尽早将碳汇纳入全国碳排放权交易市场。到2028年左右，对全国碳排放权交易市场实施配额总量控制。

第三，对于未纳入碳排放权交易市场的非点源碳排放，可考虑碳适应的碳税政策。

第四，深化电力市场改革，释放可再生能源发电的市场竞争优势。大比例提高可再生能源占比是实现"双碳"目标的重要举措。但如何解决可再生能源供给不稳定的问题？目前主要依靠电网调度和储能问题来解决。建议引入电力间歇不稳定性的市场化定价机制，设立储能定价和调峰辅助服务定价机制。与此同时，建立跨省区的区域电力交易市场，在更大电网范围内，促进可再生能源电力的调度和消纳。

第五，尽快推动电力价格市场化改革，逐步取消电力价格管制和交叉价格补贴。很长一段时间以来，我们已经习惯关系民生的商品价格定价不能太高，这导致我国居民电价在过去一直实行交叉补贴，价格水平低于电力供应成本。然而，碳价机制全面发挥作用需要有效价格传导机制。我们不仅要给碳排放定价，还要让这种价格传导到火电企业、发电企业以及每一个用电的企业和个人。只有这样，才能在全社会的范围内真正实现一个节约用电、减少碳排放的机制。不理顺价格机制，碳税交易市场的效果也会打折扣。